MERIAN

Einmal im Leben

100
UNVERGESSLICHE
REISEABENTEUER

TRAVEL
HOUSE
MEDIA

»Was ist ein Abenteuer?«

EINE GESUNDE Rückkehr
ist das Wichtigste am Abenteuer.
Tom Dauer seilt sich nach
einer Erstbesteigung im Garhwal
Himalaja ins Basislager ab

Man kann diese Frage stellen. Doch der Versuch, eine allgemein gültige Antwort darauf zu finden, ist ein aussichtsloses Unterfangen: Zu vielfältig sind die Aktivitäten, die Reisende, Sportler, Entdecker und Wissenschaftler mit dem Begriff des Abenteuers verbinden. Unvergleichbar sind die Umgebungen – Wasser, Wüste, Luft, Berge, Höhlen, Eis und Schnee –, in denen Abenteuer stattfinden. Zu unterschiedlich sind die Voraussetzungen, unter denen Profis und Amateure Abenteuer wagen. Und zu individuell sind zu guter Letzt auch die Vorstellungen und Erinnerungen, die sowohl das Erleben als auch das Erzählen über Abenteuer bestimmen. – Nein, die Frage »Was ist ein Abenteuer?« muss jeder für sich selbst beantworten. Dieses Buch hat deshalb einen anderen Ausgangspunkt: In seinem Fokus steht die Überlegung, aus welchen Gründen sich Menschen in Abenteuer stürzen. Der Pilot und Psychiater Bertrand Piccard, der die Einleitung (S. 8) zu diesem Buch

verfasst hat, sagt: »Abenteuer kann man als Krisen definieren, die wir akzeptieren müssen. Umgekehrt entstehen Krisen, wenn wir uns nicht auf Abenteuer einlassen.« Die Entscheidung, den Routinen und Sicherheiten des Alltags eine Zeit lang zu entfliehen, könnte also durchaus als vorbeugende Maßnahme betrachtet werden. Reiseabenteuer und Abenteuerreisen wären demnach Krisen, die man besteht, nachdem man sie selbst gesucht hat. Sie dienten als eine Art der Selbstbestätigung. Ihren Ausdruck findet die Suche nach Abenteuern auf unterschiedliche Art und Weise. Es gibt Menschen, die eine »Reise ins Innere« (S. 202) als anregendes Experiment betrachten. Andere wollen »Entdecker sein« (S. 180). Viele finden Bestätigung darin, sich »Im Wettbewerb« (S. 92) mit Gleichgesinnten zu messen. Es gibt jene, die das »Abenteuer Wissenschaft« (S. 50) als größte Herausforderung unserer Zeit betrachten. Und jene, die eine tiefe Befriedigung verspüren, wenn sie »Für eine bessere Welt reisen« (S. 160). Entsprechend diesen unterschiedlichen Beweggründen ist dieses Buch aufgebaut. Jedes Kapitel wird mit einer Abenteuergeschichte eröffnet, die exemplarisch für den Ursprung und die Art eines Reiseabenteuers steht. Diese Geschichten werden nicht für jedermann nachvollziehbar sein, geschweige denn machbar. Sie sollen als Anregung verstanden werden – ebenso wie die konkreten, buchbaren Reiseangebote, die jedes Kapitel vervollständigen. Wer sich entschließt, eines dieser Angebote wahrzunehmen, sollte sich jedoch stets bewusst sein, dass ein bestimmendes Moment des Abenteuers seine Unwägbarkeit ist. Abenteuer zu wagen bedeutet immer auch, Risiken einzugehen. Es gibt Momente, da diese banale Feststellung auf erschreckende Weise in ein Abenteurerleben eindringen kann (»Der Sport«, S. 72). Vor dem Aufbruch sollte man sich daher immer fragen: Bin ich meinem Vorhaben körperlich und mental gewachsen? Bin ich bereit, die Folgen etwaigen Scheiterns zu akzeptieren? Und: Will ich dieses Abenteuer überhaupt? Das Gute ist, dass es auf diese Fragen einfache Antworten gibt. Man muss nur ehrlich zu sich sein. *Tom Dauer*

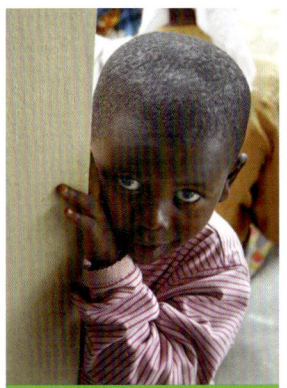

BITTE BEACHTEN SIE UNSER BEWERTUNGSSYSTEM!

Alle in diesem Buch vorgestellten Reiseangebote wurden von der Redaktion mit einem Dreipunktesystem bewertet.
Dieses zieht folgende Faktoren in Betracht:

SCHWIERIGKEITSGRAD

- für Experten
- für Abenteuereinsteiger
- familientauglich

REISEKOSTEN

- exklusiv
- bis 5000 Euro
- Nulltarif

EMPFOHLENE REISEZEIT VOR ORT

- **F** Frühling
- **S** Sommer
- **H** Herbst
- **W** Winter
- **365** ganzjährig

BEISPIEL
Die Reise ist familientauglich, kostet maximal 5000 Euro und ist ganzjährig machbar

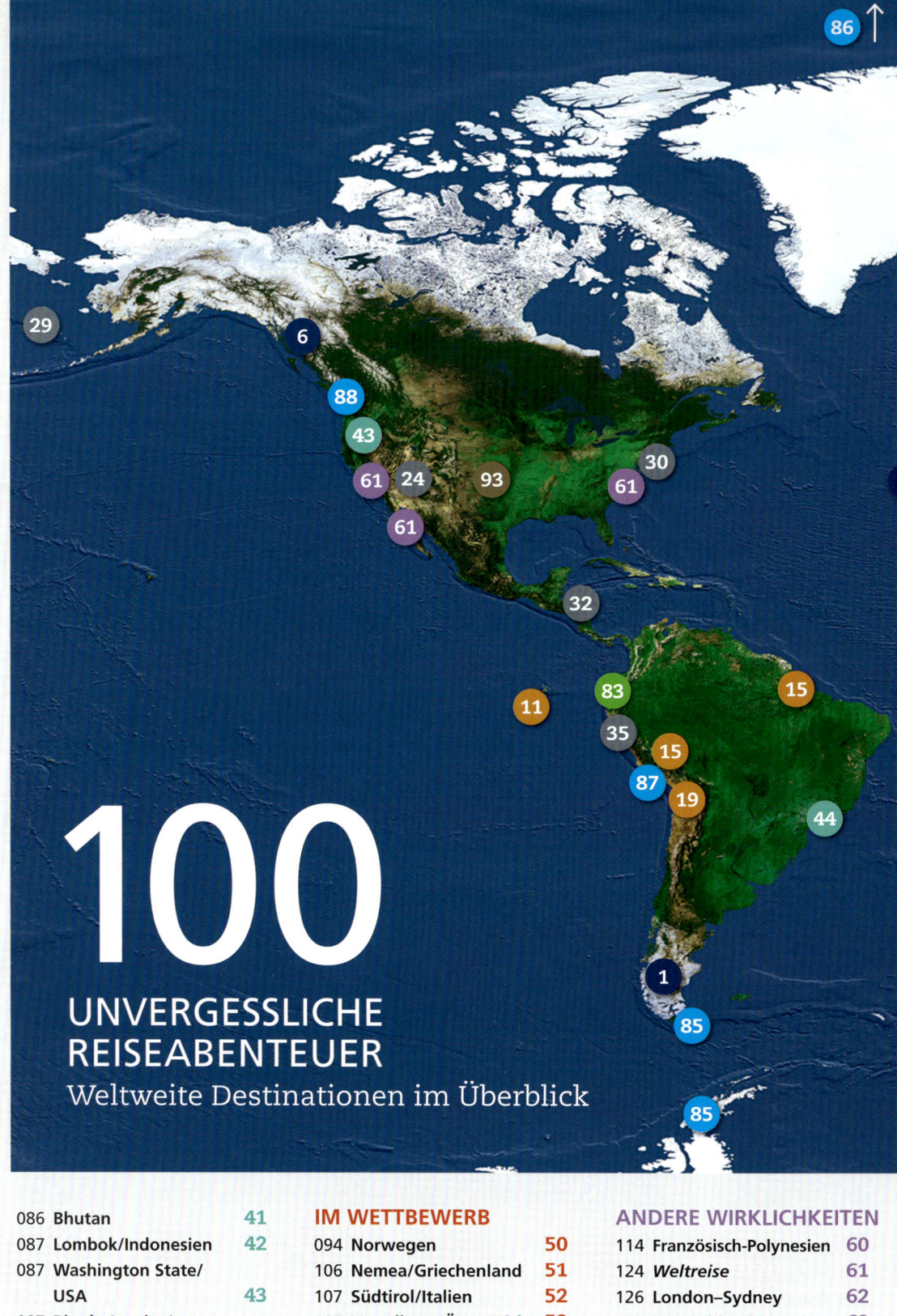

100
UNVERGESSLICHE REISEABENTEUER
Weltweite Destinationen im Überblick

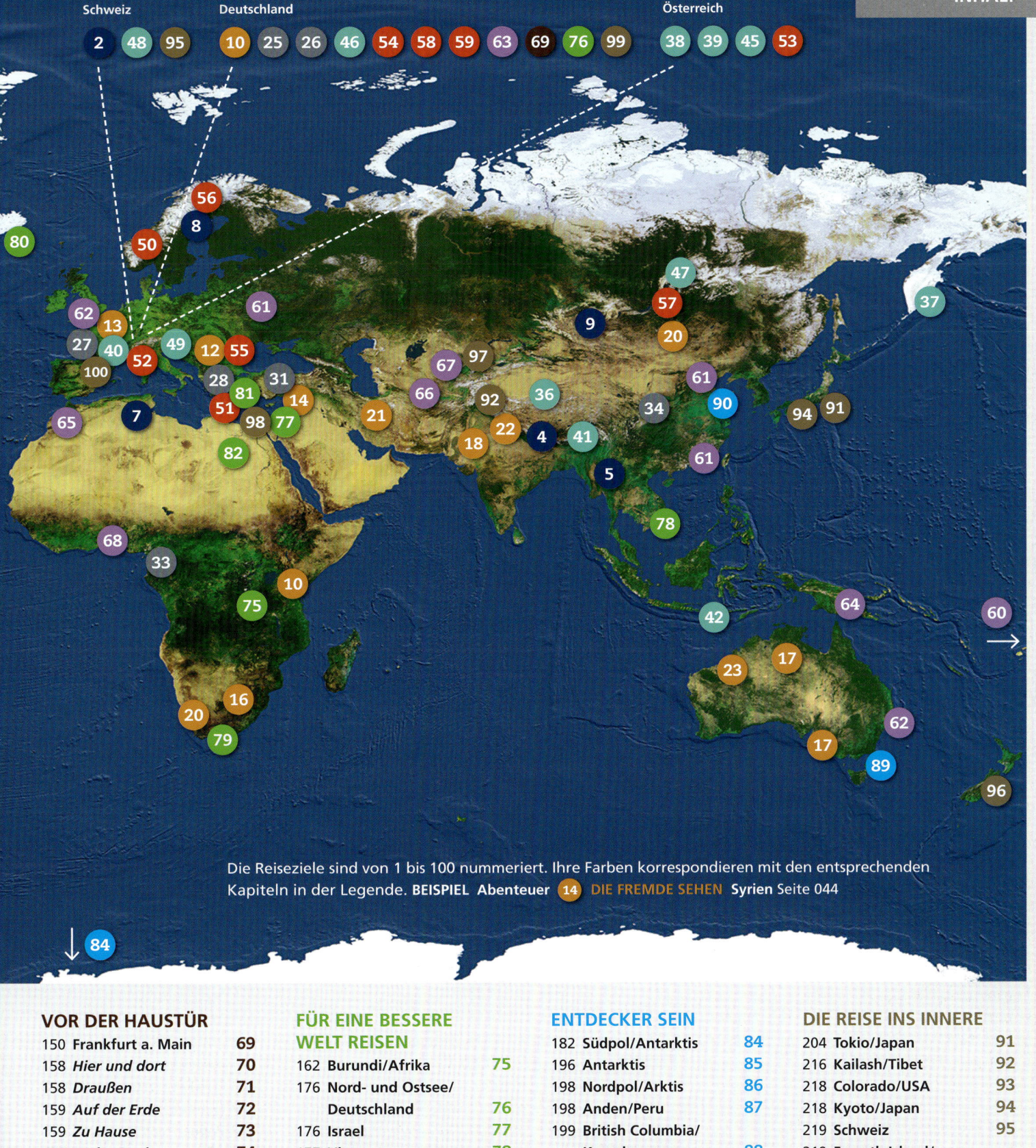

Die Reiseziele sind von 1 bis 100 nummeriert. Ihre Farben korrespondieren mit den entsprechenden Kapiteln in der Legende. **BEISPIEL Abenteuer** 14 DIE FREMDE SEHEN **Syrien** Seite 044

EINMAL UM DIE ERDE.
Bertrand Piccard gelang nach
zwei gescheiterten Versuchen
1999 die erste Erdumrundung
mit einem Heißluftballon

Abenteuer ist ein
Geisteszustand

»Jede Situation, die anders ist als unser Alltag, ist ein Abenteuer«,
sagt der Pilot und Psychiater Bertrand Piccard.
Entscheidend ist, wie man auf das Neue und Unerwartete reagiert

In unserer Gesellschaft sind Risikosportarten zu einem Synonym für Abenteuer geworden. Im entsprechenden Diskurs werden zwei Aspekte gern und oft miteinander verwechselt: Risikosportarten wie Bergsteigen, Klettern, Drachenfliegen oder Tauchen haben eine spektakuläre und eine psychologische Komponente. Während Erstere im Fokus der medialen Aufmerksamkeit steht – und damit nicht selten ungerechtfertigt in den Vordergrund gestellt wird –, wird Letztere aus dem Abenteuerdiskurs gern ausgeklammert. Sie verdient deshalb eine genauere Betrachtung. Ob wir uns dessen bewusst sind oder nicht: Sowohl unsere Erziehung als auch die Regeln, Normen und Werte unserer Gesellschaft sind darauf angelegt, in uns die Angst vor dem Unbekannten zu nähren. Es wird gesagt, der Horror Vacui sei eine Gesetzmäßigkeit der Natur. Ich bin der Meinung, dass der Mensch sich allein vor der Leere fürchtet. So sehr, dass wir alle offenen Fragen mit Theorien beiseitelegen und jeglichem (Selbst-)Zweifel mit Statistiken begegnen wollen, um uns an Sicherheiten und Erklärungen klammern zu können. Derart gewappnet, vermehren wir unser Wissen, finden eine Antwort nach der anderen – und vergessen darüber ganz die Fragen, die unser Streben ausgelöst haben. Es scheint mir daher zwangsläufig zu sein, dass in unserer Gesellschaft viele Aktivitäten erfunden wurden, die man als »Risikosportarten«

in ihrer ursprünglichen Funktion – und damit meine ich nicht den Als-ob-Nervenkitzel etwa eines Bungee-Jumps – verlangen die innere Bereitschaft des Menschen, sich ganz auf sie einzulassen. Abenteurer müssen zu jedem Zeitpunkt auf das Unvorhersehbare gefasst sein. Da alles geschehen kann, setzen Abenteuer die vollkommene Offenheit für jegliche Eventualität voraus. Dies bringt die Menschen dazu, wach und sich ihrer selbst bewusst zu sein. Nur in diesem Zustand nehmen wir die seltenen Momente wahr, die uns eine Begegnung mit uns selbst – unseren Zweifeln und Ängsten, aber auch unserem Mut und unserer Zuversicht – erlauben. Natürlich haben die Risikosportler nicht das Monopol auf Abenteuer. Ein Maler, der sich von allen Bezugspunkten löst, um ein neues Bild zu schaffen; ein Komponist, der eine ungeschriebene Partitur hört; ein Arzt, der sein Können in den Dienst der Ärmsten stellt; ein Reisender, der sich dem Rat eines Einheimischen anvertraut; ein Sinnsuchender, der sich in die Wirklichkeit eines anderen hineinversetzt – all diese Menschen erleben Abenteuer. Sie gehen Risiken ein, sie nehmen Gefahren auf sich. Und doch sind sie keine Hasardeure. Denn gerade weil sich das Abenteuer durch einen ungewissen Ausgang definiert, muss man sich so gut wie möglich darauf vorbereiten. Man kann Abenteuer üben. Das Leben bietet uns zahllose Möglichkeiten, sämtliche Sicherheiten hinter uns zu lassen. Uns lebendig zu fühlen in Zeiten, in denen wir uns dem Unbekannten und dem Zweifel stellen. Die meisten Menschen betrachten diese Zeiten als eine Bedrohung. Sie erinnern sich nur an Katastrophen, Krisen, Unfälle und Krankheiten – ohne daran zu denken,

Natürlich haben die Risikosportler nicht das Monopol auf Abenteuer

Übersetzung aus dem Französischen: Christine Kopp

bezeichnet: Sie sind eine Reaktion auf die beunruhigend beruhigende Routine, in der unsere Sinne verkümmern und unsere Instinkte wertlos werden. Diese Aktivitäten, ob sie sich nun in der Luft, auf der Erde oder im Wasser abspielen, haben Gemeinsamkeiten: Sie vermitteln uns Vitalität, weil wir unseren eigenen Körper im Raum empfinden können. Sie verschaffen uns Bewegung in einem anderen Element. Und sie zwingen den Abenteurer in uns, die Fixpunkte des alltäglichen Lebens mit all seinen Routinen loszulassen. Wer Abenteuer wagt, muss sich dem Unbekannten unter völlig neuen Umständen stellen. Er muss lernen, seiner Intuition zu vertrauen. Und er muss improvisieren können. Abenteuer

was diese Ereignisse lehren können. Es wäre ein sinnloses Unterfangen, all den Unwägbarkeiten des Lebens aus dem Weg gehen zu wollen. Besser ist es deshalb, sich ihnen bewusst zu stellen. Wir können unser ganzes Leben zu einem Abenteuer machen. »Einmal im Leben« ist nur der Anfang.

Bertrand Piccard

TREUE BEGLEITER

Abenteuer, postulierte einst James Joyce,
stoßen nicht dem zu, der zu Hause bleibt.
Abenteuer wollen in der Fremde gesucht
werden. Dazu bedarf es einer gewissen
Mobilität. Doch nicht immer sind es
motorisierte Vehikel, die Reisen in noch
unerschlossene Gegenden ermöglichen.
Für solche Vorhaben greift der Mensch
gern auf archaische Mittel der Fortbewegung zurück. Und damit auf Begleiter,
die ihm immer treue Dienste erweisen

Im kargen Land der Waisen

Schriftsteller und Reisende verzweifelten an der Frage, worin die Faszination Patagoniens begründet liegt. Auf dem Rücken ihrer Pferde finden vier Männer ihre eigene Antwort

DAS ROTE BARETT schützt nicht vor dem Wind, der von den Anden über die Pampa weht. Sergio Antonio Labrin würde es trotzdem niemals gegen eine Mütze tauschen

1

AM FUSSE der Granittürme
Cerro Torre (links) und Fitz Roy
versteckt sich das Dorf El Chaltén.
Umgeben von Wildnis leben hier
500 Menschen – und ihre Pferde

Text: Tom Dauer / Fotos: Klaus Fengler

Tag 1: Gobernador Gregores – Puesto

Etwas ungelenk sieht er aus. Etwas zu groß für das gedrungene, mausgraue Pferd. Er ist angespannt, hält den Rücken zu gerade, die Finger sind um die Zügel verkrampft, die Hände viel zu weit nach vorn geschoben. Aber wie soll er es auch anders wissen? Klaus Fengler ist kein Reiter. Er sitzt heute zum ersten Mal im Recado, dem argentinischen Sattel, der nicht einmal einen Knauf hat, an dem man sich festhalten könnte. Ganz anders seine drei Begleiter. Sie sind Gauchos, argentinische Cowboys – und mit ihren Pferden verwachsen. Ihr mitleidiges Lächeln schreckt Fengler nicht von seinem Vorhaben ab. Der 45-Jährige hat schon genug durchgestanden. Ist in Sibirien Ski gefahren, auf Baffin Island als Erster durch hohe Wände geklettert; in Rumänien ging er auf die Wolfspirsch, und er segelte in die Antarktis. Da wird er auch dieses Abenteuer bestehen: Mit seinen Freunden Sergio Antonio Labrin, Roberto »Koko« Alfaro und Marcelo Pagani sowie acht Pferden will er durch die Einöde Patagoniens reiten. Zwei Wochen lang, etwa 40 Kilometer pro Tag: im Schritt von Gobernador Gregores, einem verstaubten Nest in der Provinz Santa Cruz, bis El Chaltén am Fuß der Anden. Als er nach dem ersten Reittag vom Rücken seines Pferdes steigt, kann er kaum noch gehen. Sein Hintern schmerzt, und die Innennähte seiner Hose haben die Oberschenkel aufgescheuert. Fengler tut trotzdem so, als sei alles bestens. Die Welt, in die er aufgebrochen ist, ist eine Männerwelt. Über Schmerzen wird da nicht gesprochen. Stattdessen hilft er Sergio und Koko, die Pferde zu füttern. Das wird jeden Abend so sein: Zuerst kommen die Pferde, dann ihre Besitzer. Die argentinischen Gauchos, die Rinder- und Schafhirten, lieben ihre Reittiere. Kleine, muskelbepackte Criollos, Nachfahren der Andalusier und Berber, die die spanischen Eroberer im 16. Jahrhundert nach Südamerika brachten. Gegenseitig sind sie sich treue Begleiter. Vor allem jetzt, im August, da in Patagonien der Winter Einzug hält – und weder Mensch noch Tier allein in der Pampa überleben könnten. Als Sergio, Koko, Marcelo und Klaus ihre Schlafsäcke ausrollen, beginnt es leicht zu schneien. Zum Glück gewährt »Pinocchio« ihnen Unterkunft. Der Gaucho ist einer der wenigen Männer, die auch im Winter auf den Estancias ihrer Herren – oder auf einem Puesto, einem Außenposten – ausharren. Während die Züchter

Die Liebe zur Wildnis ist stärker als die zu den Menschen

die kalte Jahreszeit in Buenos Aires verbringen, bewachen ihre Gauchos die Herden. Schützen die Schafe vor dem Erfrieren, jagen Pumas, reparieren Zäune, die von den kalten Winterstürmen eingerissen wurden. Ab und an fangen sie auch ein Wildpferd ein, um es zuzureiten und anschließend zu verkaufen. So bessern sie ihren Verdienst von 200 US-Dollar im Monat auf. Wie lange Pinocchio diese Arbeit schon macht, daran kann er sich nicht erinnern. Wie alt er ist, daran mag er nicht denken. An der Wand seiner Holzhütte hat er einen Kalender aufgehängt, in dem er jeden vergangenen Tag ausstreicht. Der Kalender ist seine einzige Orientierung. Seine Frau und seine Kinder wohnen in der Stadt. Seit mehr als einem Jahr hat er die Familie nicht mehr gesehen. »Gaucho« ist ein Wort aus der Indianersprache Mapuche, wörtlich steht es für »Waise«, im übertragenen Sinn für einen Mann ohne Bindungen. In Argentinien ist der Gaucho eine Symbolfigur, umgeben von einer Aura der Individualität, Melancholie, Unabhängigkeit und Freiheit. 1872 mystifizierte der Journalist José Hernández den Gaucho mit seinem Versepos »Martín Fierro«; er schuf damit einen Typus des südamerikanischen Mannes, dessen unstillbare Liebe zur Wildnis stärker ist als seine familiären und gesellschaftlichen Wurzeln. So glorifizierend es ist, so identitätsstiftend war Hernández' Werk in einem jungen, von Krisen und Kriegen gebeutelten Argentinien. Die Gauchos selbst haben ein Übriges getan: Sie pflegen bis heute das Bild des einsamen, ehrlichen und stolzen Mannes, der immer nur so viel wert ist wie sein bestes Pferd. Tatsächlich gelten die Gauchos als begnadete Reiter. Eines der schönsten Zeugnisse ihrer Kunst – und das erste, das nach Europa vordrang – hat Charles Darwin geschaffen. Der Naturforscher bereiste Patagonien zwischen 1833 und 1834; in seinem »Tagebuch naturgeschichtlicher und geologischer Untersuchungen über die während der Weltumsegelung auf HMS ›Beagle‹ besuchten Länder« hielt er fest: »Dass die Gauchos abge-

worfen werden könnten, mag das Pferd auch tun, was es will, kommt ihnen nie in den Sinn. Ihre Probe eines guten Reiters besteht darin, dass ein Mann ein ungezähmtes Füllen regieren kann oder dass er, wenn sein Pferd fällt, auf seinen eigenen Füßen steht oder andere Künste der Art vollbringen kann ... Ich habe ein Pferd feurig springen sehen, und doch wurde es nur mit dem Zeigefinger und Daumen gelenkt; dann wurde es in vollem Galopp über einen Hof geführt und um den Pfosten einer Veranda mit der größten Schnelligkeit herumgeschwenkt, aber in so gleicher Entfernung, dass der Reiter mit ausgestrecktem Arm während der ganzen Zeit mit einem Finger den Pfosten rieb. Dann machte es eine halbe Volte in der Luft, und während der Reiter den anderen Arm auf gleiche Weise ausstreckte, drehte es sich mit erstaunlicher Kraft in der entgegengesetzten Richtung um. Ein solches Pferd ist gut zugeritten und obgleich dies auf den ersten Anblick nutzlos scheint, so ist das durchaus nicht der Fall. Es verrichtet lediglich auf vollkommene Weise, was täglich notwendig ist.«

Tag 3: Zur Estancia Las Tunas

Zum Frühstück drehen sich Sergio und Koko die erste Zigarette des Tages. Dazu reicht Marcelo die Kalebasse mit dem Mate herum; einer nach dem anderen zieht an der Bombilla, einem metallenen Trinkhalm. Das Ritual dauert so lange, bis sich alle an dem Aufgussgetränk gewärmt haben. Als die Männer aufbrechen, liegt der Raureif fingerdick auf dem Gras, das in kleinen Büscheln – wie Igel – aus dem kargen Boden wächst. Überweidung und Viehtritt haben in großen Teilen Patagoniens den Boden über Jahrzehnte hinweg porös gemacht. Der Wind, der täglich aus den Anden über die Pampa Richtung Atlantik pfeift, trägt den fruchtbaren Humus in alle Richtungen. Mit unsentimentalem Blick hat schon Darwin die patagonische Landschaft beschrieben: »Alles war still und öde. Man

NAHEZU VOLLKOMMEN, schrieb Charles Darwin, sei die Symbiose zwischen Gaucho und Pferd. Bis heute bemisst sich das Ansehen eines Patagoniers nach dem Wert seines Reittiers

WILDE PFERDE,
die zur Rasse der robusten Criollos gehören, zu guten Arbeitstieren zu machen ist die hohe Kunst der Gauchos. Ihre unentbehrlichen Utensilien sind das Facón, das Jagdmesser, und ein Paar gut gefetteter Reitstiefel

Jeden Abend gibt es Lammfleisch. Es ist das Einzige, was in Patagonien im Überfluss vorhanden ist

fragt sich, wie viele Jahrhunderte die Ebenen in diesem Zustand verharrt haben und wie viele weitere ihnen noch so zu beharren bestimmt sein möchten … Die vollkommene Ähnlichkeit der Naturerzeugnisse durch ganz Patagonien ist einer seiner auffallendsten Züge. Die weiten Ebenen, mit unfruchtbarem Trümmergestein bedeckt, tragen dieselben verkümmerten und zwerghaften Pflanzen, und in den Tälern wachsen dieselben Dornen tragenden Gebüsche. Überall sahen wir dieselben Vögel und Insekten.« Einige Zeilen weiter findet er vernichtende Worte: »Der Fluch der Unfruchtbarkeit liegt auf dem Lande.«

Zum Glück sind die Criollos sehr trittsichere Pferde, sonst könnten sie den steilen Abstieg hinunter zum Lago Cardiel kaum bewältigen. Klaus steigt trotzdem lieber ab. Sein Pferd ist ebenso gutmütig, ebenso duldsam wie die meisten Criollos, doch der Reitnovize traut ihm noch nicht. Er führt es den leicht verschneiten Hang hinunter, rutscht immer wieder aus, klammert sich an die Zügel wie an eine Rettungsleine. Bald weiß man nicht mehr so genau, ob der Reiter auf sein Ross oder dieses auf ihn aufpasst. Als Klaus die Estancia Las Tunas erreicht, ist das Abendessen schon zubereitet: ein Gulasch aus Lammfleisch, Kartoffeln, Zwiebeln und Knoblauch. Es gibt jeden Abend Lammfleisch. Das ist das Einzige, was in Patagonien im Überfluss vorhanden ist. Strom gibt es hier dagegen nicht. Im Winter, wenn es gegen 18 Uhr dunkel wird, ist eine Druckpetroleumlampe die einzige Lichtquelle, der sich der Gaucho »Gurachov« bedient. Seit etwa 45 Jahren lebt der Mann an diesem Ort, über die Hälfte seines Lebens. Aus Russland war sein Vater nach Südamerika emigriert, hatte eine Indianerin geheiratet, ein Kind gezeugt und sich irgendwann davongemacht. Gurachov kommt bloß etwa alle zwei Jahre in die nächste größere Siedlung. Er vermisst nichts. Nur ab und zu geht er am Lago Cardiel zum Fischen. Um nicht so viel schlachten zu müssen.

Tag 7: La Victorina – La Bernarda

Natürlich sei er der bessere Reiter, hatte Sergio am Abend gesagt. Wie er denn darauf komme, fragte Koko. Hin und her flogen die Frotzeleien: Du bist doch vor fünf Tagen in den Fluss gefallen. Aber dich hat damals das junge Pferd abgeworfen … Bis Sergio sein rotes Barett in den Ring warf: »Ich wette, dass ich schneller reiten kann als du.« Es dämmerte schon, als die beiden Männer sich auf ihre Pferde schwangen. Ohne Sättel, in gestrecktem Galopp jagten sie

Für die Männer ist der Ritt eine Zeitreise –
ein Blick in ihre eigene Vergangenheit

EINE ZIGARETTE

ersetzt meist das Frühstück.
Danach versuchen Roberto
Alfaro, Marcelo Pagani
und Sergio Antonio Labrin
(von links), sich von
innen her aufzuwärmen

in die untergehende Sonne. Zwei bärtige Männer in ihren flatternden Bombachas, den weiten Gauchohosen. Im Gürtel das Facón, das Jagdmesser, in der Hand die Rebenque, die Peitsche, mit der sie ihre Pferde nur anzutippen brauchen, schon rennen die los. Bereits nach 100 Metern hatte Sergios schwarzer Wallach eine Kopflänge Vorsprung. Jauchzend und johlend trabten die beiden Jockeys zurück. Strahlend wie die Kinder.

Eigentlich gibt es ja nichts in Patagonien, was in klassischem Sinne eine Reise wert wäre: keine Sandstände, keine Paläste. Patagonien ist Ödland, staubig und windig, im Winter auch kalt. Die »Porteños«, die Einwohner von Buenos Aires, schielen hochnäsig auf ihre südliche Provinz, die sie nicht kennen und fürchten. So schreibt der argentinische Schriftsteller Mempo Giardinelli, der Patagonien mehrere Monate lang bereiste: »Diese Region ist in unseren Augen ein Ende, das man nicht sehen will … Eine leere Größe, eine Wohnstatt für Mysterien.« Für Sergio und Koko bedeutet Patagonien in erster Linie ganz reale, harte Arbeit. Beide sind Ende 30, beide müssen eine Familie ernähren. In den Sommermonaten verdingt sich Sergio als Wirt und Hausmeister einer Trekkingstation im Parque Nacional Los Glaciares. Sein Freund Koko lenkt die Planierraupe einer Straßenbaufirma, die dunkle Streifen Asphalts dem Horizont entgegentreibt. »Linien«, schreibt Giardinelli, »aus dem Nichts, vorbei am Nichts, ins Nichts.« Dafür lebt Koko 22 Tage am Stück in einem Bauwagen, allein mit sich, seinen Essensvorräten und Dieselfässern. Danach hat er acht Tage frei. Für ihren zweiwöchigen Wanderritt haben beide Männer ihren Jahresurlaub genommen. Das Abenteuer als Zeitreise: Die Besuche bei den Gauchos sind für Sergio und Koko wie ein Blick zurück in ihre eigene Vergangenheit – und in eine Zukunft, die nicht mehr die ihre sein wird.

500 Höhenmeter müssen Reiter und Pferde heute aufsteigen, hinauf auf die Hochebene, deren Namen nicht von ungefähr kommt: »Meseta La Siberia«. Über offene, ungeschützte Flächen reiten die Männer dem Wind entgegen. Tief haben sie ihre Mützen in die Stirn geschoben, Kinn und Mund in Schals vergraben. Klaus trägt Hose und Jacke aus Daunen, trotzdem geht die Kälte ihm durch Mark und Bein. Sergio und Koko haben Füßlinge über ihre Stiefel gezogen, die sie aus den Fellen von Guanakos genäht haben. In großen Herden streifen die Verwandten der Lamas durch die Pampa Patagoniens. Grazil, majestätisch langsam schreitend und doch ständig auf der Flucht vor ihren Jägern: Pumas und Gauchos. Gegen Mittag findet Sergio einen Calafatestrauch, ein Berberitzengewächs, das im Frühling gelb blüht. Wer seine blauen Beeren kostet, so will es die Legende, der wird Patagonien hoffnungslos verfallen. Für solches Sentiment

EIN ASADO, ein über dem offenen Feuer gegrilltes Schaf, muss sorgfältig vorbereitet und über Stunden hinweg gegart werden. So wird das Festessen zu einem gesellschaftlichen Ereignis – an dem sich auch stolze Gauchos gerne beteiligen

ist es Sergio zu kalt: Er zündet den Strauch an – solange er brennt, können sich die Männer ihre Hände am Feuer reiben. Als sie weiterreiten, verhüllen dichte Wolken die Granitnadeln von Cerro Torre und Fitz Roy. Bald schon wird schlechtes Wetter die Männer überrollen. Schlechtes Wetter bedeutet in Patagonien Wind. Wind, der Dächer von den Häusern reißt und Brücken aus ihren Verankerungen. Sergio und Koko mahnen zur Eile. Es dauert nicht lange, dann sind sie den Blicken von Klaus und Marcelo entschwunden. Orientierungslos reiten die beiden Richtung Tal. Nebel hüllt sie ein, es beginnt zu schneien, der Wind frischt auf. Ein Zaun versperrt den beiden Reitern den Weg. Sie steigen ab, schmiegen sich an die dampfenden Pferdeleiber. Stecken die Hände in die Jackentaschen, stampfen mit den Füßen auf den gefrorenen Boden. Fast ist es schon dunkel, als sie Hufgetrappel hören. Koko ist ihnen entgegengeritten. Erleichtert folgen sie ihm zur Estancia La Bernarda. Es gibt Lammfleisch. Selten hat es Klaus so gut geschmeckt.

Tag 8: Estancia La Bernarda

Gauchos haben ein archaisches Verhältnis zu ihren Tieren. Sie hegen und pflegen, sie schützen sie; aber sie haben auch keine Skrupel, sie für den eigenen Bedarf zu töten. Lange hat Sergio sein Messer am Schleifstein geschliffen. Er hat ein Schaf ausgewählt, es von den anderen im Stall getrennt, sei-

ne Hinterläufe gepackt, es umgeworfen. Mit einem schnellen Schnitt schneidet er dem blökenden Tier die Kehle durch. Bis es ausgeblutet ist, hält Sergio den zuckenden Körper fest. Es dauert keine Stunde, dann ist das Schaf ausgenommen, sein Fell abgezogen und der Körper in gut transportierbare Einzelteile zerlegt. Der Proviant für die kommenden Tage.

Tag 11: Estancia 9th of July

Nachnamen haben für Gauchos keine Bedeutung. Wozu auch? Sie müssen keine Anträge unterschreiben, sie bekommen keine Telefonrechnung, sie bezahlen nicht mit Kreditkarte. Gaucho »Hernández« ist 80 Jahre alt. Er lebt seit 45 Jahren auf der Estancia 9th of July, die den Tag der argentinischen Unabhängigkeit im Namen trägt. Seit sechs Jahren hat er keinen Kontakt zur Außenwelt mehr. Für Sergio, Koko, Marcelo und Klaus stellt er einen gusseisernen Kessel Wasser auf das offene Feuer, das er jeden Morgen entzündet. Heute ist Waschtag. Der erste seit zehn Tagen.

Tag 12: Estancia 9th of July – Puesto Congrejo

Über Nacht hat es geschneit. Hüfttief liegt der Neuschnee auf Hügeln und Hängen. Die Wasserläufe sind von einer tückischen Schicht Weiß bedeckt – tückisch für die Pferde, die hier jederzeit einbrechen und sich verletzen können. Die Reiter steigen ab und gehen neben ihren Tieren. Manchmal wühlen sie sich auch voraus, um eine Spur zu legen.

Tag 14: Nach El Chaltén

Am Nordufer des Lago Viedma reiten die vier Männer ihrem Ziel entgegen: El Chaltén, dem Dorf am Ende der Straße. 1985 ließen sich die ersten Pioniere am Laufe des Rio de las Vueltas nieder. Inzwischen ist das kleine Dorf gewachsen; es gibt drei Supermärkte, zwei Bäckereien, ein Krankenhaus und eine Frauenfußballmannschaft. Marcelo ist am Fuße der patagonischen Anden zu Hause: Der 39-Jährige war einer der Ersten, die sich in El Chaltén ansiedelten, um mit dem aufkommenden Berg- und Trekkingtourismus Geld zu verdienen. Inzwischen leben ihm in dem 500-Seelen-Dorf zu viele Menschen. So hat er sich etwas außerhalb, mitten in der Wildnis, seine eigene Estancia gebaut. Als die Männer ihre Pferde absatteln und anbinden, tritt Marcelos Frau aus dem Haus. Sie sollten sich beeilen, sie habe gekocht, das Essen sei fertig. Zur Feier des Tages gibt es Lammfleisch. ∎

Urlaub in der Manege

>>> **SCHWEIZ** Eine Blaskapelle, wilde Tiere, Jongleure, Clowns und fliegende Trapezkünstler: Zirkusshows begeistern jedes Kind. Und auch fast jeden Erwachsenen, sofern die Zirkustiere artgerecht gehalten werden und man sicher sein kann, dass man keinen gedrillten Mini-Athleten bei ihrer Arbeit zusehen muss. Beim kleinen, aber feinen Circus Monti sind diese beiden Voraussetzungen gegeben. In den 25 Jahren ihres Bestehens hat sich diese Bühne zu einer Institution entwickelt, die aus der Schweizer Kulturszene nicht mehr wegzudenken ist.

Von der Qualität der Circus-Monti-Arbeit kann sich im Übrigen jeder selbst überzeugen: indem er eine Woche mit dem Künstlertross durch die Schweizer Lande zieht. Das ist einzeln möglich oder in der Gruppe. Auch Familien können sich anmelden. Übernachtet wird im nostalgischen Holzwohnwagen, in dem bis zu sechs Personen Platz finden. Tagsüber heißt's dann kräftig zupacken: So sind für den Aufbau des Zirkuszelts viele Hände gefragt. Für jede Vorstellung müssen Unmengen an Popcorn zubereitet werden. Und dann heißt es natürlich auch, die Zirkustiere zu hegen und zu pflegen. Dafür ist dann der Eintritt zu allen Vorstellungen während der Ferienwoche gratis. Manch ein Blick hinter die Kulissen des Zirkuslebens wird eher ernüchternd sein; der unmittelbare Kontakt zu den Kollegen auf Zeit und zu ihren Tieren ist es mit Sicherheit nicht.

Info > *»Ferien im Zirkus«; Circus Monti, Wilstrasse 71, CH-5610 Wohlen; Tel. 0041/79/663 74 32, monti@circus-monti.ch, www.circus-monti.ch*

Delfine in echt

>>> **AZOREN** »Flipper« begeisterte einst Millionen von Fernsehkindern. Seine lebenden Artgenossen in den »Sea Worlds« und Delfinarien dieser Welt begeistern Tag für Tag unzählige Besucher. Dennoch bleibt bei aller Faszination ein beklemmendes Gefühl – niemand wünscht den intelligenten Meeressäugern ein beengtes Dasein in Gefangenschaft. Echte Tierliebhaber sehen Delfine daher lieber in der ursprünglichen Umgebung. Das ist kein Wunder, zeigen sie sich im offenen Meer doch viel lebendiger. Zudem suchen die frei lebenden Tiere den Kontakt zu Menschen freiwillig – was zu sehr lustigen und emotionalen Situationen führen kann. Wo man einem Delfin direkt in die Augen sehen und vielleicht sogar ein Tänzchen im Wasser wagen kann? Eine ganze Reihe von Küstenregionen werben mittlerweile mit einer starken Delfinpopulation direkt am Strand. Bei solchen Angeboten ist allerdings Vorsicht geboten. Häufig gehen zu große Gruppen in zu lauten Booten auf Delfinsuche; die Wahrscheinlichkeit, einem Tümmler zu begegnen, ist da verschwindend gering. Deutlich größere Chancen hat man am vermutlich besten Delfin- und Whale-Watching-Hotspot der Welt: vor der Inselgruppe der Azoren. Hier wurden strenge Verhaltensregeln erlassen. So ist es nur zwei Kleingruppen gleichzeitig erlaubt, auf Delfintour zu gehen. Diese Gruppen dürfen maximal sechs Personen umfassen. Die Chancen stehen also nicht schlecht, mindestens ein Exemplar der 24 Delfin- und Walarten zu sehen – darunter Große Tümmler und Pottwale –, die vor den Azoren im Wasser spielen. Der auf ökologische, soziale und tierverträgliche Aspekte achtende Veranstalter Colibri UmweltReisen bietet fünf mehrstündige Bootstouren pro Woche an. Die Wahrscheinlichkeit, dabei Delfine zu sichten, beziffert er auf 99 Prozent. Die

    Reise lohnt sich also auf jeden Fall.

Info > *»Schwimmen mit Delfinen«, Colibri UmweltReisen, Bahnhofstraße 154 d, 14624 Dallgow-Döberitz; Tel. 033221/12990, info@colibri-berlin.de, www.colibri-umweltreisen.de*

Mit Yaks in die Höhe

>>> **INDIEN** Den höchsten Berg* der Welt kennt jeder. Den zweithöchsten** vermutlich jeder Zweite. Aber den dritthöchsten? Die Antwort lautet: Kangchendzönga. Der 8586 Meter hohe Gipfel liegt in Sikkim. Dieser von Nepal und Bhutan eingerahmte indische Bundesstaat bildet den nördlichen Außenposten des lamaistischen Buddhismus und gilt als echter Geheimtipp in der Trekkingszene. Anders als in vielen Regionen Pakistans oder Nepals gibt es in Sikkim keine ausgetretenen Wanderpfade, kein Ringen um Permits und kein Müllproblem am Wegrand. Noch geht in dieser Region alles ruhiger und traditioneller zu: altehrwürdige Klöster, mächtige Rhododendron-Bäume sowie Hunderte Orchideenarten und Teepflanzen bestimmen das Landschaftsbild. Da passt es natürlich gut, auf ein traditionelles Transportmittel zu setzen: das Yak. Die stolzen Zottelrinder tragen auf der zwölftägigen Tour das Gepäck, damit die Wanderer auf den fünf- bis neunstündigen Tagesetappen nicht noch mehr ins Schwitzen kommen. Aber keine Sorge: Hinauf auf den Kangchendzönga führt das Trekking nicht. 4940 Meter sind sowieso schon eine stolze Höhe – das Erreichen des Goecha-La-Passes wird mit einem

    wundervollen Blick auf den heiligen Gipfel des »Kantsch« belohnt.

* Mount Everest, 8850 Meter

** K2, 8611 Meter

Info > *»Yak-Trekking Sikkim«; Insight Reisen, Fröhlichstrasse 42, CH-8008 Zürich; Tel. 0041/44/2806262, insight@insight-reisen.com, www.insight-reisen.com*

Auf Elefanten im Urwald

>>> **THAILAND** Bodo Försters große Leidenschaft sind Elefanten. Deshalb betreibt der Berliner in Mae Sapok im Nordwesten Thailands ein Camp, in dem Urlauber jede Menge über Elefanten lernen können. Etwa, dass es nicht treffend ist, sie als »Dickhäuter« zu bezeichnen. An der Brust, unter den Achseln, am Bauch und hinter dem Ohr ist die Elefantenhaut nämlich papierdünn. Zweite Fehleinschätzung: Elefanten seien Trampel. Das ist falsch – sie sind ausgesprochen sorgsam. Was das heißt, können Försters Gäste unmittelbar erfahren: Der Elefanten-Mann lässt sie erst einmal direkt unter einem Elefanten sitzen! Die Teilnehmer des Camps können mit den grauen Riesen dann auch reiten – zunächst in einem Korb, dann ohne. Wer sich geschickt anstellt, erhält einen Elefantenführerschein. Die Krönung des Aufenthalts stellt jedoch der »Elefantentreck« dar, der sich jährlich im April und Juli in Bewegung setzt. Hoch zu Elefant geht es unter der Obhut professioneller Elefantentrainer, der Mahuts, an Reisfeldern vorbei, über Bergrücken hinweg, durch Bambusdschungel und

    Laubwälder, vorbei an Bergdörfern, alte Schmuggelpfade entlang zu Orten, die kaum ein Tourist besucht.

Info > *»Der Elefantentreck«; Elephant Special Tours, Dornburger Straße 40, 07743 Jena, Tel. 03641/597946; in Thailand: Lodge »White House«, Mae Sapok, 47/3 mu. 5 T. Mae Win, Aumpher Mae Wang, Chiang Mai, Thailand; Tel. 0066/86/1930377, bodo.foerster@gmx.de, www.elephant-tours.de*

Im wahren Norden

>>> **KANADA** 0,06 Einwohner pro Quadratkilometer: Mit Fug und Recht könnte man behaupten, das Yukon sei menschenleer. Kein Wunder, dass das im Nordwesten Kanadas gelegene und direkt an Alaska grenzende Territorium als »Canada's True North« bezeichnet wird: in dem die Natur noch unbestrittener Herrscher ist. In ihrer ganzen Wildheit kann sie Unerfahrene schnell zur Verzweiflung bringen. Weshalb es besser ist, sich Ortskundigen anzuschließen. Die wissen nämlich auch, wie man einen Hundeschlitten überhaupt bedient. So erlernen die Abenteurer in den ersten Tagen ihrer Reise die Grundlagen des »Mushing«. Sitzen die Kommandos – laufen die Hunde also ungefähr dorthin, wo sie hinlaufen sollen –, geht es in der zweiten Urlaubswoche über historische Goldgräber-Trails in die abgelegenen Coastal Mountains. Spätestens dort reduziert sich das Leben der Mushers auf das Wesentliche: Die Gruppe   hackt Feuerholz, kocht und erzählt sich in den Abendstunden Lagerfeuergeschichten.

Info > *»Husky Trail II«; go ahead travel, Tauberweg 7, 86916 Kaufering; Tel. 08191/64563, info@hundeschlittenreisen. de, www.hundeschlittenreisen.de*

Der Atem der Wüste

>>> **TUNESIEN** Es ist nicht leicht, auf ein Kamel zu steigen, geschweige denn auf ihm zu sitzen. Zuerst einmal muss man es schaffen, sich über die beiden Höcker des liegenden Tieres auf den Sattel zu wuchten. Dann gilt es, im Gleichgewicht zu bleiben: Das Kamel richtet sich mit den Vorderbeinen auf die Knie, dann hinten auf die Füße, um schlussendlich auch vorn auf selbige zu kommen. Für den Reisenden bedeutet dies: vor – zurück – vor, und das alles mit einem seitlichen Ausscheren verbunden. Wer beim ersten Mal von diesem Hin und Her überrumpelt wird und vom Kamel plumpst, muss sich nicht schämen. Das passiert auch erfahrenen Wüstenfüchsen hin und wieder. Die nächste Herausforderung auf dem viertägigen Trekking durch die tunesische Sahara wartet allerdings schon auf die Reisenden: In zwei Meter Höhe verursacht der Wiegeschritt der Kamele ein gehöriges Schaukeln, was so manchem Touristen schon eine ausgewachsene Seekrankheit bescherte.

Entschädigt wird man allemal mit der Schönheit der Wüste, deren scheinbare Grenzenlosigkeit den Reisenden anzieht und abstößt zugleich. Nicht umsonst heißt es bei den Tuareg, den Nomaden der Sahara: »Wer die Wüste nicht kennt und ihren Atem niemals gespürt hat, wird ein Leben lang erfüllt sein von Sehnsucht.

Denn nur hier, wo Allah alles Überflüssige entfernt hat, findet ein Mensch die Unendlichkeit.« Besonders deutlich zeigt sich die Wahrheit dieses Diktums in den klaren Wüstennächten: Ein derart schöner Sternenhimmel ist vermutlich nur in Nordafrika zu sehen.   Dafür lässt sich auch das Schwanken eines Kamels ertragen.

Info > *»Tunesien – quer durch die Sanddünen«; schulz aktiv reisen, Bautzner Straße 39, 01099 Dresden; Tel. 0351/266255, info@schulz-aktiv-reisen.de, www.schulz-aktiv-reisen.de*

Schwedische Packesel

>>> **SCHWEDEN** Wer einen Urlaub in Solberget bucht, entscheidet sich für einen Abenteuertrip in eine der entlegensten Landschaften Europas: Das Dorf liegt im schwedischen Lappland, direkt am Polarkreis und in unmittelbarer Nachbarschaft der Naturreservate Granlandet, Päivävuoma und Pellokielas sowie unweit des Muddus-Nationalparks. In dem urigen Wildnisgehöft gibt es weder Strom noch fließendes Wasser, dafür sorgen gusseiserne Öfen und Petroleumlampen für Wärme und Licht.

In diesem Ambiente nehmen Eltern und Kinder am Leben der Samen teil, die in Solberget und Umgebung seit Jahrhunderten Rentiere züchten. Das »Volk der Sonne und des Windes« nutzt die Rentiere seit etwa 1000 vor Christus als Last- und Zugtiere. Damit ist das Ren die einzige Hirschart, die von Menschen domestiziert wurde. Im Laufe ihrer Geschichte begannen die Samen, den bis zu 100 000 Tiere umfassenden Herden, die durch den Norden Norwegens und Schwedens wanderten, zu folgen. Regelmäßig wurden die großen Herden zusammengetrieben, einzelne Tiere ausgewählt und geschlachtet. Bis heute leben noch viele Samenfamilien von der Rentierzucht.

Im Wildnisdorf Solberget gibt es einige Rentiere, die Besuchern sommers wie winters als Tragtiere dienen. Bei Ausflügen in die Umgebung ist Einsamkeit garantiert: Im Umkreis von 20 Kilometern gibt es kein weiteres bewohntes Haus. Entsprechend vielfältig sind die Möglichkeiten, seine Freizeit zu gestalten. So kann man sich im Winter etwa mit einem Rentierschlitten über verschneite Sümpfe und zugefrorene Seen ziehen lassen. Diese Touren sind zum Teil mehrere Tage lang. Das Wildnisdorf Solberget dient als Basislager, von hier zieht man mit den Rentieren los. Im Schutz des Dorfes kann man sich zunächst an die harschen klimatischen Bedingungen gewöhnen, die im winterlichen

Nordschweden herrschen. Während der Touren wird in Ofenzeltkoten und Waldhütten übernachtet. Wer es sich abends lieber im Dorf behaglich machen möchte – mit einem Saunabesuch zum Beispiel –, kann auch Tagestouren unternehmen. Hierbei sind vor allem die geführten Skitouren zu empfehlen. Das Cross-Country-Skilaufen, wie es auf Neudeutsch heißt, hat in Schweden eine lange Tradition. Mit schmalen Latten, unter die Felle gespannt werden, kann man so durch die winterliche Landschaft ziehen, ohne vorhandenen Spuren folgen zu müssen. Doch egal, wie man die dunklen Wintertage verbringen möchte – abends wird alle

   Besucher nur ein Schauspiel faszinieren: das Flackern des Polarlichtes.

Info > »Wildnisdorf Solberget, Skiwanderung mit Rentieren«; *Sisu Aktivreisen, Sandbergweg 28, 24943 Flensburg; Tel. 0461/ 637 90, info@sisu-aktivreisen.de, www.sisu-aktivreise.de*

9

Die Herren der Adler

DER GREIFVOGEL muss nach dem Start seinen »Berkutschi« finden. Erfolgreiche Tiere werden von den Adlerjägern stolz präsentiert

>>> **MONGOLEI** Die mandschurischen Kasachen der Mongolei haben einen alten Brauch: Sie jagen mithilfe ihrer speziell ausgebildeten Adler. Stolz geben sie diese Kunst von Generation zu Generation weiter. Und demonstrieren sie alljährlich auf dem »Golden Eagle Festival«, das im äußersten Westen der Mongolei stattfindet. 1650 Kilometer von der Hauptstadt Ulan-Bator entfernt liegt die Provinz Bajan-Ölgii: eine karge und wilde Steppenlandschaft, in der kaum Bäume und Sträucher wachsen. Bis zum Horizont spannt sich eine Ebene in Braun-, Ocker- und Gelbtönen, die gerade aufgrund ihrer Leere eine seltsame Faszination ausstrahlt. Dort, wo sich das flache Land langsam zu den Höhen des Mongolischen Altai aufschwingt, treffen sich die Berkutschi – die Herren der Adler –, um ihr Können und die Flugkünste ihrer gefiederten Gefährten zu demonstrieren.

Der Wettbewerb besteht aus verschiedenen Disziplinen: Unter anderem müssen die Adler vom Arm eines Gehilfen auf den Arm ihres Herrn fliegen, der in etwa 100 Meter Entfernung auf und ab reitet. Das ist schwieriger, als es klingt. So mancher Adler mag überhaupt nicht abheben. Andere fliegen zunächst in die falsche Richtung. Nur wenige schaffen es, punktgenau auf dem dick gepolsterten Arm zu landen, der ihnen entgegengestreckt wird. Schon bei dieser Übung zeigt sich, dass die stolzen Steinadler eigentlich nicht dazu gemacht sind, dem Menschen zu dienen. Tatsächlich muss der Wille der Tiere mit rabiaten Methoden gebrochen werden – Methoden, die jedem Tierschützer die Zornesröte ins Gesicht treiben. Ihre Tradition werden die Berkutschi dennoch nicht aufgeben. Viel zu stolz sind sie auf die Fähigkeiten ihrer Tiere: Mit einer Spannweite von bis zu zweieinhalb Metern, die Flügel V-förmig nach oben gestellt, gleiten sie elegant, scheinbar mühelos durch die Lüfte. Perfekt nutzen sie den wenigen Schutz aus, den ihnen Hügel und Senken bieten. Bis sie plötzlich im Sturzflug zur Erde jagen, um mit ihren scharfen Krallen das Beutetier – Wolf, Fuchs, kleine Säuger – zu greifen. Haben sie zugeschlagen, bleiben die Jagdadler auf ihrem Fang sitzen, ohne mit dem Fressen zu beginnen. Sie wissen, dass sie von ihrem Herrn ausreichend belohnt werden. »Ein Adler«, sagen die Berkutschi, »kommt nicht zu dir, um zu arbeiten. Er kommt, um zu fressen.«

Um sich in die Kultur der Adlerjäger nicht nur beobachtend, sondern auch teilnehmend einfühlen zu können, wird die Reise nach dem Ende des »Golden Eagle Festivals« auf Pferden fortgesetzt. Das mehrtägige Reittrekking führt durch den westlichen Teil des Altai-Gebirges. Übernachtet wird in Jurten, die den nomadisch lebenden Kasachen als Unterkunft dienen. Man isst und schläft mit den Familien, die mit der Unterbringung der ausländischen Gäste ihren Lebensunterhalt aufbessern. Und wenn man etwas Glück hat, darf man auch zusehen, wenn ein Berkutschi mit seinem Adler auf die Jagd geht.

Info > *»West-Altai und Adlerjägerfestival – mit Reittrekking«; Kia Ora-Reisen, Kronprinzessinnenweg 10, 14109 Berlin; Tel. 030/80491831, gudrun_conrad@kia-ora-reisen.de, www.kia-ora-reisen.de*

DIE FREMDE SEHEN

Es ist der Zweck des Reisens, das andere
aus eigener Anschauung zu erleben.
Die Vermittlung unbekannter Welten, sei
sie mündlich, schriftlich oder digital,
einzutauschen gegen die Unmittelbarkeit
des Vorortseins. Wer diese Erfahrung
machen will, sollte seiner eigenen Wahrnehmung vertrauen. Er muss den Blick
aus dem Reiseführer heben und sich dem
überlassen, was die Reise bringt: den
Menschen, den Eindrücken, den Über-
raschungen. Nur dann wird man
die Fremde wirklich sehen können

Das richtige Mittel gegen falschen Respekt

Von Berlin nach Nairobi. In zwei Monaten. Auf dem Landweg, mit Zug und Bus. Der einzige Wermutstropfen: An manchen Orten würde man gern die Zeit anhalten

AUF WELTKARTEN
schrumpfen alle Entfernungen.
Zwischen Berlin – Schulter –
und Nairobi – rechte Fußspitze –
liegt lediglich eine Körperlänge

10

Die junge Frau ist sehr hübsch und sagt, sie werde mich auf dem Bahnsteig abholen. Ich finde sie nicht wieder

Von Berlin nach Wien

Text: Christopher Wollin

Berlin

Meine Reiseplanung ist sehr einfach: Ich stelle mich vor die Weltkarte in meinem Zimmer und messe die Strecke zwischen Berlin und Nairobi ab. Für zwei Fingerbreiten kalkuliere ich einen Reisetag, so komme ich auf 27 Tage. Zwei Monate habe ich Zeit. Meine Kalkulation lässt mir also genug Freiraum, um mich in der Fremde umzusehen und zu entspannen. Ich kaufe noch die nötigen Visa für Syrien und Sudan. Dann fahre ich los. Mit dem Zug.

In Wien

Ich besuche einen alten Schulfreund. Er war noch niemals in Afrika, trotzdem hängt in seiner Wohnung eine große Westermann-Wirtschaftskarte des Schwarzen Kontinents. Man erkennt darauf, dass es zwischen Indischem Ozean im Osten und Atlantik im Westen kaum Straßen und Eisenbahnverbindungen gibt. Die Infrastruktur reicht von den Küsten meist nur wenige hundert Kilometer landeinwärts. Am Ende dieser Transportwege sind Symbole eingezeichnet, die Minen oder Förderanlagen markieren. Auf der Landkarte meines Freundes gleicht Afrika einem großen Herzen, in das Tentakel wachsen, die den Kontinent aussaugen.

Über Budapest nach Belgrad

Weil ich nicht weiß, wo ich in Budapest übernachten könnte, vertraue ich mich einer der Touristenführerinnen an, die eine Stunde vor Ankunft durch den Zug laufen und den Passagieren Unterkünfte anbieten. Die junge Frau ist sehr hübsch und sagt, sie werde mich auf dem Bahnsteig abholen und zu einem Hotel-Shuttle bringen. Von Vorfreude erfüllt, steige ich aus dem Zug. Der Bahnsteig ist voll von Menschen, die ankommen, losfahren, weiterreisen. Es herrscht Chaos. Die junge Frau finde ich nicht. Stattdessen unterhalte ich mich mit irgendwelchen anderen Reisenden – und vergesse im Zug meine Gitarre.

Das Instrument war nicht wertvoll. Auch den Verlust der 300 Euro, die ich in ihrer Hülle versteckt hatte, verschmerze ich. Aber ich werfe mir vor, dass ich meine Gitarre – und damit den Wunsch, sie zu spielen – vernachlässigt habe. Ich bin als Gitarrist nicht ernst zu nehmen. Dieses Gefühl werde ich nicht mehr los. Weder Buda noch Pest, die zwei Stadthälften auf beiden Seiten der Donau, können meine Freundschaft noch gewinnen.

Erst auf der Fahrt nach Belgrad hebt sich meine Stimmung wieder. Ich treffe Tico aus Costa Rica. Zusammen suchen wir

In Budapest

PEST und das ungarische Parlament liegen – von der Fischerbastei im Stadtteil Buda aus gesehen – am jenseitigen Ufer der Donau

uns eine Herberge und erkunden die Stadt. Ihre Bewohner müssen sie lieben, denke ich, als wir die lebhafte Fußgängerzone entlangschlendern. Sie haben ihre Stadt zu ihrem Zuhause gemacht. In einem Park sind Grüppchen alter Männer über Schachbretter gebeugt, andere füttern Tauben, und unzählige junge wie alte Liebespärchen sitzen zwischen spielenden Kindern auf den Bänken.

Am Abend gehen wir aus und treffen junge Belgrader. Ich frage sie nach dem Hochhaus mit dem riesigen schwarzen Loch, an dem wir vorbeigekommen sind. Nach den zerbombten Fassaden, den immer noch sichtbaren Wunden der Stadt – ob der Jugoslawienkrieg sehr schlimm gewesen sei. Nicht so schlimm, antworten sie. Sie hätten ständig schulfrei gehabt und viel gefeiert. Das klingt so normal, als ob man ein Leben im Extrem überhaupt nicht wahrnimmt, solange man es selbst führen muss. Zum ersten Mal auf meiner Reise bedauere ich, nicht länger bleiben zu können.

Sofia

Ich besuche die Hochzeit eines Freundes, für die ich sogar gute Schuhe in meinen Rucksack gepackt habe. Es wird ein

In Belgrad

In Sofia

In Istanbul

lustiges Fest, und ich denke darüber nach, wie es wäre, selbst zu heiraten – um dabei meine Freunde aus allen Kontinenten einander vorzustellen. Ich lerne ein muslimisches Ehepaar aus England kennen, mit dem ich auf langen Spaziergängen durch die Stadt die vielen hübschen Statuen und Skulpturen bewundere. Wir unterhalten uns über Religion, und die beiden laden mich in die zentrale Moschee ein, in der sie mir bedeutsame Inschriften erklären. Ich bin noch nie in einer Moschee gewesen und habe nicht gewusst, dass man – ohne Schuhe – genauso einfach hinein- und hinauslaufen kann wie in Kirchen. Meine neuen Freunde geben mir den weisen Rat, den falschen Respekt vor dem Fremden aufzugeben und die Moscheen, an denen ich auf meiner Reise vorbeikomme, als Orte der Ruhe und Erholung zu nutzen.

Das Tor nach Asien

Istanbul wird zur Durchgangsstation. Obwohl mir die Stadt sehr gefällt, will ich endlich nach Asien. In Buchläden suche ich verzweifelt nach Straßenkarten der Türkei, bis mir ein Verkäufer erklärt, dass sie nicht verkauft würden, da in den meisten Karten die Kurdengebiete kenntlich gemacht seien. Ich kann nicht beurteilen, ob das stimmt, bin aber ein wenig

beschämt, die politischen Zustände in der Türkei nicht besser zu kennen – und auch nicht kennenlernen zu können.

Nach nur zwei Tagen reise ich mit zwei Landsleuten weiter nach Adana, der fünftgrößten Stadt der Türkei. Sie liegt ganz im Süden des Landes, zwischen Taurusgebirge und Mittelmeer. Meine Begleiter wollen über Syrien in den Libanon und sind sehr gut vorbereitet. Unter anderem besitzen sie mehrere Exemplare der berühmten Reisebibel »Lonely Planet«. Ich dagegen bevorzuge eine gute Karte, um mich zu orientieren. Denn in diesen sogenannten »Traveler's Handbooks« stehen so viele Details, dass ich nach der Lektüre genauso wenig weiß wie davor, für welchen Weg ich mich entscheiden soll.

Meine beiden Mitreisenden aber haben genau studiert, wo in Adana die Busse nach Syrien abfahren, und ich halte mich einfach an sie. Wir verlassen die Stadt nur eine Stunde nach unserer Ankunft und erreichen mitten in der Nacht einen verlassenen Busbahnhof an der türkisch-syrischen Grenze.

In den »Traveler's Handbooks« stehen so viele Details, dass ich nicht weiß, wie ich mich entscheiden soll

Am Roten Meer

In Damaskus

Die beiden Kameraden machen es sich mit Isoliermatte und Schlafsack bequem. Ich habe diese Dinge nicht – die eigentlich unverzichtbaren Insignien des modernen Abenteuerreisenden – und liege etwas hart und kalt, bin aber so müde, dass ich sehr schnell einschlafe. Am nächsten Morgen besteigen wir den Bus nach Damaskus. In Syrien empfängt man uns mit herzlichen Grüßen, doch mit umso strengeren Gepäckkontrollen.

Im Nahen Osten

In Damaskus verlasse ich mich auf das Urteil einer jungen Finnin, und wir wohnen in einer schönen Herberge. Man hat den Eindruck, in einem morgenländischen Herrenhaus zu logieren. Ich bleibe ein paar Tage. Einmal beschwert sich ein Neuankömmling bei der Rezeptionistin. Der von ihr genannte Übernachtungspreis könne nicht stimmen: In seinem Reiseführer sei er viel niedriger angegeben! Ich stehe der jungen Frau zur Seite, mit einem Hinweis auf die Zeiten, die sich zu ändern pflegen, und gewinne ihre Freundschaft. Fortan nimmt sie sich viel Zeit, wann auch immer ich sie etwas

frage. Unter anderem erklärt sie mir den Weg zur Post, denn ich will die Hochzeitskleidung loswerden, die ich seit Sofia mit mir herumtrage. Und meiner Mutter ein paar Gewürze schicken. Ich bin verblüfft, als ich erfahre, dass ich mein Paket vor den Augen der Postbeamten schnüren muss. So lerne ich einen Polizeistaat hautnah kennen. Von nun an sieht das Lächeln des Präsidenten, der auf unzähligen Plakaten seinen Bürgern entgegenblickt, aus wie eine Fratze. Wie ungleich offener und freier wirkt dagegen Amman, die Hauptstadt Jordaniens. Es gibt dort unzählige Internetcafés und Straßenhändler, die mit den DVDs der neuesten Hollywoodfilme handeln. Ich bleibe nur eine Nacht, versuche aber, ein paar Schritte über das Tote Meer zu gehen. In den Tempeln und Höhlen der Felsenstadt Petra verstecke ich mich vor den Händlern, die mir ihre Teppiche andrehen wollen.

Nach Afrika

Auf dem Weg zum Roten Meer, nach Aqaba, lerne ich jordanische Studenten kennen. Wir unterhalten uns ausführlich, vor allem über das andere Geschlecht. Sie helfen mir, noch in der Nacht auf die stark besetzte Fähre zur Sinaihalbinsel zu kommen. Auf dieser Route kann ich die Fahrt durch Israel umgehen: Mit einem Stempel des jüdischen Staates in meinem Pass würden mir die sudanesischen Behörden die Einreise verweigern.

Hatte ich ursprünglich etwas Angst vor der Riesenstadt Kairo, werde ich bald eines Besseren belehrt. Sorglos bewege ich mich durch die Straßen. Das Einzige, was mein Leben bedroht, ist der chaotische Verkehr. Ich bin in Afrika angekommen – der Abstand zwischen den Einzelnen ist manchmal äußerst

In Kairo

In Amman

EIN TAUBENSCHWARM
fliegt durch den Abendhimmel über
der jordanischen Hauptstadt Amman

Petra, die Felsenstadt

gering. Die Menschen, die ich treffe, sind sehr nett; aber es
fällt mir schwer, zwischen freundschaftlich gesinnt und
geschäftlich gesinnt zu unterscheiden. Der Hausmeister des
Blocks, in dem ich wohne, bringt mich zu seinem Bekannten,
der einen Stall in der Nähe der Gizeh-Pyramiden besitzt. Ich
fühle mich genötigt, einen Kamelritt zur Cheopspyramide
zu unternehmen – natürlich zu einem »special prize«. Dafür
hole ich dem Hausmeister mit meinem Reisepass Alkohol
aus dem Duty-free-Shop des Hilton-Hotels. Er wiederum
hilft mir, das Ticketbüro für die Fähre über den Assuanstau-
see in den Sudan zu finden.
Mit dem Bus reise ich von Kairo nach Luxor. Zu Beginn des
Fastenmonats Ramadan sind die Züge nilaufwärts komplett
ausgebucht.

Den Nil aufwärts
Hinter Luxor begegnen mir nur noch wenige Touristen. Ich
befürchte schon, dass ich der Einzige sein werde, der in den
Sudan einreisen will, da treffe ich Bas aus Holland. Er ist
gerade aus einer Eliteeinheit der niederländischen Armee
entlassen worden und will in einem halben Jahr bis zum
Kap der Guten Hoffnung reisen. Leider verlieren wir uns, weil

Die Sultan-Hassan-Moschee in Kairo

Vor Addis Abeba

die sudanesischen Grenzbeamten mein Visum nicht aner-
kennen wollen. Während ich die Fähre nicht verlassen darf,
erwischt Bas den ersten Wüstenbus.

Nachdem ich endlich Land betreten darf, dauert es ewig
lange, bis der nächste Bus beladen ist. Vier Männer zurren
das Gepäck fest, während zehn Zuschauer ringsum laut-
stark darüber diskutieren, wie das wohl am besten ginge.
Und nicht mit Ratschlägen geizen. Überhaupt reden die
Araber sehr viel, und ich wünschte, ich könnte ihren Gesprä-
chen folgen. Ihre Diskussionen klingen in meinen Ohren so,
als würden sie streiten. Leidenschaftlich.

Fast eineinhalb Tage lang fahre ich gemeinsam mit ägypti-
schen Gastarbeitern in einem allradbetriebenen und vollkommen überfüllten Schulbus durch die Nubische Wüste.
Zum Glück die meiste Zeit nachts, denn tagsüber ist die Hitze
kaum zu ertragen.

In Khartum, der Hauptstadt des Sudan, halte ich es nicht
sehr lange aus. Stahlträger und Kräne ragen wie mahnende
Finger in den dunstigen Himmel. Überall in den Randbe-
zirken wird gebaut. Die belebte Altstadt dagegen, in der ich
mich einquartiert habe, ist marode und verdreckt. Das
Abwasser rinnt in offenen Kanälen durch die Straßen.

Addis Abeba

An der Grenze nach Äthiopien treffe ich Bas wieder. Hier
erwartet uns eine andere Welt. Die verschlammte Hauptstraße des Grenzdorfes ist stark belebt. Eselskarren, Kühe,
Ziegen und viele Menschen, die meisten beschäftigungs-
los wartend. Ich verstehe nicht, warum sie nicht die Straße
pflastern. Ich versuche, einem jungen Geldwechsler meinen
Vorschlag zu erklären. Doch je mehr ich auf ihn einrede,
desto herzlicher lachen er und seine Freunde.

Ich weiß nicht, was mir im Sudan gefehlt hat. Dass keine
Frauen auf den Straßen zu sehen, dass die Sudanesen so
reserviert waren? Oder hatte mich einfach die Wüste ver-
stimmt, mit ihrer Ödnis und Leere? Jedenfalls: Je weiter der
Bus ins äthiopische Hochland vordringt, desto besser wird
meine Laune. An den weiten Feldern, den steilen Hügeln
und dem üppigen Grün kann ich mich nicht sattsehen.

Weil ich bereits zum zweiten Mal durch Äthiopien reise,
erkenne ich Gerüche, Geräusche und Gewohnheiten wieder.
Fast fühlt sich das wie Heimkommen an. Die Fahrt in die
nächste große Stadt, Gonder, wird ein heiteres Vergnügen.
Die Menschen winken uns zu, lachen, nehmen einfach
unsere Hände, wenn sie unsere Aufmerksamkeit wollen. Ich

Taxi in Addis Abeba

DIE JUNGFRAU MARIA,

flankiert von Cristiano Ronaldo, Wayne Rooney und David Beckham (von links), beschützt einen Taxifahrer in Addis Abeba

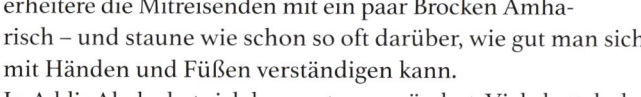

Ein Schulbus in der Nubischen Wüste

erheitere die Mitreisenden mit ein paar Brocken Amharisch – und staune wie schon so oft darüber, wie gut man sich mit Händen und Füßen verständigen kann.

In Addis Abeba hat sich kaum etwas verändert. Viele bettelnde Kranke säumen die Straßen, stark Entstellte, obdachlose Mütter und Kinder, die aber mit großem Respekt behandelt werden. Nachts torkeln Betrunkene über die Gehsteige. Hip-Hop ist groß in Mode. Er hat, scheint mir, die Stimmung der Nacht aggressiver gemacht.

Im Laster nach Nairobi

Auch der Süden Äthiopiens ist sehr schön. Eine solide asphaltierte Straße führt an gepflegten Hütten und Gärten vorbei, in denen das Brennholz ordentlich geschichtet ist. Fast hat man das Gefühl, im Preußen Afrikas unterwegs zu sein. In Kenia dagegen fängt das Chaos wieder an. Auf dieser Seite der Grenze gibt es zwar Strom und fließendes Wasser, es liegt aber auch viel mehr Müll auf den Straßen. Am Ticketschalter drängt man mir einen Platz in der ersten Klasse für den Lastwagen nach Nairobi auf – im Fahrerhäuschen. Schon nach wenigen Kilometern wird es mir dort zu stickig, und ich klettere zu den anderen Passagieren auf die

In Nairobi

Warum sich mein Mitreisender verstecken muss, traue ich mich nicht zu fragen

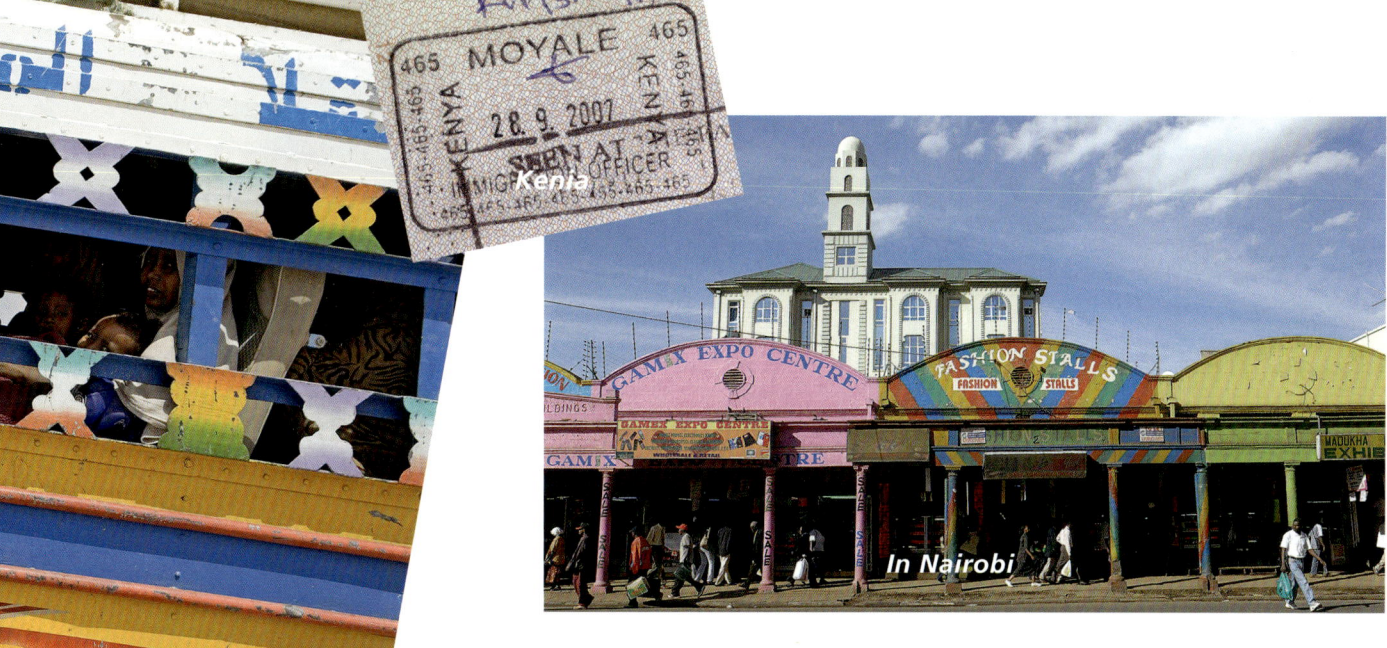

Kenia

In Nairobi

Ladefläche. Um uns herum ist es vollkommen dunkel, nur die Lichtkegel der Scheinwerfer durchschneiden die Finsternis. Der Sternenhimmel ist prächtig.

Bald aber wird es mir im Fahrtwind zu kalt, und ich klettere unter die Plane. Der Lastwagen transportiert Linsen, auf denen man sich hervorragend ausstrecken kann. Als ich aufwache, fehlen einige meiner Mitreisenden. Die Polizei kontrolliert Ausweise. Kurze Zeit später wache ich erneut auf, um etwas zu trinken: Nun sind alle wieder da. Ich frage einen jungen Mann, wo er denn gewesen sei. Er lacht und zeigt mir eine kleine Höhle zwischen den Linsensäcken. Warum er sich verstecken muss, traue ich mich nicht zu fragen. Bis Nairobi verkriecht er sich noch einige Male. Er hat Glück, dass mein Reisepass die Aufmerksamkeit der Polizisten auf sich zieht. So wird die Ladefläche nicht genau untersucht.

Meine Reiseplanung hat sich bewährt: 47 Tage nach meinem Aufbruch in Berlin komme ich in Nairobi an. Ich bin müde und habe Staub in Haaren und Kleidern. Zwei Wochen bleibe ich noch, dann fliege ich heim. Innerhalb von 14 Stunden werde ich wieder in Berlin sein.

ALS HANDWERK lässt sich das Reisen betrachten – und wie jedes andere Handwerk will es gelernt sein. Dazu gibt es zwei Wege. Der direkte, und unter Umständen nicht ganz schmerzfreie, besteht darin, einfach loszufahren. Learning by doing also. Der andere ist etwas länger, führt aber auch zum Ziel: zum Beispiel über die regelmäßig stattfindenden Treffen der Deutschen Zentrale für Globetrotter (DZG). Dort kann man sich mit erfahrenen Reisenden über die Besonderheiten bestimmter Länder, über Fortbewegungsmittel, Reisezeiten, Budgetfragen, geeignete Unterkünfte und vor allem über Begegnungen mit Menschen austauschen. Mitgliedern der DZG steht zudem ein Internet-Forum offen, in dem Fragen und Wünsche kompetent diskutiert werden (www.dzg.com). Die Aufnahmegebühr beträgt 15 Euro, der Jahresbeitrag 35 Euro. Wer sich darüber hinaus informieren will, dem seien die beiden Bände des »Selbstreise-Handbuchs« ans Herz gelegt, die der Vorsitzende der DZG, Norbert Lüdtke, verfasst hat.

Norbert Lüdtke: Das Selbstreise-Handbuch, Peter Meyer Verlag, Band 1: Fakten, Adressen und Tipps zur Vorbereitung jeder Reise, 4. Aufl. 2005, 16,95 Euro; Band 2: Für unterwegs, 2002, 12,95 Euro

Der Archipel der eigenwilligen Arten

>>> **GALÁPAGOS-INSELN** Hunderte felsgraue Meerechsen – es gibt sie sonst nirgendwo auf der Welt – liegen auf schroffen Lavafelsen und starren in die Sonne. Gerade haben sie sich im kalten Meer an Algen und Tang satt gefressen. Jetzt wärmen sie sich auf. Neben und zwischen ihnen huschen knallrote Klippenkrabben über die Felsen, vor denen wendige Seelöwen durch das Wasser gleiten. Flugunfähige Kormorane schauen Pelikanen zu, die knapp über den Wellen dahinschweben. Ihrerseits werden sie scharf von einem Falken beobachtet, der seinen Speiseplan stets im Blick hat: die Meerechsen. Fressen und gefressen werden. So ist das auf den Galápagos-Inseln, die seit 1959 unter Naturschutz stehen, schon immer gewesen.

Hinter dem Mangrovengürtel steigt die Insel sanft an. Im Gegenlicht beweist ihre Silhouette eindeutig: Die Insel Fernandina, eine der jüngsten der 19 Inseln des Galápagos-Archipels, ist ein Vulkan! Sie liegt über einem Hotspot im Erdinneren, einer heißen Magmakammer. Diese ist, in Gemeinschaftsarbeit mit der Plattentektonik, verantwortlich für die Existenz der Inselgruppe. Ein Prozess der Hebung und Senkung, der durch die Zeiten weitergeht. Noch beeindruckender als der Einblick in die Entstehungsgeschichte der Erde, den die Inseln gewähren, ist freilich die dort lebende Tierwelt:

Galápagos-Pinguine, Meer- und Landechsen sowie Blaufußtölpel bevölkern die Eilande. Die Wellen-Albatrosse jedoch, riesige Meeresvögel, nisten nur auf Española, einer der ältesten Inseln. Und die Galápagos-Schildkröten, die der Inselgruppe ihren Namen gaben, leben ihr Zeitlupenleben auf Santa Cruz. Oberhalb von Puerto Ayora fressen sich Dutzende der bis zu 250 Kilogramm schweren Exemplare auf saftig grünen Wiesen satt. Wie schon vor Jahrmillionen. Piraten betrachteten die Tiere als Lebendproviant, überlebten sie doch ohne Futter bis zu einem Jahr. Selbst auf der »Beagle«, mit der Charles Darwin um die Welt reiste, galten sie als beliebte Nahrungsreserve. Der Naturforscher, der die Tierwelt des 1000 Kilometer vor Ecuador im Pazifik gelegenen Archipels systematisch erfasste, formulierte auf der Grundlage seines Besuches die Evolutionstheorie. Die Reise auf die Galápagos-Inseln wurde so zu einer Fahrt, die sein Leben vollkommen veränderte.

Und damit auch das menschliche Selbstverständnis. *Daniel Peterlunger*

Info > *»Galápagos«; Globotrek, Neuengasse 30, Postfach 7722, CH-3001 Bern; Tel. 0041/31/3130010, info@globotrek.ch, www.globotrek.ch*

»Alt« ist ein Fluss

>>> **RUMÄNIEN** Es muss nicht immer eine Kreuz-
fahrt sein: Wer zum Beispiel Rumänien auf dem Wasser
bereisen will, ist mit einem Floß bestens beraten. Dieses
muss allerdings selbst gebaut werden. Dabei helfen vier
rumänische Flößer, die den Fluss Alt mit seinen Strö-
mungen, Untiefen und Kehrwassern bestens kennen.
Nach der Floßtaufe am folgenden Tag steht der Flussreise
nichts mehr im Wege: Sie beginnt im Dorf Augustin
und führt auf dem Mittellauf des Alt – des drittlängsten
rumänischen Flusses, der nach 700 Kilometern in die
Donau mündet – durch den »Geisterwald«. Dieser besteht aus Pappeln und Weiden, die am Flussufer wachsen. Bereits am ersten Tag wird das Geschick der Flößer
an den Rudern auf eine ernste Probe gestellt: Sie
müssen ihre Gefährte durch den Durchbruch des Alt
bei Racos manövrieren. Dabei kann es schon mal vorkom-
men, dass sich ein Floß verkeilt – dann muss es mithilfe
von Hebeln und Seilwinden wieder flottgemacht werden.
Insgesamt vier Tage dauert die Floßfahrt. Täglich ist man

etwa sechs Stunden auf dem Wasser. Übernachtet wird in Zelten direkt an den Anlegestellen. Den Tagen auf dem Alt folgt eine Zugfahrt
nach Hermannstadt, der Europäischen Kulturhauptstadt 2007. Sie liegt am Fuß des Zibingebirges, dessen Kare, Grate und Gipfel die Reisenden an den folgenden drei Tagen erkunden. Damit es nicht langweilig wird, steigen die Abenteurer anschließend auf ihre Fahrräder.
Drei Tage dauert die Rundreise durch das rumänische Vorbergland, die durch Hirtendörfer und zu Salzwasserseen führt. In Sibiel steht
zudem der Besuch des Ikonenmuseums auf dem Programm: Dort sind Hinterglasmalereien ausgestellt, die von der ländlichen Bevölkerung

   seit dem 17. Jahrhundert mit großer Kunstfertigkeit hergestellt werden. Mit einem Tag in Hermannstadt
klingt die Reise durch ein wunderschönes und noch weitgehend unbekanntes Stück Europa schließlich aus.

Info > *»Zu Fuß, per Rad und mit Floß unterwegs in den Karpaten«; Hauser Exkursionen, Spiegelstraße 9, 81241 München;*
Tel. 089/23500 60, Fax 089/23 50 06 99; info@hauser-exkursionen.de, www.hauser-exkursionen.de

Leinen los!

>>> **HOLLAND** Es gibt so viele Kinderträume, die leider nie-
mals Wirklichkeit werden. Ein Klassiker: Kapitän werden. Diesen
Wunsch allerdings können sich Erwachsene durchaus erfüllen
– sie müssen sich dazu nur ein Hausboot mieten. Das ist viel einfacher, als sich das so manche Landratte vorstellen mag. Für einen
Urlaub auf einem Hausboot eignen sich die Niederlande hervorragend. Das Land ist durchzogen von einer Vielzahl von Wasser-
straßen, Flüssen und Seen. Zudem warten auch die küstennahen
Bereiche der Nordsee sowie das Ijsselmeer auf eine Erkundung per
Boot. Das Beste daran: Anders als in Deutschland ist das Führen
eines Hausbootes in den Niederlanden an keine Einschränkungen
gebunden – man benötigt lediglich einen Pkw-Führerschein. Am
ersten Reisetag – die Bootsübernahme erfolgt stets gegen 16 Uhr
– erhalten die Kapitäne in spe eine Einweisung in das Steuern
und Anlegen des Schiffes sowie in die Bedienung der Instrumente.
Bei einer Probefahrt lässt sich das Schiff gleich in der Praxis testen.

In Eigenregie studieren die Bootsführer anschließend die an Bord
befindlichen Informationen zu Schleusen, Wasserverkehrsregeln
und Geschwindigkeitsbeschränkungen. Und dann heißt es auch
schon: Leinen los! Die Routenwahl ist den Besatzungen vorbe-
halten. Die Nächte verbringt man in den Liegehäfen, in denen
es Duschen, Waschautomaten, Frischwasser, Tankmöglichkeiten
sowie kleine Läden und Restaurants gibt. So lernt man während
einer Hausbootreise Land und Leute sowohl zu Wasser als auch
zu Land kennen. Wer will, kann mit seinem Gefährt sogar nach
Amsterdam fahren. Und um sich in der Stadt auch staufrei fort-

    bewegen zu können, hat man am
besten Fahrräder an Bord.

Info > *»Hausboote in Holland«; City Reisebüro Udo Hell,*
Rathausstraße 24, 66914 Waldmohr; Tel. 063 73/811 70,
www.city-reisebuero-hell.de, www.bootsurlaub-online.de

Das Glück liegt neben den Schienen

14

>>> **SYRIEN** Am 1. Mai 1900 ordnete Sultan Abdul Hamid den Bau der Hedjaz-Bahn an. Mit der Bauleitung wurde der deutsche Ingenieur Heinrich August Meissner beauftragt. Am 1. September 1908 wurde die 1302 Kilometer lange Strecke zwischen Damaskus und Medina feierlich eröffnet. Hintergrund des Kraftakts: Der türkische Sultan sorgte sich um das Image seiner Landsleute, die die arabische Welt seit dem 15. Jahrhundert zu kolonisieren versucht hatten. Der Bau der Bahn, die die monatelange Reise muslimischer Pilger aus dem Gebiet des heutigen Syrien nach Mekka auf vier Tage verkürzte, sollte den Türken ein besseres Ansehen verschaffen.

Dass das Misstrauen ihnen gegenüber durchaus angebracht war, beweist der geheime Plan des Sultans, mit der Bahn auch Soldaten zu transportieren. Dank des Programms des Schweizer Spezialveranstalters Globotrain lassen sich sowohl die historischen Bezüge dieser Reise als auch die Kultur- und Naturwunder entlang der Strecke erleben. Die Zugfahrt mit Dampflokomotiven und Wagen aus der Gründerzeit beginnt im syrischen Aleppo. Sie führt über Palmyra, Damaskus und Bosra bis in die jordanische Hauptstadt Amman, weiter in die Felsenstadt Petra sowie in die Wüstenlandschaft des Wadi Rum. Falls Sie sich über die mächtigen Sandhügel und die entsprechend tiefen Sandlöcher entlang den Gleisen wundern: Nach der Absetzung des Sultans Abdul Hamid verbreitete sich das Gerücht, er habe entlang der Hedjaz-Bahn seinen Reichsschatz vergraben. Bis heute sind Glücksritter mit Pickeln und Schaufeln unterwegs, um den Schatz neben der Eisenbahn zu suchen.

Info > »Hedjaz-Bahn«; Globotrain Bahnreisen weltweit, Neuengasse 30, CH-3001 Bern; Tel. 0041/31/313 00 03, info@globotrain.ch, www.globotrain.ch

Im Land der Wunder

15

>>> **PERU** Arequipa – die schönste Stadt Perus – liegt am Fuß der Vulkane Misti (5843 m), Chachani (6075 m) und Pichu Pichu (5664 m). Trotz ihrer exponierten Lage wird die größtenteils aus weißem Tuffstein erbaute Siedlung auch »Stadt des ewigen Frühlings« genannt. Einen besseren Ausgangspunkt für diese Abenteuerreise, die in den Colca-Canyon, zur Quelle des Amazonas und auf die Gipfel zweier Sechstausender führt, kann es also gar nicht geben. Nach verschiedenen Besichtigungstouren und Ausflügen führt der vierte Reisetag die Peru-Besucher in den Colca-Canyon, eine der tiefsten Schluchten der Erde. Der Schriftsteller Vargas Llosa nannte diese tiefe Narbe im Mantel der Welt »Tal der Wunder«. Vollkommen zu Recht, haben hier doch allein 170 Vogelarten ihr Zuhause. Ähnlich vielfältig wie die Fauna ist auch die Flora des Canyons, an dessen terrassierten Hängen Bauern Getreide, Obst und Gemüse anbauen. Nach der Besichtigung dieses Naturwunders heißt es Stiefel schnüren und Rucksäcke

packen: Auf dem Programm steht eine Wanderung zur Quelle des Amazonas, dessen genauer Ursprung erst 2000 bestimmt werden konnte – mit moderner Satellitentechnik. Er liegt im Nevado-Mismi-Gebirge auf 5150 Meter Höhe. Dank vorhergehender Akklimatisation und der Hilfe der Begleitmannschaft ist die anstrengende Tour gut zu bewältigen. Zwei Tage und eine Passüberschreitung später gelangt man in die Zivilisation zurück. Nun ist Ausruhen angesagt, denn der dritte Höhepunkt der Reise ist eine mehrtägige Besteigung des Nevado Ampato, auf dessen 6305 Meter hohem Gipfel 1995 »Juanita«, die am besten erhaltene Mumie der Anden, gefunden wurde.

Info > »Amazonas-Quelle und heilige Berge der Anden«; Hauser Exkursionen, Spiegelstraße 9, 81241 München; Tel. 089/235 00 60, Fax 089/23 50 06 99, info@hauser-exkursionen.de, www.hauser-exkursionen.de

Viel Komfort und eine gute Küche

>>> **SÜDAFRIKA** Er gilt als »luxuriösester Zug der Welt«: Eine Reise mit dem Rovos Rail ist deshalb ein Abenteuer der besonderen Art. In den historischen, holzgetäfelten Waggons hat man als Reisender keinerlei Entbehrungen zu befürchten. Im Gegenteil: Service und Komfort sowie die Feinheiten einer exquisiten Küche werden in den 36 Suiten – die maximal 72 Zugreisenden Platz bieten – ganz groß geschrieben.

Warum eine Reise mit dem Rovos Rail dennoch ein Abenteuer bietet? Nun, das liegt zum einen an dem historischen Ambiente der Züge, zum anderen an der spektakulären Landschaft, die man auf den Gleisen durchquert. So hat jeder der 75 Waggons des Rovos Rail, die seit 1989 gesammelt und restauriert wurden, eine eigene Geschichte. Der Speisewagen »Shangani« etwa – Nummer 195 – wurde 1924 in Europa gebaut, nach Afrika verschifft und sechs Jahrzehnte später auf einem Abstellgleis bei Johannesburg wiedergefunden. Heute ist seine im viktorianischen Stil gehaltene Inneneinrichtung vollständig restauriert.

Die Züge des Rovos Rail werden je nach Geländebeschaffenheit von Dampf-, Diesel- oder Elektroloks gezogen. Die 1600-Kilometer-Reise von Pretoria nach Kapstadt, die mitten durch die schönsten Landschaften Südafrikas führt, dauert 48 Stunden. »The Old Karoo Pioneering Train« schlängelt sich durch das weite Grasland der Great Karoos, bevor er durch liebliche Weinanbaugebiete und das schroffe Küstengebirge das Kap der Guten Hoffnung erreicht. Während zweier Stopps – in Matjesfontain und in Kimberley – hat man ausreichend Zeit, sich die Füße zu vertreten. Um anschließend so entspannt, wie man nur während einer Zugreise sein kann, Südafrika an sich vorbeiziehen zu lassen.

Info > »Rovos Rail«; AST African Special Tours, Gronauer Weg 31, 61118 Bad Vilbel; Tel. 06101/499000, info@ast-reisen.de, www.ast-reisen.de

Mitten durch das Herz Australiens

>>> **AUSTRALIEN** 2979 Kilometer quer durch Australien: »The Ghan«, der die Städte Adelaide im Süden und Darwin im Norden des Landes verbindet, legt mit jeder Fahrt die längste Bahnstrecke der Welt zurück. Und quert dabei 22 Breitengrade und vier Klimazonen. Erst seit 2004, nach insgesamt 120 Jahren Bauzeit, ist die Eisenbahnstrecke durch das australische Outback komplett befahrbar. Der Name des Zuges – »The Ghan« – hat seinen Ursprung in der Bezeichnung »The Afghanistan Express«. So wurden die Karawanen genannt, die mit Kamelen und unter Führung afghanischer Treiber im 19. Jahrhundert den Gütertransport von der Süd- an die Nordküste Australiens sichergestellt hatten. Mit ihrer Lust an Abkürzungen machten die Australier aus »Afghanistan« das Kunstwort »Ghan«.

Heute wird die einspurige Strecke zweimal pro Woche komplett befahren. Die Fahrt dauert etwa 48 Stunden. Wartezeiten sind eingerechnet, denn entgegenkommende Züge müssen vorbeigelassen werden. Nach wie vor werden mit dem »Ghan«, der von drei Diesellokomotiven gezogen wird, große Mengen an Gütern transportiert. Die menschliche Fracht wird dagegen vor allem von Touristen gebildet, die sich auf einer historischen Strecke in das Herz Australiens wagen – in dem der in allen Rotschattierungen flimmernde Wüstensand ein optisches Schauspiel bietet. »Ein Land, das nicht für Menschen gemacht ist, aber wie geschaffen, um sich darin zu verlieren«, schrieb der reisende Schriftsteller Bruce Chatwin über das Innere Australiens. Tatsächlich besteht das Abenteuer einer Fahrt mit dem »Ghan« in erster Linie darin, auf monoton gerader Strecke in der endlosen Weite des Kontinents zu sich selbst zu finden.

Info > »The Ghan«; hm touristik, Livry-Gargan-Straße 10, 82256 Fürstenfeldbruck; Tel. 08144/7700, info@hm-touristik.de, www.hm-touristik.de

Auf den Straßen
des Subkontinents

>>> **INDIEN** Vor einigen Jahren wurde aus dem Computerspezialisten Günter Schiele ein wirklicher Abenteurer: Nachdem er im Auftrag seines Arbeitgebers eine indische Niederlassung gegründet hatte, begab er sich auf eine Motorradreise durch Indien, die sein Leben für immer verändern sollte. Aus dem Informatiker Schiele wurde der Motorradfahrer Schiele – der heute seine Erfahrungen an Gleichgesinnte weitergibt. So kann man ihn zum Beispiel auf einer Motorradtour durch den indischen Bundesstaat Rajasthan begleiten.

Die Provinz an der Grenze zu Pakistan blickt auf eine lange, von Krisen und Kriegen, aber auch von Zeiten großen Wohlstands geprägte Vergangenheit zurück. Bis heute zeugen Städte wie Jodhpur, Bikaner, Jaisalmer, Udaipur und Pushkar von den Zeiten, in denen sich die Clans der Rajputen blutige Kämpfe um die Vorherrschaft in ihrem kargen Land lieferten. All diesen Orten statten Günter Schiele und seine Motorradcrew einen Besuch ab. Auf der knapp 2000 Kilometer langen Reise werden außerdem eine Vielzahl von Forts und Palästen, Tempeln und Havelis – die Wohnstätten der wohlhabenden Bevölkerung – besucht. Die Tour stellt keine besonderen Ansprüche an das Fahrkönnen. Man sollte sich aber bewusst sein, dass das Fahren in Indien per se ein Abenteuer ist, denn man teilt sich die Straßen mit Fußgängern, Kühen, Eselskarren, Fahrradrikschas, Bussen und Lastwägen, die alle zur gleichen Zeit am gleichen Ort sein wollen. Da ist es gut, dass Schiele Wert auf ein gemütliches und sicheres Fahrtempo legt – schließlich geht es bei dieser Reise 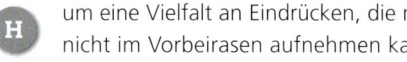 um eine Vielfalt an Eindrücken, die man nicht im Vorbeirasen aufnehmen kann.

Info > *»Rajasthan – Eine Reise durch Raum und Zeit«; Wheel of India, Hauptstraße 20, 29640 Schneverdingen; Tel. 05193/519191, info@WheelOfIndia.de, www.WheelOfIndia.de*

Höhenflug
mit einem Taxi

>>> **BOLIVIEN** Die bolivianische Hauptstadt La Paz ist eine faszinierende Stadt. Ob mit dem Flugzeug über die Sechstausender der Anden oder mit dem Bus über die karge Ebene des Altiplano: Bereits die Anreise ist atemberaubend. Im wahrsten Sinne des Wortes. Da der Flughafen von La Paz über 4000 Meter Höhe liegt, können die meisten Gäste ihre Ankunft in der höchstgelegenen Hauptstadt der Welt nicht richtig genießen. Aufgrund des geringen Sauerstoff-Partialdrucks in der Atemluft wird ihnen oft mulmig, viele kriegen Kopfweh. Auch die Fahrt ins knapp 300 Meter tiefer gelegene Stadtzentrum bringt da nur selten Linderung. Man sollte aus diesem Grund zunächst einige Tage in La Paz verbringen, ehe man sich aus der quirligen Metropole wieder in die ringsum gelegenen Berge wagt. Der erste Ausflug könnte dabei ein richtiges Abenteuer werden: eine Reise mit dem Taxi bis auf 5200 Meter Höhe! Obwohl die Fahrt über Schotterstraßen eine Weile dauert, kostet sie nicht mehr als umgerechnet 20 Euro. Irgendwann jedoch ist auch diese Reise zu Ende. Beim Aussteigen werden die Passagiere meist von schneidendem Wind und beißender Kälte empfangen. Da ist es gut, eine warme Jacke, Mütze und Handschuhe im Gepäck zu haben. Derart gerüstet, macht man sich auf den kurzen Aufstieg zum Gipfel des 5395 Meter hohen Chacaltaya. Von dort hat man einen berauschenden Blick auf das im Dunst liegende La Paz sowie auf die weiß glitzernden Schneegipfel der Cordillera Real. Anschließend kann man sich selbst mit einem warmen Tee und einer Jause verwöhnen – kurz unterhalb des Chacaltaya betreibt der Club Andino Boliviano eine Unterkunftshütte. Bis vor einigen Jahren konnte man sich hier noch Ski mieten, um am höchstgelegenen Schlepplift der Welt einige Schwünge zu machen. Leider hat sich der Gletscher aber so weit zurück- gezogen, dass dieses Vergnügen der Vergangenheit angehört.

Info > *www.suedamerikatours.de*

Unterwegs im rollenden Hotel

>>> **MONGOLEI** In Patagonien, in der Sahara, am Nordkap – überall und immer wieder kommen einem diese roten Busse entgegen. Tatsächlich bereisen die »rollenden Hotels« so gut wie alle Plätze dieser Erde. Der Vorteil: Man hat seinen Schlafplatz und seine Küche quasi immer dabei, ohne sich selbst darum kümmern zu müssen. Natürlich kann das »Rotel« nicht denselben Komfort wie ein standhaftes Hotel bieten; dafür ist man aber als Reisender relativ unabhängig von der oft schlechten Infrastruktur der Rotel-Reiseländer. Eine gewisse Liebe zum Campingurlaub

schadet freilich nicht: Zwar bieten die Schlafkabinen ausreichend Platz zum Hinlegen, während der Stopps hält man sich aber doch hauptsächlich im Freien auf – und hat dafür auch Gelegenheit, bei Bedarf, die Geselligkeit der Gruppe kurzzeitig gegen ein bisschen Ruhe einzutauschen.

Besonders deutlich werden die Vorteile einer Rotel-Reise auf der 22-tägigen Fahrt durch die Mongolei. Der allradbetriebene 20-Sitzer ermöglicht den Touristen auch die Fahrt durch abgelegene und selten besuchte Gebiete, in die man sich mit dem eigenen Fahrzeug kaum wagen würde. So führt die Reise, die in der mongolischen Hauptstadt Ulan-Bator beginnt und endet, zum Beispiel auch durch die Wüste Gobi und durch die östlichen Ausläufer des Altai-Gebirges. Komplettiert wird sie durch die anschließende Fahrt mit der Transsibirischen Eisenbahn von Ulan-Bator ins russische Ulan-Ude und weiter entlang dem Baikal-

    see nach Irkutsk.

Info > »*Expeditionsreise Mongolei*«; *Rotel Tours, Herrenstraße 11, 94104 Tittling; Tel. 08504/4040, info@rotel.de, www.rotel.de*

Hinter dem Schleier

>>> **IRAN** Wohl selten hat ein kulturelles Phänomen so viel Anlass zu Fragen, Missverständnissen und Auseinandersetzungen gegeben wie der Schleier, den muslimische Frauen tragen. Abenteurerinnen bietet sich mit dieser Reise die einmalige Gelegenheit, einen Blick in die Welt zu werfen, die sich hinter den Schleiern iranischer Frauen verbirgt. Die 14-tägige Iran-Reise des Veranstalters TRH-Reisen führt von Teheran an historischen Sehenswürdigkeiten, Museen und Basaren entlang nach Isfahan und Persepolis. Das äußerst interessante Sightseeing ist jedoch nur ein Nebenaspekt: Im Vordergrund dieser außergewöhnlichen Exkursion stehen Treffen mit Vertreterinnen von Frauenorganisationen, Studentinnen, Lehrerinnen und Schülerinnen. Aufgrund vieler Gespräche, gemeinsamer Einkaufstouren auf persischen Basaren sowie interessanter Einblicke

in die Arbeitsbedingungen iranischer Frauen werden die Reisenden zeitweilige Begleiterinnen in einer Parallelwelt, zu der europäische Männer nie Zugang erhalten werden. Dabei erfahren die Frauen mehr über das Alltagsleben im Iran, als es Zeitungen, Radio oder Fernsehen je vermitteln könnten. Die einzige Bedingung für das Gelingen dieses Experiments: Alle Mitreisenden müssen ein großes Maß an Aufgeschlossen-   heit, Toleranz und Kameradschaftlichkeit mitbringen.

Info > »*Iran – Frauenpower hinter dem Tschador*«; *TRH-Reisen, Im Schnepfenflug 20, 67147 Forst/Weinstraße; Tel. 06326/967 57 53, team@trh-reisen.de, www.trh-reisen.de*

Der »Göttin der Freude« zum Gefallen

>>> **INDIEN** Für die Bewohner des Niti-Tales im indischen Garhwal Himalaja stellte der Transhimalaja-Handel jahrhundertelang die wichtigste Einnahmequelle dar. Karawanen aus Tibet brachten Salz, Schafe, Ziegen, Pferde und Yaks; die Händler aus Indien hatten Getreide, Reis, Zucker, Gewürze und Kleidung geladen. 1962, mit dem Beginn des indisch-chinesischen Krieges, wurde dieser Handel abrupt und bis heute unterbunden. Und damit kam den Stämmen der Marchas und Tolchas, die im Niti-Tal zu Hause sind, quasi ihre Lebensgrundlage abhanden.

Die mangelnde Versorgung der Talbewohner konnte der langsam aufkommende Tourismus nur teilweise wettmachen. 1936 war der Nanda Devi, mit 7817 Meter Höhe der zweithöchste Berg Indiens, zum ersten Mal bestiegen worden. Die Schönheit der »Göttin der Freude« als auch der Umgebung hatte sich in Bergsteigerkreisen schnell herumgesprochen. Das Dorf Lata im Niti-Tal wurde zum Ausgangspunkt für Trekkingtouren, die ins Gebiet des Nanda Devi führten – Gepäcktransport und Führungstätigkeiten brachten seinen Bewohnern ein mageres Einkommen. Das ab 1982 ebenfalls ausblieb, nachdem das Gebiet um den Nanda Devi unter Schutz gestellt und jegliche touristische Aktivität im »Nationalpark Nanda Devi« verboten worden waren.

Somit waren die Einheimischen zum zweiten Mal Opfer von Entscheidungen geworden, auf die sie selbst keinen Einfluss nehmen konnten. Mit Beginn des 21. Jahrhunderts hatten sie von dieser Situation genug. In einer gemeinsamen Erklärung, der »Nanda Devi Eco Tourism Campaign«, forderten sie weitreichende Mitspracherechte bei der zukünftigen touristischen Entwicklung ihrer Region. Unterstützt wurden sie dabei unter anderem von dem deutschen Ethnologen Ralf Griesbaum, der sich mit seinem Unternehmen Natkul seither für einen »community based tourism« einsetzt. Das bedeutet: Interessierte Reisende können während eines Besuches im Niti-Tal die Beobachterperspektive verlassen und Teil der Dorfgemeinschaften werden. Dabei leben und arbeiten sie mit den Familien des Tales. Auch Trekkingreisenden bietet sich die Chance, aus dem gängigen Arbeitgeber-Arbeitnehmer-Schema auszubrechen: Sie besuchen ihre Träger, Helfer und Köche auch im Kreise ihrer Familien und nehmen an ihrem Alltagsleben teil. Auf dem Programm stehen zudem der Besuch des Pilgerorts Badrinath, eines der wichtigsten Heiligtümer des Hinduismus, sowie Ausflüge mit Schäfern oder der Besuch von Hochzeiten. Für eine derartige Reise ins Niti-Tal sollten allerdings mindestens zwei Wochen Zeit eingeplant werden. Die Betreuung vor Ort läuft auf Englisch ab; auf Wunsch übernimmt Ralf Griesbaum aber auch selbst die Reiseleitung.

Info > »Dorftourismusprojekt Niti-Tal«; Natkul Himalaya Tours, c/o Ralf Griesbaum, Fliederweg 5, 77960 Seelbach; Tel. 07823/961294, info@natkul.de, www.natkul.de

Ein Mittagsmenü aus Schlangen und Echsen

>>> **AUSTRALIEN** Neville Poelina ist ein Reiseleiter der besonderen Art. Anders als die meisten Tourveranstalter, die Australien im Programm führen, hat er sich seine Kenntnisse über Land und Leute nicht erst aneignen müssen. Sie wurden ihm sozusagen in die Wiege gelegt. Poelina gehört dem Stamm der Nyikina an. Er verbrachte sein gesamtes Leben in den Kimberleys, einer der einsamsten, trockensten und wildesten Regionen Australiens. Geschichte und Kultur der einheimischen Aborigines sind untrennbar mit seinem eigenen Dasein verbunden. Er betrachtet den Tourismus nicht zuletzt deshalb auch als Chance für viele Aborigines, dem Teufelskreis aus niedrigem Sozialstatus, Arbeitslosigkeit, Diskriminierung und Drogenkonsum, dem sie sich seit Jahrzehnten ausgesetzt fühlen, zu entkommen.

Vor diesem Hintergrund kann Poelina seinen Gästen entsprechend kenntnisreich die Flora und Fauna sowie die topografischen und kulturellen Besonderheiten der Kimberleys nahebringen. Im Rahmen der »Uptuyu Aboriginal Adventures« führt er sie in das Outback Westaustraliens – eine Region, die etwa dreimal so groß wie England ist und durch die nur eine einzige Straße führt. Seine Standardtour beginnt in der Stadt Broome. (Grundsätzlich offeriert Poelina auch die Möglichkeit, Touren individuell und auf die eigenen Vorlieben abgestimmt zu gestalten.) Von dort geht es mit dem Auto abseits der gängigen Routen durch die Wildnis. Sechs Tage lang führt Poelina seine Gäste zu magischen Orten, durch Wüstenlandschaften und spektakuläre Bergschluchten. Dabei erfahren die Reisenden von den Traditionen und Mythen der australischen Ureinwohner. Sie lernen, wie man mit Speeren oder mit der bloßen Hand Fische fängt. Und sie erfahren am eigenen Leib, dass Grassamen, Kängurus, Schlangen, Echsen und Schildkröten durchaus als Nahrung dienen können. Geschlafen wird im Wildcamp unter freiem Himmel. Das Ziel der Reise ist die Kleinstadt Fitzroy Crossing. Dort angekommen, können die Teilnehmer zurück in die Heimat oder auf eigene Faust weiterreisen.

    Das dazu notwendige Wissen haben sie sich dank Poelina ja bereits angeeignet.

Info > »Aboriginal Adventures«; Uptuyu Aboriginal Adventures, PO Box 1306 Broome WA 6725, Australien; Tel. 0061/400/878898, info@ubtuyu.com, www.uptuyu.com.au

ABENTEUER WISSENSCHAFT

Es geht um Menschliches. Es geht um die Natur und um die Dinge. Es geht um Sprache und darum, wie wir uns verständigen. Es geht um den Blick in die Vergangenheit und um das, was uns die Zukunft bringen wird. Es geht um ganz große und ganz kleine Fragen. Auf die wir noch keine Antworten wissen, vielleicht nie wissen werden. Es geht um das Abenteuer Wissenschaft. Und um die Chance, als Laie daran teilzuhaben

All inklusive

Eine Pauschalreise, nicht von dieser Welt. Schon heute lässt sie sich im Reisebüro buchen. Sechs Menschen bereiten sich auf einen Flug vor, der ihre Sicht der Erde verändern wird

DIE KRÜMMUNG des Horizonts und die dünne Schicht der Atmosphäre: Dieser Anblick wird schon bald für 200 000 Dollar zu haben sein

24

Das teuerste Sixpack der Weltgeschichte schwebt
über ausgemusterten Zeugen des Flugverkehrs

DIE TESTPILOTEN Brian Binnie (ganz links) und Mike Melville waren die ersten Wagemutigen, die sich in das Cockpit des Space Ship One setzten. Sie steuerten die Urversion des von Burt Rutan (rechts, mit einem Modell) konstruierten Raketenflugzeugs auf seinem Jungfernflug 2004 bis auf eine Höhe von über 100 Kilometern. Ihr Abenteuer hatte auf dem Flughafen von Mojave in Kalifornien begonnen, wo das Trägerflugzeug White Knight One über die Rümpfe stillgelegter Passagiermaschinen hinweg zu seinem Pionierflug startete

Text: Axel Nowak

Es ist ein sonniger, heißer Tag. Über den Rollfeldern des Flughafens von Mojave flimmert die Luft. Gleich daneben breitet sich die Wüste aus, eine Ödnis aus Sand und Geröll, in der bloß ein paar Kakteen- und Agavenarten gedeihen können. Etwas abseits der Pisten stehen große Passagiermaschinen, stillgelegt von ihren Gesellschaften. Man könnte meinen, die Hitze habe hier, 120 Kilometer nördlich von Los Angeles, jedes Leben erstickt. Doch da öffnen sich die massiven Tore eines Hangars. Eine Handvoll Männer zieht etwas ins Freie, das wie ein Flugzeug aussieht – und sechs Menschen ihren größten Traum erfüllen wird: die Reise ins All.

Spätestens 2010 soll dieses Szenario Wirklichkeit werden. Rund 250 Millionen US-Dollar investiert das Unternehmen Virgin Galactic, um Kunden in den Weltraum zu fliegen. Fünf Minuten lang werden sie den Blick auf die Erde genießen, der die Menschheit seit Beginn der bemannten Raumfahrt fasziniert. Das All als Reiseziel für betuchte Touristen: Technisch möglich machen dies die Konstruktionen des amerikanischen Luftfahrtingenieurs Burt Rutan und seiner Firma Scaled Composites. Sie haben die »White Knight Two« entworfen, ein Flugzeug mit zwei Rümpfen und einer Spannweite von 43 Metern. Die Flügelpartie ist das längste Einzelteil aus dem ultraleichten Kunststoff Karbon, das bislang in der Luftfahrt eingesetzt wird. Zwischen den Flanken trägt der »Weiße Ritter« das »Space Ship Two«: Das Raketenflugzeug wird die Passagiere in den Orbit katapultieren. Zahlreiche Schaulustige, Reporter und Kcamerateams sind an diesem Tag in die Mojave-Wüste gekommen. Sie stehen direkt an der Startbahn, nur durch einen Zaun von der Asphaltpiste getrennt. So können sie jeden Schritt verfolgen, den die sechs Himmelsstürmer in ihren Raumanzügen Richtung Space Ship Two machen.

Dessen Kabine ist fast ohne Kanten gestaltet, das Interieur minimalistisch – nichts soll vom eigentlichen Zweck des Fluges ablenken. Durch 15 Fenster wird der Blaue Planet zu sehen sein. Sogar an der Decke sind Bullaugen angebracht. Letzter routinemäßiger Check vor dem Start. Die Passagiere kontrollieren den Sitz ihrer Helme. Sie überprüfen, ob die Kommunikation mit den beiden Piloten funktioniert. Ein drahtloses Netzwerk überträgt die Kommandos aus dem Cockpit zu den Reisenden. Im Kopfschutz ist auch eine kleine Kamera integriert, die alles aufzeichnet, was in Blickrichtung liegt. Die Gurte werden angelegt, der Tower gibt das Okay für den Start.

Das Trägerflugzeug White Knight Two startet wie ein gewöhnliches Passagierflugzeug, steigt jedoch sehr schnell höher. Auf etwa 15 000 Metern, an der Grenze zwischen Troposphäre und Stratosphäre, kommt der Augenblick, in dem das Mutterschiff seine Schützlinge ins All entlässt. Im Space Ship Two senken sich die Schalensitze lautlos ab, die Passagiere liegen nun fast ebenerdig in den Kabinen. »Three, two, one, zero!« Der Countdown kündigt das Ausklinken des Space Ship an. Einige Sekunden ist das »Baby« dem freien Fall überlassen. »Three, two, one …«, befiehlt die Zeitkontrolle das Zünden des Raketenantriebs. »Zero!«

Feuer schlägt aus dem Heck der Maschine. Nahezu senkrecht rast sie Richtung Himmel, um nach acht Sekunden Schallgeschwindigkeit zu erreichen. Eine nie zuvor erfahrene Kraft presst die Insassen in ihre Sitze. Mehr als das Dreifache der üblichen Erdschwerebeschleunigung – etwa 3,5 g – treibt ihnen Tränen in die Augen und das Blut in die Schädel. Es fühlt sich an, als würde die Haut der Wangen über die Ohren gezogen. Schon nach wenigen Sekunden ist Space Ship Two 4000 Stundenkilometer schnell. Je weiter sich die Rakete von der Erde entfernt, desto mehr nimmt die Belastung für ihre Insassen ab. Vor den Bullaugen läuft ein atemberaubendes chromatisches Schauspiel ab: Der kobaltblaue Himmel färbt sich violett, dann indigoblau und wechselt schließlich in ein abgrundtiefes Schwarz.

Längst hat das Space Ship Two auch die Mesosphäre verlassen und ist in die Thermosphäre eingetaucht – in das Weltall. Die Piloten schalten den Motor ab. Das Raumflugzeug verliert an Geschwindigkeit, dann schwebt es in 110 Kilometern Höhe über der Erde. Es ist still, totenstill,

110 Kilometer über
der Erde bestimmt die
Leichtigkeit das Sein

DIE KRÜMMUNG des Horizonts werden die All-Touristen aus 15 Bullaugen bestaunen können

bis die Jauchzer der Passagiere die himmlische Ruhe stören. Sie dürfen die Gurte lösen, wie von Zauberhand gesteuert verlassen ihre Körper die Sitze. Schwerelosigkeit. Unten und oben existieren nicht mehr. Das Gewicht spielt keine Rolle. Alles erscheint so leicht. Ein klein wenig mit den Muskeln gespielt, schon reagiert der Körper wie der eines Akrobaten: eine Rolle vorwärts, eine rückwärts, ein Rittberger, ein Doppelaxel. In Zeitlupe schweben die Weltraumtouristen durch die Kabine, den Bullaugen entgegen. Dort ist er, der Blaue Planet, die hauchdünne Schicht des Gasgürtels, der ihn umhüllt und Leben ermöglicht. Die Raumreisenden sehen nicht die gesamte Erdkugel, nur einen kleinen Ausschnitt der Erdkrümmung. Aber sie sind weit genug entfernt, um Sonne, Mond und Sterne gleichzeitig erkennen zu können. Selten beschreiben Menschen Empfindungen so identisch wie Astronauten ihre Eindrücke aus dem All. Die Erde, berichten sie, wirke wunderschön, die Atmosphäre verleihe ihr eine märchenhafte Aura. Zugleich werde dem Betrachter bewusst, wie zerbrechlich unser Planet und seine Hülle sind. Ulrich Walter, 1993 an Bord des Shuttles Columbia im Weltraum, drückt seine Erfahrung so aus: »Man sieht nicht den Menschen dort unten, man sieht nur eine kleine Kugel. Welche Rolle spielt der Mensch im Universum, welche auf der Erde? Dieser Blick fördert ein anderes Selbstverständnis. Wenn das die Menschheit erfahren könnte, würde sie enger zusammenrücken. Ich bin davon überzeugt, dass dies dem Weltfrieden dienen würde.«

Leider währt der Zauber nur fünf Minuten. Dann ertönt das Kommando, die Sitze wieder einzunehmen und sich anzuschnallen. Mittlerweile hat das Space Ship Two den höchsten Punkt seines Aufstiegs verlassen. Die Gravitation ist stärker als der Auftrieb des Raumschiffs und holt die Weltraumtouristen zum Heimatplaneten zurück. 6 g wirken

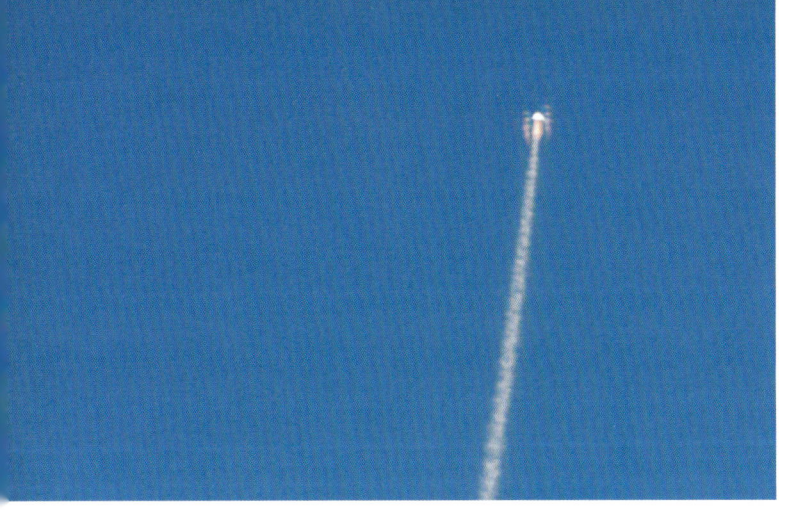

nun auf die Passagiere ein. Sie spüren den Druck auf ihrem Brustkorb, jeder Atemzug kostet Kraft. Nach zwei Minuten hat das Leiden ein Ende. Das Space Ship Two kann wieder die Tragfähigkeit der Luft nutzen, klappt die Flügel aus und segelt der kalifornischen Wüste entgegen. Zweieinhalb Stunden nach dem Start endet der Trip ins All mit der Landung auf Rollbahn 12/30 des Mojave-Airports.

Was vor Kurzem noch wie das Szenario aus einem Science-Fiction-Roman klang, kann heute schon als Abenteuerurlaub geplant werden: mit einer Buchung bei Virgin Galactic oder einem ausgewählten Reisebüro. Die Reise mit Space Ship Two inklusive fünf Minuten Schwerelosigkeit kostet 200 000 US-Dollar. Je mehr man anzahlt, desto früher darf man fliegen. Marion Aliabadi, Inhaberin des deutschen Exklusivanbieters Designreisen, zählte innerhalb von zwölf Monaten immerhin rund 150 Anfragen und vier Buchungen. Unter den ersten hundert, die mit Virgin Galactic ins All fliegen werden, ist auch Sonja Rohde. Die Diplomkauffrau aus Hagen, Jahrgang 1975, bucht den Trip ins All schon, als weder Virgin Galactic noch Reisebüros ihn offiziell anbieten. 2005 reist sie nach Südafrika und quartiert sich in der Ulusaba Lodge unweit des Krüger-Nationalparks ein. Dort kommt sie mit »Richard« ins Gespräch. Der ist nicht nur Besitzer der Lodge. Er entpuppt sich auch als Sir Richard Branson, Gründer des britischen Mischkonzerns Virgin, der unter anderem mit Fluglinien, Mobilfunk, Kosmetik, Fitnessstudios und 50 000 Mitarbeitern rund 20 Milliarden US-Dollar im Jahr umsetzt. Urzelle der mehr als 200 Unternehmen zählenden Gruppe ist die Plattenfirma Virgin Records, die Branson 1972 ins Leben rief. 20 Jahre später übernahm er die Mehrheit an der Fluggesellschaft British Atlantic Airways und benannte sie in Virgin Atlantic um. Zu dieser Zeit hatte sich Branson bereits einen Namen als Abenteurer gemacht: 1986 gelang ihm die schnellste Atlantiküberquerung mit einem Schiff, 1987 die erste Überquerung des Atlantiks mit einem Heißluftballon. Seine gefährlichen Rekordversuche, die spektakulären PR-Aktionen und sein Firmenimperium sind Sonja Rohde aus den Medien ein Begriff – nun sitzt sie dem Selfmademan leibhaftig gegenüber.

Der jung gebliebene, damals 55-jährige Engländer erzählt von seinem neuen Projekt: von Virgin Galactic und den geplanten Weltraumflügen. Sonja Rohde traut ihren Ohren nicht: »Kann das alles Zufall sein? Zuerst wollte mich mein Reisebüro in eine andere Lodge einbuchen. Dann habe ich ein Foto von Ulusaba gesehen und mich spontan entschlossen hinzufahren. Dort lerne ich dann Richard Branson kennen. Und schließlich zeigt der mir einen Weg auf, wie ich meinen Kindheitstraum verwirklichen kann.« Die Großmutter hatte der kleinen Sonja einst ein Lexikon geschenkt, das Mädchen war fasziniert von Dinosauriern und Raumfahrern: »Ich wollte damals unbedingt Astronautin werden. Meine Eltern hatten aber andere Pläne. Sie leiten einen Familienbetrieb in dritter Generation und machten mir klar: Für Sperenzchen ist kein Platz, du steigst in unser Unternehmen ein.« Bis zu dieser schicksalhaften Begegnung in Südafrika tröstete Sonja Rohde sich mit den Weltraumbildern der Sendung »Space Night«, die der Bayerische Rundfunk jede Nacht zum Programmschluss sendet.

Jetzt öffnet ihr Richard Branson neue Horizonte, begeistert sagt sie ihre Teilnahme zu. Branson greift sofort zum Handy und meldet sie an. Erst danach erkundigt sich Sonja Rohde nach den Kosten: Branson zaubert sein schönstes Welteroberstrahlen hervor. Als die potenzielle Astronautin jedoch den Preis hört, »war ich wie schockgefroren und bat mir etwas Bedenkzeit aus«. Wieder daheim, kratzt Rohde ihre Ersparnisse zusammen und nimmt einen Kredit auf, um sich den Flug ins All leisten zu können. Was sich die Juniorchefin einer Immobilienfirma von ihrem Weltraumwagnis verspricht? »Das ist eine der letzten Möglichkeiten, neue Räume zu betreten. Dort oben muss ein Gefühl grenzenloser Freiheit herrschen.«

Inzwischen hat Rohde bereits an einem ersten Vorbereitungstraining teilgenommen. In einer Zentrifuge bekam sie die Gewalt von 6 g zu spüren. Über dem Golf von Mexiko erlebte sie in einem Parabelflug die Schwerelosigkeit. Bei diesem Manöver steigt eine gewöhnliche Passagiermaschine, deren Kabine leer geräumt und gepolstert ist, mit vollem Schub in einem 45-Grad-Winkel empor, drosselt die Triebwerke, wird noch etwa einen Kilometer vom eigenen Schwung getragen und stürzt dann – am höchsten Punkt – in freiem Fall dem Erdboden entgegen. Nun fühlen sich die Passagiere für zirka 25 Sekunden schwerelos, bevor der Pilot Vollgas gibt und den Sturz der Maschine abfängt.

NACH ACHT SEKUNDEN Flugzeit erreicht das Space Ship Two Schallgeschwindigkeit (ganz links). Für die staunenden Zuschauer mit Bodenhaftung bleibt die Belastung von 3,5 g, der die Passagiere ausgesetzt sind, schwer vorstellbar. Zukunftsmusik ist auch der Weltraumbahnhof Spaceport America im US-Bundesstaat New Mexico, von dem es bisher nur Pläne und Animationen gibt

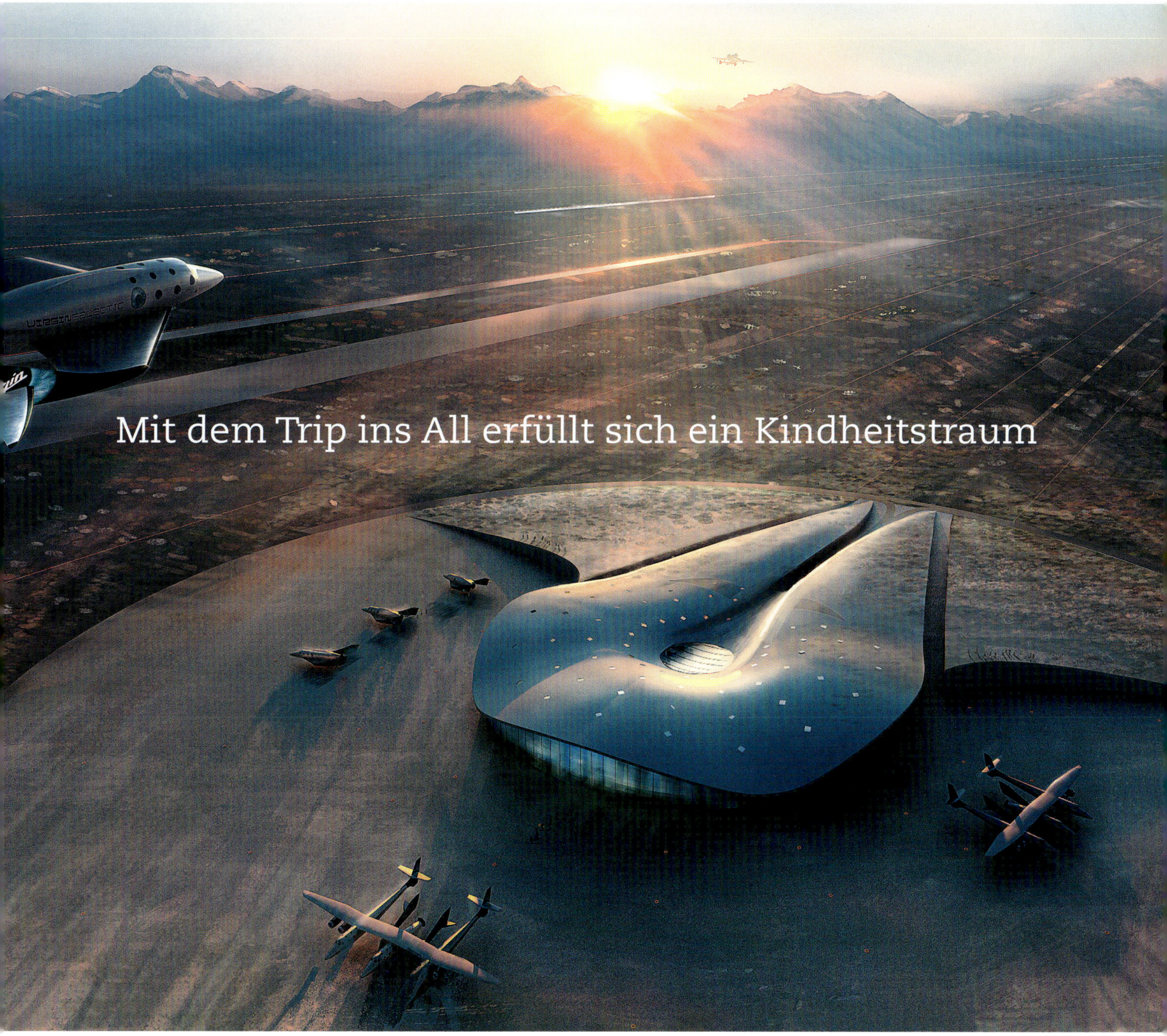

Mit dem Trip ins All erfüllt sich ein Kindheitstraum

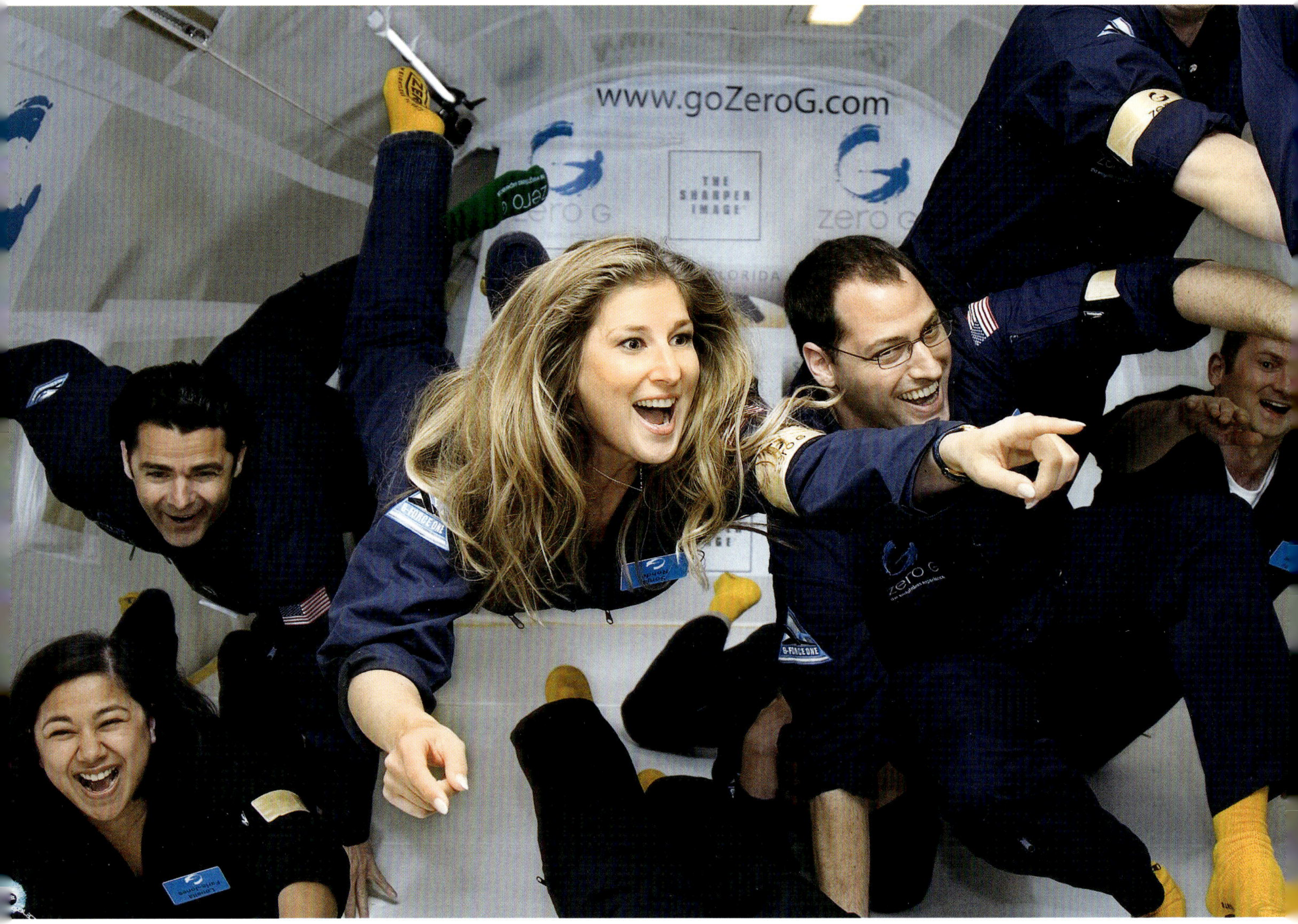
www.goZeroG.com
THE SHARPER IMAGE
ZERO G

VIRGINGALACTIC

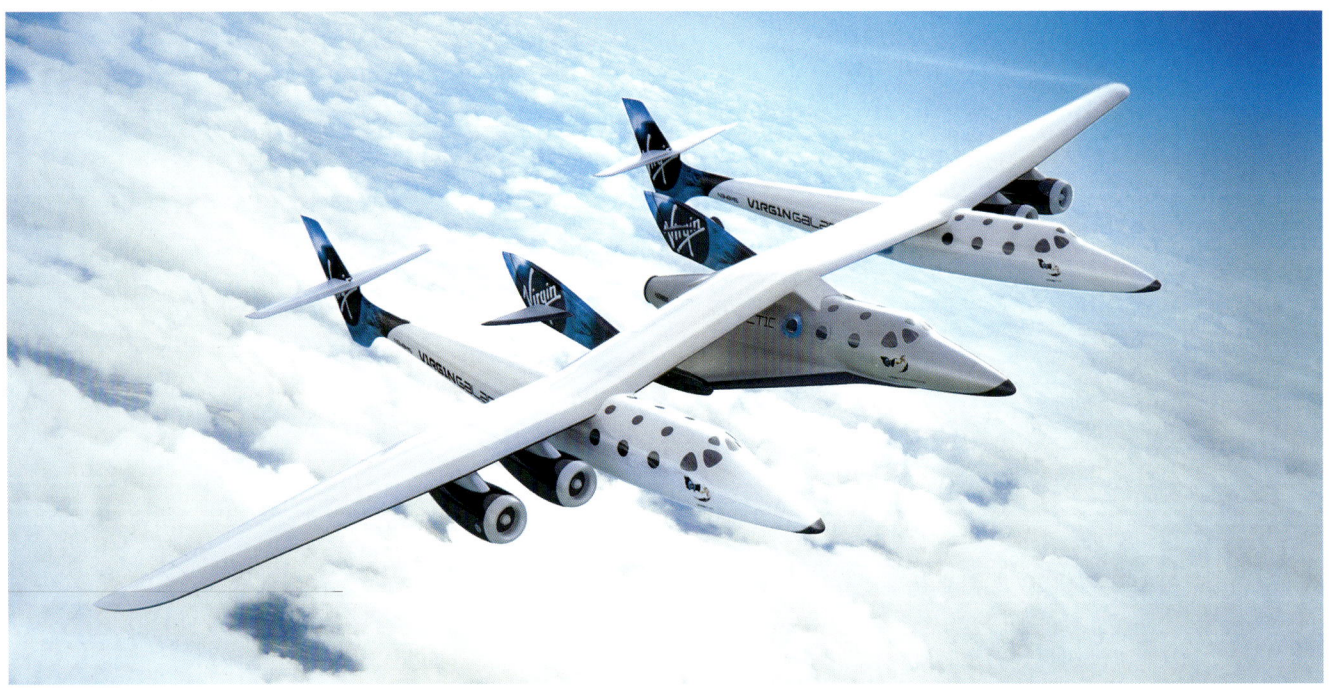

Mit Ikarus begann die Evolution der Luftfahrt – mit dem Space Ship Two wird sie wohl nicht zu Ende sein

Ulf Merbold, der erste westdeutsche Astronaut, untersuchte auf seinen drei Reisen ins All auch die Auswirkungen der Schwerelosigkeit. Der berühmten Raumfahrerkrankheit, die Gleichgewichtsstörungen und Übelkeit auslöst, kann sich kaum jemand entziehen: »Nach ein, zwei Tagen hat sich das Gehirn daran gewöhnt, und die Symptome verschwinden.« Ursache ist ein Informationskonflikt zwischen dem Gleichgewichtssinn und den Augen. Kleine Kalkkristalle im Innenohr bewegen sich, sobald der Körper seine Lage ändert. Unter den Bedingungen der Schwerelosigkeit funktioniert dies aber nicht – das Eigengewicht der Kristalle spielt keine Rolle mehr. So bringen sie das Gehirn in Schwierigkeiten, das von den Augen andere Signale empfängt. Bei seinem ersten Flug erschrak Merbold, als er in den Spiegel blickte. Sein Kopf war aufgedunsen, der Raumanzug spannte am Oberkörper. Merbold sah ein »puffy face«. Das entsteht, weil der Körper im Normalzustand das Blut gegen die Schwerkraft nach oben pumpen muss – und in der Schwerelosigkeit nicht damit aufhört. Es bilden sich Unproportionen, unter denen auch die Beine der Astronauten leiden: Sie werden bis zu zwei Zentimeter dünner.

Vor Entstellungen dieser Art muss Sonja Rohde keine Angst haben, denn Space Ship Two wird lediglich fünf Minuten in der »Zero-G-Zone« verweilen. Der kurze All-Aufenthalt ist technisch bedingt: Die Weltraumtouristen buchen einen Suborbitalflug, erreichen also nicht die Umlaufbahn. Deshalb kann Konstrukteur Burt Rutan auf den Hitzeschild verzichten, den eine Raumfähre sonst benötigt, um nicht in der Erdatmosphäre zu verglühen. Mehrtägige Aufenthalte im All können sich nur die Superreichen leisten. Das US-amerikanische Unternehmen Space Adventures bietet Flüge zur Internationalen Raumstation ISS und sogar Weltraumspaziergänge an. Kosten für den Spacewalk: zwischen 45 und 55 Millionen US-Dollar. Richard Garriott, Erfinder des legendären Computerspiels Ultima, war im Oktober 2008 der sechste Kunde von Space Adventures. Wie jedes echte Abenteuer birgt aber auch der Weltraumtourismus Gefahren: Im Juli 2007 explodierte auf dem Testgelände in der Mojave-Wüste eine Antriebsrakete, drei Arbeiter starben. Die genaue Ursache des Unglücks ist noch ungeklärt. Virgin Galactic verlängerte die Testphase. Konstrukteur Burt Rutan gab bei der Vorstellung des Space Ship Two zu, dass es in der zivilen Raumfahrt noch Risiken gebe. Er strebt einen Sicherheitsgrad an, der mit jenem der zivilen Luftfahrt in den 1920er-Jahren vergleichbar sei. »Das wäre immer noch hundertmal sicherer als die heutige, von Staaten finanzierte bemannte Raumfahrt.« Sonja Rohde ist sich möglicher Gefahren bewusst: »Ich habe die Challenger-Katastrophe live im Fernsehen gesehen. Aber ich bin überzeugt, dass der Gewinn einer solchen Reise die Risiken aufhebt.« Die grenzenlose Freiheit, so sie es denn wirklich gibt, ist eben nichts für Hasenfüße. Den Mutigen gehört die Welt – und vielleicht auch bald das All. ■

DIE ERSTE ERFAHRUNG der Schwerelosigkeit während der Vorbereitung auf ihren Weltraumflug machte Sonja Rohde große Freude. Virgin-Galactic-Chef Richard Branson lernte sie übrigens in einer ganz anderen Umgebung kennen: auf Safari in Südafrika.

ZERO G erlebte der amerikanische Sofwareentwickler Charles Simonyi in einem gleichnamigen Versuchslabor. Seinem Weltraumflug 2007 will er in Kürze einen zweiten folgen lassen

Chronik des Weltraumtourismus

4. Dezember 1990
Der japanische TV-Sender TBS schickt den Journalisten Toyohiro Akiyama für 28 Millionen US-Dollar mit dem ersten privat finanzierten Flug ins All. Akiyama reist mit der Sojus TM-11 zur russischen Raumstation Mir und berichtet von dort täglich für Radio und Fernsehen.

Mai 1996
Der Ingenieur Peter Diamandis und Gregg Maryniak, Vizepräsident für Forschung und Entwicklung am Institut für Weltraumstudien in Princeton, schreiben den X-Prize aus:

Wer als Erster ein privat finanziertes Raumschiff entwickelt, dessen Arbeit soll mit zehn Millionen US-Dollar honoriert werden.

1998
Eric Anderson gründet mit Peter Diamandis und Mike McDowell das Unternehmen Space Adventures, das bis heute sechs Privatpersonen in den Weltraum geschickt hat.

28. April 2001
Der Unternehmer und frühere Raumfahrtingenieur Dennis Tito kauft sich über das Unternehmen Space Adventures bei der russischen Raumfahrtagentur Roskosmos für 20 Millionen US-Dollar ein Ticket zur Internationalen Raumstation ISS. Tito bleibt fast acht Tage im Weltraum und freut sich nach der Rückkehr über einen Apfel.

Dennis Tito, 2001

Gregory Olsen, 2005

25. April 2002
Der Internetpionier Mark Shuttleworth ist der erste Afrikaner im All. Er startet mit der Sojus TM-34 zur ISS und kehrt nach fast zehn Tagen zurück.

Mai 2004
Aufgrund einer Millionenspende wird der X-Prize in Ansari X-Prize umbenannt.

21. Juni 2004
Dem Raumflugzeug Space Ship One des Ingenieurs Burt Rutan gelingt der erste bemannte, suborbitale Raumflug in über 100 Kilometer Höhe.

4. Oktober 2004
Das Space Ship One fliegt zum zweiten Mal innerhalb einer Woche in den Orbit und sichert sich den Ansari X-Prize.

27. Juli 2005
Virgin-Galactic-Eigner Richard Branson und Scaled-Composites-Präsident Burt Rutan gründen The Spaceship Company. Das Unternehmen will sowohl Raumflieger als auch Trägerflugzeuge für den kommerziellen Flug ins All entwickeln.

1. Oktober 2005
Der 60-jährige Unternehmer Gregory Olsen nimmt an der ISS-Expedition 12 teil.

18. September 2006
Anousheh Ansari, amerikanisch-iranische Millionärin und Raumschiff-Enterprise-Fan, fliegt zur ISS und bleibt fast elf Tage im Weltraum.

7. April 2007
Der Softwareentwickler Charles Simonyi (Microsoft Excel, Microsoft Word) fliegt für zwei Wochen zur ISS.

26. Juli 2007
Bei einer Explosion auf dem Testgelände von Scaled Composites kommen drei Menschen ums Leben. Die Entwicklung des Space Ship Two verzögert sich.

28. Juli 2008
Richard Branson stellt White Knight Two, das Trägerflugzeug für den Raumflieger Space Ship Two, der Öffentlichkeit vor.

12. Oktober 2008
Richard Garriott, Computerspieleentwickler und Sohn des NASA-Astronauten Owen Garriott, reist für elf Tage zur ISS. Er nimmt Experimente zur Proteinkristallisierung vor und will so private Investoren für die Weltraumforschung gewinnen.

2009
Charles Simonyi plant seinen zweiten Weltraumflug. Virgin Galactic will das Space Ship Two vorstellen. Der Countdown für den ersten privat organisierten Flug ins All läuft.

Testpilot Brian Binnie, 2004

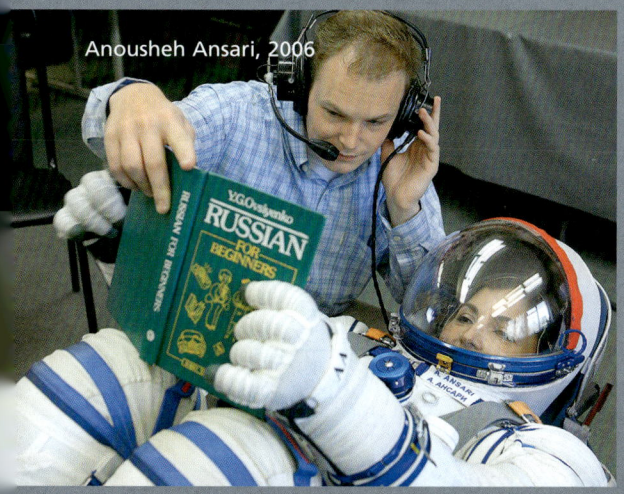
Anousheh Ansari, 2006

> Jeder, der höher als 80 Kilometer fliegt, ist nach amerikanischer Definition ein Astronaut

»Das Türchen ist nur für einen kurzen Moment geöffnet«

INTERVIEW MIT ULF MERBOLD

Axel Nowak: 2009, spätestens 2010 schießt Virgin Galactic die ersten Touristen ins Weltall. Allerdings werden sie sich nur maximal fünf Minuten in Schwerelosigkeit befinden, dann geht es wieder runter. Ein kurzes Vergnügen für 200 000 Dollar.

Ulf Merbold: Das muss jeder für sich entscheiden. Für 45 Millionen Dollar kann man auch für ein paar Tage zur Internationalen Raumstation ISS fliegen.

AN: Fünf Minuten auf ungefähr 110 Kilometer Höhe: Sehen die Weltraumtouristen da bereits den Blauen Planeten im schwarzen Nichts, wie auf den berühmten NASA-Aufnahmen?

UM: In dieser Höhe ist unsere Welt noch viel zu nah. Sie können jedoch schon den Horizont als eine gekrümmte Linie wahrnehmen und darüber die Erdatmosphäre. Sie sehen also nicht eine Kugel, sondern nur einen Teil von ihr.

AN: Kann man Städte oder gar Gebäude ausmachen?

UM: Das glaube ich nicht. Man kann aus größerer Höhe von Menschen erschaffene Strukturen sehen, etwa den Suezkanal. Auch wenn gerade eine Autobahn in Bau ist und in die ursprünglich grüne Umgebung regelrecht Wunden gerissen wurden, kann man dies erahnen. Aber gut möglich, dass in 110 Kilometer Höhe erkennbar ist, wo sich große Städte angesiedelt haben.

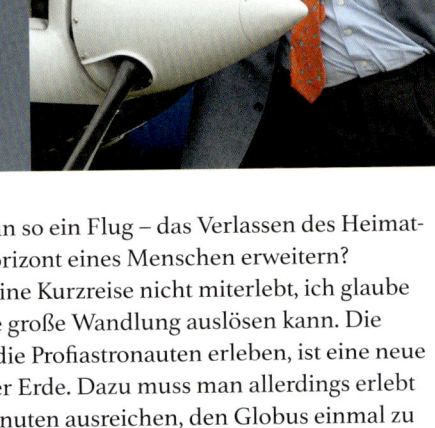

Im November 1983 verewigte sich der Physiker **Ulf Merbold** in den Annalen der Raumfahrt: Als erster Astronaut der Europäischen Weltraumorganisation ESA und als erster Westdeutscher reiste er an Bord der amerikanischen Raumfähre Columbia ins All. Mit drei Weltraumflügen und insgesamt 50 Tagen im Orbit ist der Stuttgarter bis heute der erfahrenste deutsche Astronaut.

AN: Inwiefern kann so ein Flug – das Verlassen des Heimatplaneten – den Horizont eines Menschen erweitern?

UM: Ich habe so eine Kurzreise nicht miterlebt, ich glaube nicht, dass sie eine große Wandlung auslösen kann. Die große Änderung, die Profiastronauten erleben, ist eine neue Wahrnehmung der Erde. Dazu muss man allerdings erlebt haben, dass 90 Minuten ausreichen, den Globus einmal zu umrunden. Und diese Erfahrung bleibt den Kunden von Virgin Galactic verwehrt. Das Türchen wird nur für einen kurzen Moment geöffnet.

AN: Haben Sie nach Ihren langen Aufenthalten im All die Welt auch im übertragenen Sinn mit anderen Augen gesehen?

UM: Nein, nicht wirklich. Was sich nachhaltig verändert, ist die Wahrnehmung der Erde. Sie fahren zum Beispiel mit dem Auto in zwei Stunden von München nach Stuttgart. Aber was ist die Entfernung München–Stuttgart im Vergleich zur Größe dieses Planeten? Wir empfinden die Erde als riesig – und

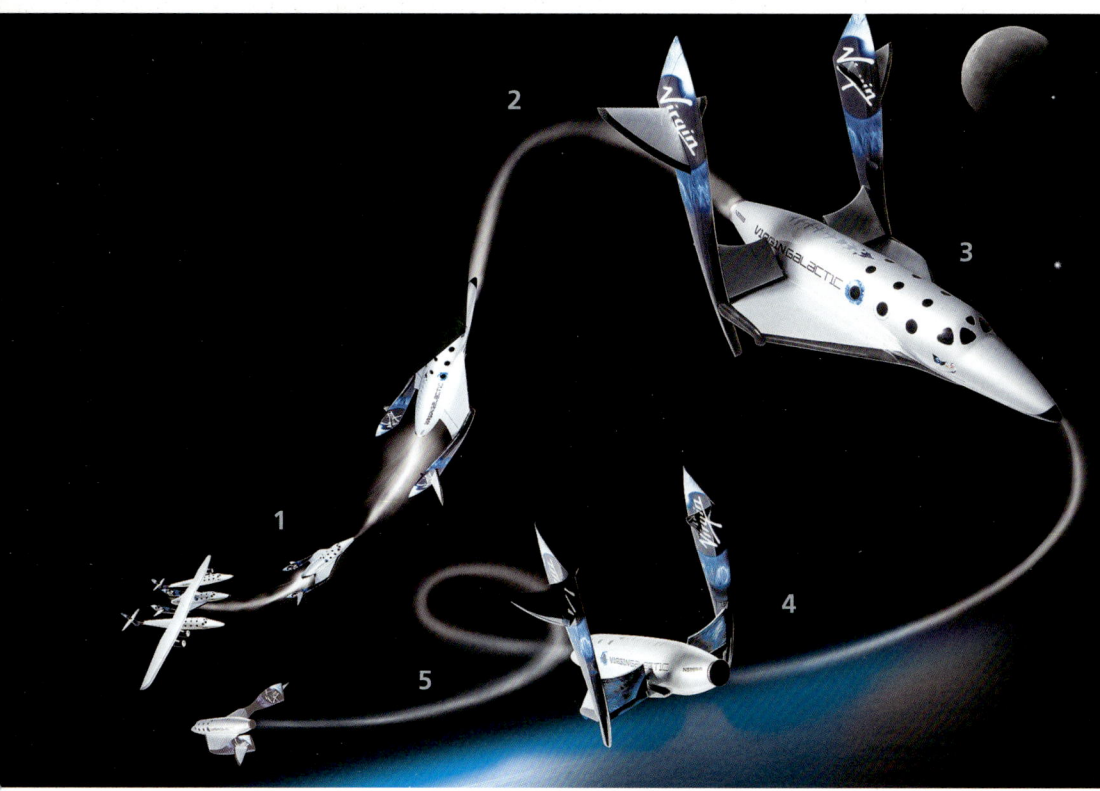

1 In etwa 15 Kilometer Höhe trennt sich Space Ship Two vom Mutterschiff 2 Mit 110 Kilometern ist die maximale Höhe erreicht 3 Schwebeflug 4 Nach etwa fünf Minuten beginnt der Rückflug 5 In etwa 21 Kilometer Höhe entfalten sich die Flügel für den Landeanflug

unbewusst mögen wir denken, sie sei unzerstörbar. Doch wer erfahren hat, dass anderthalb Stunden ausreichen, einmal um sie herumzufliegen, und wer sehen kann, wie unglaublich dünn die Schicht der Atmosphäre ist, dem stellt sich die Frage, ob wir nicht die ethische Pflicht zu erfüllen haben, sie stärker zu schützen, als wir tatsächlich tun.

AN: Wie stellt sich diese Verletzbarkeit für einen Astronauten dar, wie nimmt er die Erde wahr?

UM: Das kann man nicht in einem Satz beantworten, das ist das Nachhaltigste und Umwerfendste überhaupt. In einer Höhe von etwa 300 Kilometern kann man Europa als Ganzes sehen. Sie sehen die gekrümmte Horizontlinie, einen rabenschwarzen Himmel, bei gutem Wetter erkennt man die Alpen – aber nicht nur die Haupttäler wie das Inntal, sondern auch Zillertal, Stubaital, Pitztal, Ötztal: Der Kontinent liegt aufgeschlagen da, wie in einem offenen Buch. Man kann natürlich nicht anhalten, um in Ruhe zu schauen. Spätestens nach 45 bis 50 Minuten geht die Sonne unter, 16-mal schneller, als man es sonst erlebt. Dann sieht man sich auf der Nachtseite mit einem spektakulären Sternenhimmel konfrontiert. Wenn das Raumschiff den Äquator überquert, kann man manchmal von oben auf die tobenden Gewitter blicken. In der Nähe der Magnetpole strahlen die Nord- und Südlichter: einfach grandios. Die strahlende Sonne sticht aus dem schwarzen Himmel hervor, und wenn sie sich zum Untergang von hinten dem Horizont nähert, wird die dünne Schicht der Atmosphäre wunderschön erleuchtet. Und dann, zack, ist sie schwarz – wie im Zeitraffer.

AN: 1999 haben Sie in einem Interview gesagt, dass es in absehbarer Zeit keine Weltraumtouristen geben werde. Schon 2001 flog der Unternehmer Dennis Tito zur Raumstation Mir.

UM: So kann man sich irren. Ohne mich herausreden zu wollen: Es geht hier auch um eine Definitionsfrage. Zu den Astronauten rechne ich nur jene, die tatsächlich in der Umlaufbahn waren. Das ist natürlich etwas völlig anderes, als mit Virgin Galactic eine Stunde hochzufliegen und, bevor man weiß, was abgeht, schon wieder zu landen. Allerdings definieren die Amerikaner Astronauten als jene, die höher als 80 Kilometer fliegen. ∎

WELTRAUMFLUG PER KATALOG

Online
Virgin Galactic, 6 Half Moon Street, London W1J 7BA;
Tel. 0044/20/7447-1930, www.virgingalactic.com

Deutschland
Designreisen, Promenadeplatz 12, 80333 München;
Tel. 089/9077 8899, www.designreisen.de
Designreisen bietet auch Zentrifugentraining im National Aerospace Training and Research Center (NASTAR) in Philadelphia und Parabelflüge mit Schwerelosigkeit in Florida und Las Vegas an.

Schweiz
DeluxeTargets, Battenhaus 1169, CH-9052 Niederteufen;
Tel. 0041/71/277 1659, www.deluxetargets.ch

Österreich
Deluxe Travel Europe, Laxenburgerstr. 83, 1100 Wien;
Tel. 0043/676/909 3919; www.deluxetravel.at

Schnupperkurse für Hobbyforscher

Einmal Forscher sein und auf Entdeckungsreise gehen – ein Kindheitstraum. Den man sich problemlos erfüllen kann: Das Unternehmen Biosphere Expeditions Deutschland bietet nämlich auch Mini-Expeditionen an. Da Normalsterbliche üblicherweise keine Zeit dazu haben, monatelang den Regenwald zu durchforsten, Niederschlagsmengen im ewigen Eis zu messen oder Pottwale zu beobachten, dauern diese Schnupperveranstaltungen nur ein Wochenende. In den Naturparks Deutschlands erlernen Hobbyforscher, was man für den Natur- und Artenschutz braucht: Spuren zu lesen, mit dem Kompass zu navigieren, Daten zu sammeln, Kamerafallen aufzustellen und Radiopeilsender für Wildtiere zu installieren.

Die Schnupperwochenenden beginnen an einem zentralen Treffpunkt. Hier bekommen die Teilnehmer – maximal 15 – eine Einführung in den Umgang mit den wissenschaftlichen Geräten sowie eine Sicherheitseinweisung des Expeditionsleiters und eines Nationalparkmitarbeiters, die die Gruppe das Wochenende über begleiten. Nach der Einführung werden die Teilnehmer ins Grüne geschickt, um Flora und Fauna des Einsatzgebietes zu erkunden. Am zweiten Tag kontrollieren sie zunächst die aufgestellten Kamerafallen. Anschließend geht es wieder ins Feld, um die erworbenen Kenntnisse weiter zu erproben und zu vertiefen. In einer Gesprächsrunde am Nachmittag werden noch einmal alle Ergebnisse abschließend besprochen.

Spezielle Vorkenntnisse braucht man für dieses Kurzzeitabenteuer nicht; alle nötigen Fertigkeiten werden im Rahmen der Schulungen vermittelt. Die Teilnehmer sollten aber gesund sein und sich gern draußen aufhalten, unter Umständen auch bei Regenwetter – widrige Umstände stärken das »Expeditions-Feeling« noch einmal zusätzlich. Dafür bieten die Nächte auch einigen Luxus: Übernachtet wird in Drei- oder Vier-Sterne-Hotels, die sich in der Nähe der Naturparks befinden, Partnerschaftsprogramme mit den Nationalparks haben und für besonders umweltbewusste Hotellerie ausgezeichnet wurden. Wer nach dem Schnupperwochenende am Hobbyforscherdasein Gefallen gefunden hat und an weiteren Expeditionen oder Projekten teilnehmen möchte, bekommt vom Veranstalter rund die Hälfte des zuvor geleisteten Unkostenbeitrags gutgeschrieben.

Auf die kurzen Erkundungstrips mit Biosphere Expeditions kann man übrigens mit reinstem ökologischem Gewissen gehen: Die Schnupperwochenenden haben immerhin den Preis »Best holiday for green-minded travellers« gewonnen, der von der britischen Zeitung »Independent on Sunday« ausgeschrieben worden war!

Info > »Schnupperwochenende«; Biosphere Expeditions Deutschland, Finkenstraße 4, 72124 Pliezhausen; Tel. 07127/980242, deutschland@biosphere-expeditions.org, www.biosphere-expeditions.org

Vögel fangen

>>> **DEUTSCHLAND** Die Vogel-Forschungsstation »Die Reit« – so heißt auch das umgebende Naturschutzgebiet – ist ein Paradies für Ornithologen. Die Brut- und Raststätte vieler europäischer Singvögel wird vom Naturschutzbund Hamburg betrieben. In der »Reit« nistet eine große Anzahl heimischer Vogelarten, darunter

sind auch sehr seltene wie die Wasserralle, das Tüpfelsumpfhuhn oder die Große Rohrdommel. Bisher sind in der »Reit« rund 200 Arten registriert worden, die in dichten Schilf- und Weidendickichten ideale Brutbedingungen vorfinden. Bei der Erforschung ihrer Lebensweise können Vogelfreunde mithelfen. Die freiwilligen Mitarbeiter fangen zwischen Frühsommer und Spätherbst die Tiere ein, bringen sie in die Station, versehen sie mit einem Aluminiumring sowie einer eindeutigen Nummer und vermessen sie. Die hierbei erhobenen biometrischen Daten – Muskulatur, Alter, Geschlecht und Gewicht – werden in ein spezielles Computerprogramm eingegeben und fließen in internationale Forschungsprojekte. Nach ihrer Untersuchung kommen die Vögel wieder frei. Ziel dieser Erhebung ist es unter anderem, konkrete Aussagen zur Populationsentwicklung, zum räumlichen und zeitlichen Zugverhalten sowie zum Einfluss von Klima und Nahrungsangebot zu ermitteln.

Info > *»Natur erleben – Forschungsstation Die Reit«; Forschungsstation Die Reit, Reitbrooker Westerdeich 68, 21037 Hamburg; Tel. 040/737 24 38, reit@nabu-hamburg.de, www.nabu-hamburg.de*

Wein lesen

>>> **FRANKREICH** Wer schon immer einmal wissen wollte, wie ein Beaujolais entsteht, der kann bei der Weinlese auf einem französischen Gut helfen. Organisiert wird die Arbeit beim Winzer von dem Unternehmen Appellation Contrôlée, dessen Einsatzgebiete nördlich von Lyon liegen. Die dort ansässigen Weinbauern verarbeiten ihre Trauben entweder selbst zu Wein; oder sie liefern die Trauben an eine Genossenschaft in der Gegend, sodass man als Helfer, ganz nebenbei, auch Einblick in die Grundlagen der Önologie erhält. Sieben bis maximal 18 Tage dauert die Weinlese, gearbeitet wird auch am Wochenende. Häufig wird das Anfangsdatum der Ernte – abhängig vom Wetter – erst kurzfristig festgelegt. Regen schadet nämlich dem Zuckergehalt der Früchte. Die Teilnehmer erhalten einen Tageslohn von etwa 50 Euro und sind unfallversichert. Kost und Logis übernimmt der Weinbauer. Die zur Verfügung stehenden Unterkünfte sind sehr verschieden: Man nächtigt im Nebengebäude eines Château oder im Dachboden

einer Scheune; auf Mehrbettzimmer sollte man sich grundsätzlich einstellen. »Vendangeurs« (Traubenpflücker) müssen nicht unbedingt Französisch sprechen können. Sie sollten aber mindestens 18 Jahre alt sein und eine gute körperliche Kondition besitzen. Denn die Lese in den steilen Weinbergen ist Schwerstarbeit: Sie muss noch immer von Hand erledigt werden. Als Erntehelfer klettert man zwischen den Weinreben den Hang hinauf und hinab, schneidet reife Trauben vom Stock ab und sammelt diese in der auf den Rücken geschnallten Kiepe, die gefüllt bis zu 50 Kilogramm wiegen kann. Für Weinfreunde, die ihre Reise selbst organisieren möchten, kann sich auch eine Recherche nach Weingütern in Frankreich und eine direkte Anfrage lohnen. Auf diese Weise bestimmt man nämlich selbst, wo, wann und zu welchen Konditionen man den Arbeitseinsatz antritt.

Info > *»Traubenernte in Frankreich«; Appellation Contrôlée, Neutronstraat 10, NL-9743 AM Groningen; Tel. 00 31/50/549 24 34, info@apcon.nl, www.apcon.nl*

Zeugen der Urzeit

>>> **GRIECHENLAND** Meeresschildkröten sind vom Aussterben bedroht. Dafür ist in erster Linie der Mensch verantwortlich, der Meere und Strände verschmutzt und die Tiere seit Jahrhunderten jagt. Das geschieht bis heute – obwohl es seit den 1970er-Jahren verboten ist. Die »Sea Turtle Protection Society of Greece« (ARCHELON) hat es sich daher zur Aufgabe gemacht, die Meeresschildkröten – in Griechenland ist die Grüne Schildkröte »Caretta Caretta« heimisch – und ihre immer kleiner werdenden Lebensräume zu schützen. Wer also nicht unbedingt zum Baden in den Süden Europas reisen möchte, kann in Reservaten auf Kreta, Zakynthos oder dem Peloponnes Schildkrötennester beaufsichtigen. Schildkrötenweibchen vergraben ihre Eier am Strand, wo sie in der Folgezeit von der Sonne ausgebrütet werden. Raubvögeln, Füchsen und anderen Feinden – vor allem dem Menschen – sind sie somit schutzlos ausgeliefert. Die Aufgaben der Teilnehmer umfassen außerdem die tägliche Beobachtung der erwachsenen Tiere selbst sowie die Pflege kranker Exemplare. Der Mindestaufenthalt für das Workcamp beträgt sechs Wochen. Man muss volljährig sein und Englisch sprechen können. Ein Führerschein ist von Vorteil.

Info > ARCHELON, The Sea Turtle Protection Society of Greece; Solomou 57, GR-104 32 Athen; Tel. 0030/210/523 13 42, ALan@archelon.gr, www.archelon.gr

Nördliche Seebären

>>> **BERINGSEE** Ihr Fell galt Pelzjägern schon immer als das wertvollste: Nicht umsonst sind die »Nördlichen Seebären« vom Aussterben bedroht. Die Ohrenrobben sind im Nordpazifik beheimatet. Seit einigen Jahren erforschen die Biologen Stephen Insley, Karin Holser und Bruce Robson eine der größten Robbenkolonien auf St. George Island, der zweitgrößten der Pribilof-Inseln in der Beringsee. Hier finden sich jeden Sommer Tausende paarungswillige Tiere ein: Zunächst kommen die Männchen, die sich für einen geeigneten Brutplatz regelrechte Kämpfe liefern, zwei Wochen später folgen die Weibchen. Die Stelle, an der sie an Land gehen, bestimmt, welchem Harem sie angehören. Zur Paarungszeit lassen sich Robben, die außerhalb der Fortpflanzungsperiode bis zu 10 000 Kilometer von der Beringsee entfernt im Meer umherziehen, am besten beobachten. Wer an einer dieser Expeditionen teilnehmen möchte, kann sich an das Earthwatch Institute wenden. Hobbybiologen haben die Möglichkeit, in Teams, die aus nur drei bis sechs Teilnehmern bestehen, eng mit den Forschern zusammenzuarbeiten. Zu ihren Aufgaben gehören das Beobachten der Tiere, die Erfassung bestimmter Daten wie Anzahl, Größe und Geschlecht sowie das Beschreiben der Verhaltensmuster. Die gesammelten Aufzeichnungen werden anschließend ausgewertet, um in das Projekt der drei Wissenschaftler einzufließen. Deren Ziel ist es, den Lebensraum der Seebären zu erhalten und ihre Population langfristig zu mehren. Die Gastforscher werden in einem einfachen Haus untergebracht. Ein Koch kümmert sich ums Abendessen; Frühstück und Lunchpakete müssen sich die Teilnehmer selbst zubereiten. Bestimmte Fähigkeiten werden nicht erwartet – man sollte aber gewillt sein, sich zehn Tage lang und bei jedem Wetter für einige Stunden draußen aufzuhalten.

Info > »Alaskan Fur Seals«; Earthwatch Institute Europe, Mayfield House, 256 Banbury Road, Oxford, OX2 7DE, UK; Tel. 0044/1865/31 88 38, info@earthwatch.org.uk, www.earthwatch.org.uk

Leben in New York

>>> **USA** Freiheitsstatue, Brooklyn Bridge, Empire State Building – das ist New York. 300 wild lebende Tierarten: Füchse, Hasen, Salamander, Fledermäuse, Schildkröten und Waschbären – das ist auch New York. Die 8,2 Millionen Einwohner der größten Stadt der USA teilen sich ihren Lebensraum mit zahlreichen Vogelarten, Amphibien und kleineren Säugetieren. Wer wissen möchte, wie dieses Zusammenleben funktioniert, der kann die Biologin Catherine Burns zehn Tage lang bei ihren Expeditionen durch »Big Apple« begleiten. Vorkenntnisse sind nicht nötig, da die Teilnehmer eine Einführung sowohl in den derzeitigen Forschungsstand als auch in die Grundlagen der Datenerfassungstechnik und -verarbeitung bekommen. Je nach Termin und Zielort der Forschungsexkursion gibt es einen anderen Schwerpunkt: Im Frühjahr stehen Vögel und Amphibien im Vordergrund, im Sommer Säugetiere und Pflanzen. Davon abhängig sind auch die Aufgaben, die die Hobbyforscher erwarten. Mit auf dem Programm stehen beispielsweise das Aufstellen von Kamerafallen oder das Einfangen von Fröschen und Salamandern, das Beobachten und Identifizieren von Vogelarten, die Unterscheidung und Dokumentation von heimischen und nicht-heimischen Baumarten. Catherine Burns' Ziel ist, die Auswirkungen der fortschreitenden Urbanisierung auf Mensch, Tier und Umwelt zu erkennen und die »innerstädtische Natur« langfristig zu erhalten. Organisiert wird diese Reise vom Earthwatch Institute, das sich auch um Unterkunft und Verpflegung kümmert.

Info > »New York City Wildlife«; Earthwatch Institute Europe, Mayfield House, 256 Banbury Road, Oxford, OX2 7DE, UK; Tel. 0044/1865/318838, info@earthwatch.org.uk, www.earthwatch.org.uk

---

Auf Schliemanns Spuren

>>> **TÜRKEI** Welcher Hobby-Archäologe träumt nicht davon, einmal auf den Spuren des Entdeckers Heinrich Schliemann zu wandeln? Die Verwirklichung dieses Traumes ermöglicht der Veranstalter Dr. Koch Reisen. Im Rahmen einer Rundfahrt durch Anatolien besuchen Reisende die Grabungsstätte Göbekli Tepe (»Hügel mit Nabel«) im Südosten der Türkei. Das monumentale Bergheiligtum ist mit etwa 11 500 Jahren die älteste bekannte Tempelanlage der Welt. Nur ein Bruchteil des Areals wurde bisher freigelegt: Grundrissmauern verschiedener Gebäude, Bruchstücke monolithischer Säulen, sorgfältig gearbeitete Reliefs mit Tieren, rätselhaften Figuren und abstrakten Piktogrammen. Die Ausgrabungen leitet bereits seit Anfang der 1960er-Jahre das Deutsche Archäologische Institut (DAI). Wer an einem Ausgrabungsprojekt partizipieren möchte, wendet sich direkt an das DAI. An den Programmen können allerdings nur wenige Personen teilnehmen; diese müssen zudem eine spezifische Ausbildung (Altertumswissenschaftler, Architekt, Fotograf, Zeichner, Restaurator) nachweisen können.

Info > »Anatolien zwischen Euphrat und Tigris«; Dr. Koch Reisen, Am Stadtgarten 9, 76137 Karlsruhe; Tel. 0721/151151, drkoch@dr-koch-reisen.de, www.dr-koch-reisen.de; Deutsches Archäologisches Institut (DAI), Podbielskiallee 69-71, 14195 Berlin; Tel. 030/187711-0, info@dainst.de, www.dainst.org

Die Schutztaucher

32

Teilnehmer tragen zum Erhalt dieses Ökosystems bei, indem sie zum Beispiel Daten zum biologischen Zustand und zur Artenvielfalt des Naturdenkmals einholen. Dies geschieht nach einem international anerkannten System namens »Reef Check«. Anhand der gesammelten Daten können anschließend geeignete Schutzmaßnahmen für das bedrohte Korallenriff beschlossen werden. Vor dem eigentlichen Beginn der Arbeit findet eine dreitägige Einführung in die Arbeitstechniken statt, wissenschaftliche Vorkenntnisse sind daher nicht erforderlich. Voraussetzung für die Teilnahme an dieser Expedition ist jedoch mindestens das »PADI Open

>>> **HONDURAS** Schnorcheln am Mittelmeer? Wem das zu gewöhnlich ist, für den ist möglicherweise eine Tauchexpedition mit wissenschaftlichem Hintergrund in der Karibik das richtige Urlaubsprogramm. Angeboten wird diese Tour von der Organisation Biosphere Expeditions. Die Reise führt zum Korallenriff der Cayos-Cochinos-Inseln – 30 Kilometer vor der Nordküste von Honduras gelegen –, an dem zum Beispiel Delfine, Mantarochen, Walhaie und Riesenschildkröten heimisch sind. Sie sind Teil des Mesoamerican Barrier Reef, des zweitgrößten Korallenriffs der Erde. Die

Water«-Zertifikat: Potenzielle Teilnehmer müssen also Tauch-Grundkenntnisse in Theorie und Praxis nachweisen können. Die

 Kommunikation erfolgt auf Englisch. Übernachtet wird in einem Camp an der Küste.

Info > *»Honduras – Coral Reef«; Biosphere Expeditions Deutschland, Finkenstraße 4, 72124 Pliezhausen; Tel. 07127/980242; deutschland@biosphere-expeditions.org, www.biosphere-expeditions.org*

Unter Affen

33

>>> **KAMERUN** Es sieht tatsächlich so aus, als wäre Yoko traurig. Weit aufgerissen sind seine Augen, sein Blick scheint ins Leere gerichtet. Verwunderlich wäre diese Stimmungslage nicht: Über ein Jahr lang hauste der kleine Schimpanse hinter einer Wellblechhütte, eine Kette um den Hals. Als Helfer des »Sanaga-Yong Chimpanzee Rescue Center« in Kamerun den Affen fanden, war er unterernährt, dehydriert und am Ende seiner Kräfte. Kurzentschlossen nahmen sie ihn mit und päppelten ihn auf. Es dauerte keine zwei Wochen, da tobte Yoko mit seinen Schimpansenkollegen durch das Freigehege. Nur manchmal noch, da scheint er sich an seine Vergangenheit zurückzuerinnern …
Leider ist Yokos Schicksal kein Einzelfall. Der Bestand der Schimpansen in Kamerun ist gefährdet, weil viele Exemplare Opfer der illegalen Jagd auf Affen werden. Zudem ist ihr Lebensraum durch die Abholzung des Regenwalds massiv bedroht.

Wer sich für den Schutz der Schimpansen einsetzen will, kann sich auch als Freiwilliger im »Sanaga-Yong Chimpanzee Rescue Center« engagieren. In dem zwei Quadratkilometer großen Gelände leben zurzeit 62 Schimpansen, die von fünf bis acht Pflegern betreut werden. Der Aufenthalt der freiwilligen Helfer dauert sechs Monate. Zu ihren Aufgaben gehören die Pflege und die Versorgung der Tiere. Allerdings weisen die Verantwortlichen darauf hin, dass der direkte und persönliche Kontakt mit den Affen, beispielsweise wegen der möglichen Übertragung von Krankheiten, limitiert ist. Außerdem verrichten die Freiwilligen Bau- und Malerarbeiten und sind für Einkäufe zuständig. Da sie eng mit dem einheimischen Personal zusammenarbeiten, sind

 gute französische Sprachkenntnisse für die Teilnahme erforderlich.

Info > *»Volunteer«; IDA Africa In Defense of Animals, 700 SW 126th Ave, Beaverton, OR 97005, USA; Tel. 001/503/6438302, andrea@ida-africa.org, www.ida-africa.org*

Der Große Panda

>>> **CHINA** Der Große Panda gehört zu den am stärksten bedrohten Lebewesen der Welt: Nach jüngsten Schätzungen leben nur noch 1600 Pandabären in freier Wildbahn. Dafür verantwortlich sind vor allem Klimaveränderungen, die zunehmende Verkleinerung des Lebensraums der Tiere sowie deren niedrige Fortpflanzungsrate. Eine Forschungs- und Aufzuchtstation im chinesischen Chengdu hat es sich deshalb zur Aufgabe gemacht, für die Erhaltung der Tiere zu sorgen: Unterstützt wird die Arbeit durch anreisende Wissenschaftler und Tierfreunde. Besucher haben in der Forschungsstation die Möglichkeit, für ein bis zwei Tage die Pflege eines dort lebenden Pandas zu übernehmen. Dazu gehören unter anderem das Füttern – ein Panda verzehrt bis zu 45 Kilogramm Bambus am Tag! – und Waschen des Tieres sowie das Säubern des Geheges. Im Sommer freut sich der Bär auch über den einen oder anderen Eiswürfel zur Abkühlung. Den richtigen Umgang mit Pandas lernen die Aushilfspfleger in einem Einführungstraining und bei einer eingehenden Besichtigung der Station. Es gibt auch die Gelegenheit, sich als Forscher zu betätigen: Durch Beobachtung und das Sammeln von Daten lernen Teilnehmer, die Psyche und das Verhalten des Pandas einzuschätzen. Nach der Festlegung eines Forschungszieles werden die dazu gewonnenen Erkenntnisse auf der Website der Station veröffentlicht. Außerdem gewähren Wissenschaftler und Tierärzte einen Einblick in ihre Arbeit: Dazu gehören zum Beispiel die Hilfe bei der Aufzucht der Jungtiere oder die künstliche Besamung der Pandaweibchen, die die Vermehrung der Tiere sichern soll – Nachzuchten in menschlicher Obhut gelingen recht selten. Auswilderungen waren bisher noch nicht erfolgreich: Der Pandabär Xiang Xiang wurde 2007,   nach nur wenigen Monaten in Freiheit, tot aufgefunden.

Info > »Panda Reisen«; Hidden China, Unterloostrasse 12, CH-8461 Oerlingen; Tel. 0041/44/5866635, rlange@hiddenchina.net, www.hiddenchina.net

Im Regenwald

>>> **ECUADOR** 4,3 Millionen Hektar Regenwald werden in Südamerika jährlich abgeholzt. Die Folgen machen sich schon bemerkbar: Artenverlust, Desertifikation und gesellschaftlicher Wandel, denn den Bewohnern wird ihre Lebensgrundlage entzogen. Die britische Organisation Global Vision International engagiert sich daher in Ost-Ecuador gemeinsam mit der ansässigen Yachana Foundation für den Erhalt des Regenwalds. Auch freiwillige Helfer können sich für den Artenschutz rund um das kleine Dort Mondaña einsetzen, indem sie die beeindruckende Flora und Fauna erkunden und dokumentieren. Außerdem werden Workshops veranstaltet, in denen Teilnehmer und Einheimische gemeinsam Maßnahmen zum Schutz dieses Lebensraums erarbeiten. Der Einsatz ist allerdings nichts für Langschläfer: Die Arbeit beginnt bei Tagesanbruch, auch Nachtbeobachtungen gehören zu den Aufgaben. Die Expedition dauert insgesamt fünf oder zehn Wochen; die ersten 14 Tage dienen der Orientierung im Regenwald. Dazu gehören ein Sicherheitstraining sowie ein Erste-Hilfe-Kurs sowie eine Einführung in Arbeitstechniken zur Tier- und Pflanzenbeobachtung. Unterkunft findet man in einem Camp, das mit Duschen, Toiletten und Kochmöglichkeiten ausgestattet ist. Wer an der Expedition teilnehmen möchte, sollte sich auf extreme Hitze bei gleichzeitig hoher Feuchtigkeit einstellen. Gute körperliche Verfassung und Kondition, vor allem beim Schwimmen, sind ebenfalls ein Muss. Spanischgrundkenntnisse werden von der Organisation empfohlen. Für eventu-   ell nötige Impfungen sollte man rechtzeitig den Hausarzt konsultieren!

Info > »Rainforest Expedition in the Ecuadorian Amazon«; Global Vision International, 3 High Street, St Albans, Herts, AL3 4ED, UK; Tel. 0044/1727/250250, info@gvi.co.uk, www.gvi.co.uk

DER SPORT

Extreme Abenteurer werden gefeiert wie Popstars: weil sie, wie der Sportsoziologe Karl-Heinrich Bette formuliert, »Kopf und Kragen riskieren, um den Nimbus der Einzigartigkeit zu erlangen«. Dafür gehen manche große Risiken ein. Ihr Streben findet in einer Umgebung statt, die ungezügelt, unvorhersehbar, manches Mal grausam ist: in der Natur. Man sollte sich daher stets bewusst sein, dass »das mögliche finale Scheitern ein wichtiges Element in der Programmatik des zeitgenössischen Abenteuer- und Extremsports ist«. Und sich in den Bergen, auf den Meeren, in Wüsten oder in der Luft demütig verhalten

Ein Held
wider Willen

Auf hohen Bergen, so lautete das Diktum, gebe es keine
Moral. Jeder, der sich in die Todeszone begebe,
sei für sich selbst verantwortlich. Bis ein junger Schweizer
Bergsteiger bewies, dass Werte wie Freundschaft
und Solidarität auch in über 8000 Meter Höhe zählen

36

KLEINER MENSCH in großer Wand. Ein Jahr vor der Katastrophe wollte Ueli Steck die Südwand der Annapurna allein durchsteigen

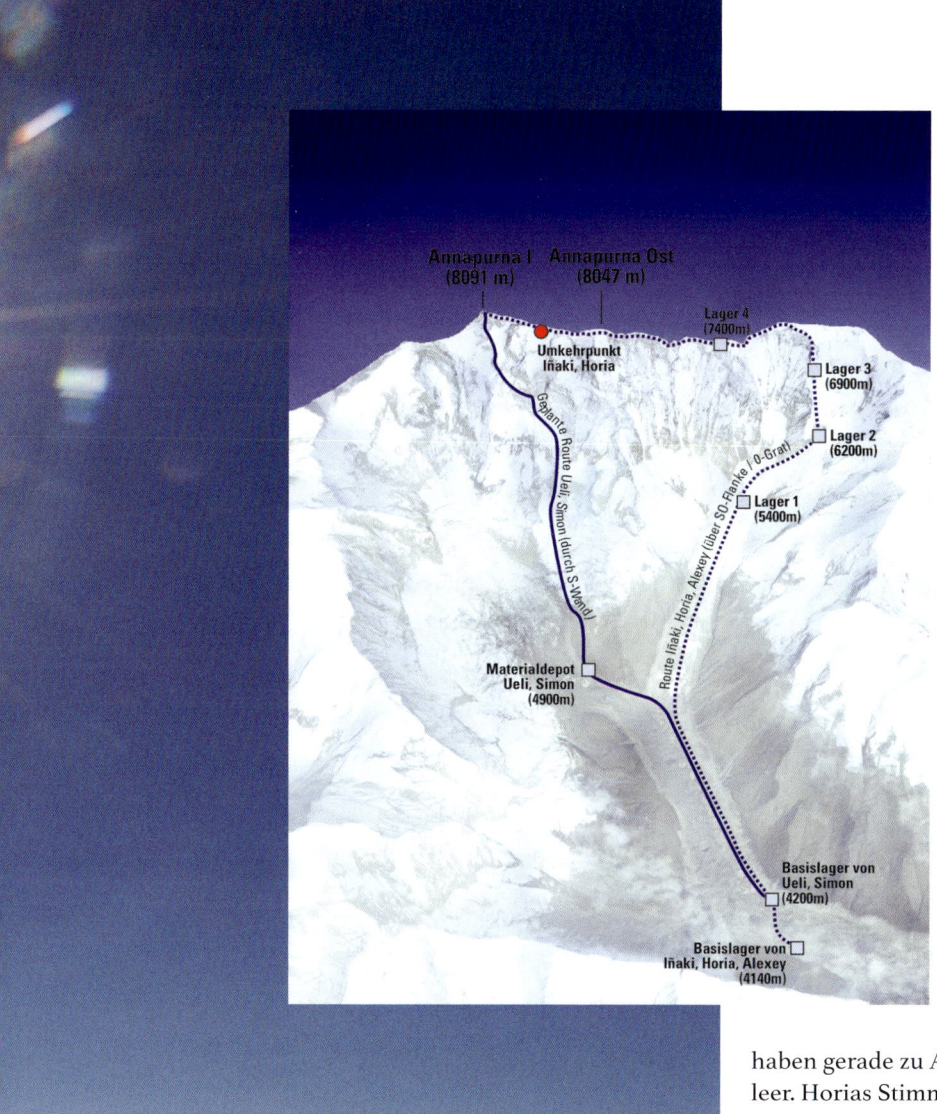

Annapurna I
(8091 m)

Annapurna Ost
(8047 m)

Lager 4
(7400m)

Umkehrpunkt
Iñaki, Horia

Lager 3
(6900m)

Lager 2
(6200m)

Lager 1
(5400m)

Geplante Route Ueli, Simon (durch S-Wand)

Route Iñaki, Horia, Alexey (über SO-Flanke / O-Grat)

Materialdepot
Ueli, Simon
(4900m)

Basislager von
Ueli, Simon
(4200m)

Basislager von
Iñaki, Horia, Alexey
(4140m)

TÜCKISCHE SPALTEN verbergen sich unter
Mulden im Schnee. Entsprechend vorsichtig steigt
Ueli Steck Richtung Materialdepot auf. Nur ein paar Tage
später wird er um das Leben seines Freundes kämpfen

Text: Thomas Bucher

19. Mai 2008, 20 Uhr

Im normalen Leben muss es kein
schlechtes Zeichen sein, wenn man eine
SMS bekommt. Expeditionsbergsteigen
ist aber nicht das normale Leben. Und
deshalb hat Ueli kein gutes Gefühl, als
er routinemäßig sein Satellitentelefon
einschaltet und sofort das Display blinkt.
Es ist eine Kurznachricht von Horia,
der mit einer anderen Gruppe an der
8091 Meter hohen Annapurna unterwegs ist. »We have problems!«, steht da.
»What kind of problems?«, schreibt Ueli
zurück. Fünf Minuten später meldet sich
Horia persönlich: Sie säßen in Lager IV
auf 7400 Metern fest und sein Partner
Iñaki habe ein Lungenödem. Medikamente hätten sie keine. Ueli weiß sofort,
wie ernst die Lage ist. Er diktiert ins
Funkgerät: »Ihr müsst vom Berg runter-
kommen!« Sein Tonfall liegt irgendwo
zwischen Befehl, Ratschlag und eindring-
licher Bitte. »Nein, nicht morgen, jetzt!«
Ueli und sein Kletterpartner Simon
haben gerade zu Abend gegessen. Zwei Dosen Bier sind fast
leer. Horias Stimme knarzt aus dem Telefon: »Wir sind zu
müde, wir können nicht mehr.« Ueli lässt das nicht gelten. Er
befürchtet, dass sich Iñakis Zustand rapide verschlechtern
wird. »Steht auf!« Zunächst keine Antwort. Dann sagt Horia:
»Könnt ihr uns Medikamente bringen?« Ueli denkt nach.
Vier Tage braucht man hinauf bis Lager IV. Sollte Iñaki ein
Lungenödem haben, ist er in vier Tagen mit Sicherheit tot.
Ueli sucht Simons Blick und sieht ein stilles Einverständnis:
»Okay, wir gehen jetzt los und versuchen, zu euch zu kommen.« Der Wind zerrt an der dünnen Zeltplane. Draußen ist
es dunkel und kalt.
Vor zwei Wochen sind die beiden Schweizer Ueli Steck, 32,
und Simon Anthamatten, 25, in ihrem Lager am Fuß der Anna-
purna-Südwand eingetroffen. Mehr als 3000 Meter ist diese
hoch, eine der höchsten und schwierigsten Wände der Erde.
Zu zweit wollen die beiden Bergsteiger sie durchsteigen; ein
Plan, der ebenso reizvoll wie tollkühn ist. Etwa eine Geh-
stunde von ihrer kleinen Zeltstadt entfernt steht ein weiteres
Basislager. Von dort sind der Rumäne Horia Colibasanu, der
Spanier Iñaki Ochoa de Olza und der Russe Alexey Bolotov
vor vier Tagen aufgebrochen, um die Annapurna über ihre

Südostflanke und den Ostgrat zu besteigen. Ihre Route ist leichter als die der Schweizer, und sie haben zuvor Schlafsäcke und Lebensmittel in höheren Lagern deponiert. Jeden Tag kämpfen sie sich ein Stück höher – bis Horia und Iñaki beschließen umzudrehen. Während Alexey allein Richtung Gipfel steigt, schleppen sie sich in ihr kleines Zelt auf 7400 Meter Höhe. Sie sind vollkommen erschöpft, und Iñaki geht es immer schlechter.

Ueli greift zum Funkgerät und stellt eine Verbindung zu Iñakis Freundin Nancy her. Die Amerikanerin harrt in dessen Basislager aus. Vom schlimmen Zustand ihres Freundes weiß sie bereits. Ob es noch jemanden gebe, fragt Ueli, der den Weg der drei Bergsteiger kenne. Ja, einen Sherpa. »Schick ihn zu uns. Und er soll Dexamethason mitbringen.« Dexamethason ist das einzige Medikament, das die Höhenkrankheit lindern kann.

Zumindest ein Problem haben Ueli und Simon so gelöst. Ihr Weg zur Annapurna-Südwand ist ein anderer als der von Horia, Iñaki und Alexey. Allein hätten sie deren Weg über den Gletscher in der Dunkelheit nicht gefunden. An ihrem zweiten Problem ändert das allerdings nichts: Ueli und Simon haben ihre gesamte höhentaugliche Kletterausrüstung am Fuß der Südwand deponiert. Dorthin zu kommen dauert sechs Stunden. Viel zu lange. Ueli und Simon müssen ohne gefütterte Bergschuhe, ohne Daunenbekleidung und ohne dicke Handschuhe starten. Das Risiko, sich Zehen oder Finger zu erfrieren, steigt damit immens.

Hektisch packen Ueli und Simon ihre Sachen zusammen. Zwei dünne Schlafsäcke, ein Seil, einen Kocher, ein paar Energieriegel. Am Sinn ihres Vorhabens zweifeln sie keine Sekunde. Ehe sie losgehen, führt Ueli dennoch ein Satellitentelefonat. Mit einem, der die Situation auch einschätzen kann, obwohl er sich in der Schweiz befindet: der Arzt und Höhenbergsteiger Oswald Oelz. »Was sollen wir machen – losgehen oder im Basislager bleiben?« Kurzes Nachdenken auf der anderen Seite der Erde. »Wenn Iñaki ein Lungenödem hat, stirbt er innerhalb von 24 Stunden. Aber vielleicht ist es noch kein richtiges Ödem«, antwortet Oelz. »Ihr habt eine kleine Chance – also nutzt sie!«

20. Mai, 5 Uhr

Seit sieben Stunden sind Ueli und Simon unterwegs. Weil sie die alten Spuren ihrer drei Freunde verloren haben, müssen sie warten, bis es hell wird. Dann gehen sie weiter, gesichert nur mit notdürftig aus Schnüren geknüpften Anseilgurten. So waren die Bergsteiger in den 1950er-Jahren unterwegs. Dabei ist die Aufgabe, die Ueli und Simon vor sich haben, gewaltig. Denn selbst wenn sie es schaffen, Iñaki lebend anzutreffen: Wie bringen sie ihn ins Tal – tragen etwa? Die Rettung eines Verletzten oder Erkrankten aus großer Höhe gilt

IM BASISLAGER unterhalb der Annapurna betet ein buddhistischer Mönch. In seinem Glauben gilt die »Mutter der Fülle«, in deren Südflanke Ueli Steck hinaufsteigt, als heiliger Berg

Seit sieben Stunden sind sie unterwegs. Je höher die Sonne steigt, desto größer wird die Lawinengefahr

vielen erfahrenen Bergsteigern als unmöglich. Selbst wenn ein großes Rettungsteam bereitsteht; erst recht also zu zweit. Die Realität an den 14 Achttausendern scheint diese Ansicht zu stützen: Ungezählte Tote, die an Erschöpfung oder an der Höhenkrankheit starben, säumen die Aufstiege. Nicht wenige davon wurden von ihren – meist ebenfalls völlig erschöpften – Expeditionskollegen einfach liegen gelassen.

Schon am Vormittag brennt sich die Sonne in die Südflanke der Annapurna und wäscht den Neuschnee der Nacht über die steilen Hänge hinunter. Ueli und Simon erreichen Lager II auf 6200 Meter Höhe. Dort sind sie vor den Lawinen sicher. Bis zum nächsten Morgen müssen sie warten: Erst wenn der nasse Schnee gefroren und die Lawinengefahr geringer ist, können sie weiter. Am Nachmittag berichtet Nancy über Funk, dass Iñaki nicht mehr gehen kann. Was Ueli befürchtet hat, ist eingetreten.

21. Mai, 3 Uhr

Ueli und Simon wühlen sich aus den Schlafsäcken. Die Temperatur liegt immer noch unter 20 Grad minus. In eineinhalb Stunden wird es hell – und wärmer. So lange müssen die Füße in den dünnen Schuhen durchhalten, ohne zu erfrieren. In der Nacht ist wieder Neuschnee gefallen. Ueli und Simon arbeiten sich durch das hüfthohe, lockere Weiß die steilen Flanken hinauf. Stunde um Stunde, bei stetig ansteigenden Temperaturen. Als sie Lager III auf 6900 Meter Höhe erreichen, zwingt sie die Lawinengefahr erneut, eine Pause einzulegen. Während sie am Nachmittag im Zelt ihrer Freunde vor sich hin dösen, meldet sich Nancy per Funk: Nach seinem Gipfelgang und einer Nacht im Freien sei Alexey in Lager IV bei Horia und Iñaki eingetroffen. Er sei ebenfalls höhenkrank. Schnell wägt Ueli die Risiken gegeneinander ab: Wenn Alexey absteigt, ist er von Lawinen bedroht. Bleibt er oben, kann sich auch bei ihm ein Lungenödem entwickeln. »Alexey muss sofort absteigen.« Dann bittet er Nancy noch, einen Hubschrauber in Kathmandu anzufordern. »Sie sollen so schnell wie möglich einfliegen, und sie sollen Flaschensauerstoff mitbringen.«

Es ist schon Abend, als jemand an Uelis und Simons Zelt rüttelt. Es ist Alexey. Er ist fix und fertig, aber unversehrt und gesund. Bis kurz vor dem Ostgipfel, erzählt er, sei er gemeinsam mit Iñaki und Horia aufgestiegen. Dann seien diese immer weiter zurückgefallen. Im Glauben, sie würden in seiner Spur folgen, habe er sich allein bis zum Hauptgipfel und zurück gekämpft. Zurück in Lager IV, habe er Horia und Iñaki angetroffen. »Beide waren in sehr schlechter Verfassung.« »Kannst du mir deine Schuhe und deine Handschuhe leihen?« Mit Alexeys Ausrüstung wäre Ueli viel besser geschützt. »Natürlich. Nimm sie.« Während die beiden Bergsteiger ihre Sachen tauschen, erklärt Ueli seinen Plan: Alexey solle ganz absteigen, sich im Basislager kurz erholen und dann mit dem eintreffenden Rettungsteam aus Kathmandu wieder ins Lager IV aufsteigen. Er, Ueli, werde versuchen, Iñaki bis dahin am Leben zu halten. Mit dem Sauerstoff könnten sie dann versuchen, den Spanier zu Kräften und vom Berg zu bringen. Kurze Zeit später knackst das Funkgerät. Es ist Horia. Er spricht langsam, undeutlich, fast lallt er. »Horia, du musst jetzt absteigen!« Ueli weiß, dass er darauf bestehen muss, wenn er wenigstens den Rumänen retten will. »Steig ab, und ich komme hinauf zu Iñaki.« Doch Horia will seinen Freund nicht im Stich lassen. Dann reißt die Funkverbindung ab. Nancy, vielleicht kann sie helfen. Ueli funkt sie an, schildert ihr die Lage. »Versuch Horia davon zu überzeugen, dass er runter muss.« Ueli weiß, dass er Schreckliches verlangt. Dass es darum geht, Überlebenschancen abzuwägen. Rettet sich Horia, wird Iñaki wahrscheinlich sterben. Bleibt Horia oben, sind vielleicht beide verloren. Eine Stunde später ruft Nancy wieder an. Sie habe versucht, Horia davon zu überzeugen, dass er absteigen müsse. Allerdings ohne Erfolg.

22. Mai, 4 Uhr

Immer noch starker Schneefall. Simon musste sich in der Nacht übergeben – ein erstes Anzeichen von Höhenkrankheit. »Bleib hier in Lager III, du hast keine richtigen Schuhe!« Ueli weiß, dass ein weiterer Aufstieg für seinen Freund gefährlich wäre. Auch wenn Simon beteuert, dass es ihm schon wieder besser gehe. »Ich werde Horia zu dir runterschicken, warte hier auf ihn!«

In den nächsten sechs Stunden muss Ueli alles aufbieten, was er hat: alles, was ihn zu einem der besten Bergsteiger der Welt macht; alles, was ihn in Rekordzeit durch die Eigernordwand brachte; alles, was ihn ungesichert durch die steilsten Felswände steigen ließ: seine mentale und physische Stärke. Sechs Stunden lang wühlt sich Ueli durch tiefen Neuschnee die steile Flanke empor. Das ist kein Gehen mehr, auch kein Stapfen. Er muss sich durch den Schnee wühlen, wie ein Ertrinkender mit rudernden Armen. Mit jedem Schritt nach oben rutscht er einen halben zurück. Er sieht nichts. Der Schnee, Nebel und Flocken bilden ein einziges milchiges Weiß. An der Gratschneide angelangt, kann er Horia per Funk erreichen: »Ich bin nur noch ein paar Stunden von euch entfernt.« Der Rumäne solle ihm entgegenkommen; in seiner Spur könne Ueli schneller aufsteigen. Ob er verstanden habe? Horia kann kaum noch sprechen. »Ja, ich komme«, stammelt er.

DIE IDYLLE TRÜGT. So schön die ersten Sonnenstrahlen in der Annapurna-Südwand auch leuchten – Simon Anthamattens Biwakplatz ist exponiert und gefährdet

Ueli geht weiter, er hat jedes Zeitgefühl verloren. Er denkt nicht mehr, er funktioniert nur noch. Als der Wind für kurze Zeit ein Loch in den Nebel reißt, sieht er in einigen hundert Metern Entfernung eine Gestalt bergab torkeln. Horia? Schon zieht sich der Vorhang wieder zu. Und dann, vielleicht eine halbe Stunde später, wieder die Gestalt, diesmal viel näher. »Ich habe Durst, Durst«, hört Ueli durch den Schneesturm. Er kramt seinen Kocher aus dem Rucksack und drückt ihn Horia in die Hand. »Schmilz etwas Schnee, ich versuche, Nancy zu erreichen.«

Zehn Minuten später hält Horia den Kocher noch immer in den Händen. Er starrt ihn an, unfähig, etwas damit anzufangen. Ueli übernimmt das Schneeschmelzen, holt das Dexamethason aus dem Rucksack und zieht die Spritze auf. »Du musst keine Vene treffen, verabreiche die Injektion in einen Muskel«, erinnert sich Ueli an das Gespräch mit Oswald Oelz. Okay, in den Oberschenkel. Und eine zweite Dosis in Tablettenform. Dann ein paar Schluck Wasser und ein halber Energieriegel, der vorletzte.

Ueli muss sich schon wieder entscheiden. Steigt er mit Horia ab und lässt Iñaki im Stich? Lässt er Horia allein weitergehen und riskiert dabei, dass dieser es nicht zu Simon ins Lager III schafft? Zehn Minuten lang jagen Konjunktive durch Uelis Gehirn. Dann sagt er: »Horia, lass deinen Funk eingeschaltet, und melde dich alle zehn Minuten bei mir!« So kann er aufsteigen und zugleich Horia den Berg hinunterdirigieren. »Los geht's!« Tatsächlich setzt Horia sich wieder in Bewegung. Immer wieder stolpert er. Ueli überkommen Zweifel. Doch dann dreht er sich um. Zum ersten Mal seit Tagen muss er die Spur nicht selbst treten.

22. Mai, 16 Uhr

Ueli erreicht das kleine Zelt in Lager IV. Es ist zur Hälfte unter Neuschnee begraben. Als er hineinkriecht, schlägt ihm beißender Gestank entgegen. Iñaki liegt in seinem von Urin, Kot und Erbrochenem völlig durchnässten Schlafsack. Aber er lebt, und er kann sprechen: »Hey, Ueli, Swiss Team!« Vielleicht hat er doch noch eine Chance?

Sofort startet Ueli sein Programm: Spritze mit einer großen Dosis Dexamethason aufziehen und injizieren. Wasser schmelzen und einflößen. Energieriegel zerbröseln und füttern. Draußen wird es dunkel. Ueli verabreicht Iñaki eine zweite Dosis Dexamethason und eine dritte und eine vierte. Er schmilzt mehr Wasser, verabreicht wieder eine Spritze. Die ganze Nacht hindurch geht das so.

Iñakis Zustand schwankt. Nach den Injektionen ist er kurz wach, reagiert auf Fragen, fällt danach aber wieder in Bewusstlosigkeit zurück. Wasser und Energieriegel erbricht er.

Solange es den Hauch einer
Chance gibt, gehen sie weiter

GEZEICHNET von einem Rettungs-
versuch, der ihn fast das Leben gekostet
hätte. Wie, fragt sich Ueli Steck, soll er weiter
seiner Leidenschaft nachgehen?

Der eine Arm ist bis zum Ellbogen hinauf schwarz verfärbt, komplett erfroren. Iñakis Füße kann Ueli nicht untersuchen, denn sie sind im Schlafsack eingezwängt. Vielleicht ist es besser so.

23. Mai, 8 Uhr

Ueli schmilzt Wasser. Plötzlich wacht Iñaki auf: »Hast du Kaffee dabei?« Nein, nur Wasser. Hat das Dexamethason angeschlagen? Geht es dem Spanier besser? Wenig später wird Iñakis Atmung schnell und hektisch. Noch eine Spritze. Und noch eine. Aber sie helfen nicht. Der Puls bleibt weg. Ueli drückt auf das Herz, immer wieder. Der Puls kommt, jedoch nur kurz. Ein zweiter Reanimationsversuch. Der Brustkorb leistet keinen Widerstand. Stattdessen hört Ueli ein tiefes Gurgeln – das ist das Wasser in Iñakis Lunge. Etwas davon rinnt dunkel aus seinem Mund. Iñaki ist tot.

Bis Ueli das versteht, dauert es eine Weile. Als er es versteht, kippt ein Schalter in ihm um. Ein Schalter, der bislang auf »Rettung der anderen« lag und ein Programm aktivierte. Nur so konnte Ueli die irrsinnigen Anstrengungen der letzten Tage verkraften, ohne dabei an sich selbst zu denken. Jetzt liegt der Schalter auf der anderen Seite. Darauf steht: »Rette dich selbst!«

24. Mai, abends

Seinen Freund Iñaki hat Ueli in einer Gletscherspalte auf 7400 Meter Höhe bestattet. In der folgenden Nacht liegt er wach, gequält von der Einsamkeit und seinen Ängsten. Dann steigt er ab: ein Gewaltmarsch zurück ins Leben. Ein Weg, den Ueli nur dank seiner jahrelangen Erfahrung schafft. Jetzt ist er zurück im Basislager, in Sicherheit. Zusammen mit den anderen Bergsteigern, die zur Rettung Iñakis aus Kathmandu eingeflogen worden waren. Seine Stimmung ist trüb. Weil er den Tod nicht aufhalten konnte. Aber auch weil sich sein Abstieg als Rückkehr in eine Welt entpuppt, die bereits fleißig an der ganz großen Geschichte über die Tragödie an der Annapurna bastelt. Eine Story über den Irrsinn des Höhenbergsteigens, über den Wahnsinn am Berg, das wollen die einen. Eine Heldensaga wollen die anderen. Ueli aber interessiert nur seine eigene Geschichte. Und darin spielt vor allem die Frage eine Rolle, wie man sich weiterhin einer Leidenschaft hingeben kann, wenn man in die Abgründe dieser Leidenschaft geblickt hat. Wie kann man das Abenteuer am Berg lieben, wenn man den hässlichen Tod eines Bergsteigers miterlebt hat? »Ich habe viel gelernt in den Tagen an der Annapurna«, sagt Ueli. »Zum Beispiel, dass einer Tragödie am Berg fast immer individuelle Fehler vorausgehen.« Fragt man ihn, ob es falsch war, an jenem Abend des 19. Mai mit schlechter Ausrüstung in die Dunkelheit hinein aufzubrechen, sagt er: »Nein. Ich würde das jederzeit wieder so machen.«

Nicht zuletzt, weil Horia es schaffte, zu Simon abzusteigen. Und überlebte.

DIE HÖHENKRANKHEIT ist eine tückische Erkrankung, weil sie jeden Bergsteiger unabhängig von Alter und Trainingszustand treffen kann. Die Wahrscheinlichkeit ihres Auftretens steigt mit der Höhe und mit der Dauer des Aufenthalts dort. Wer sich gut akklimatisiert, sich also in sinnvollen Schritten langsam an die Höhe gewöhnt, kann zwar wirksam vorbeugen. Ein dauerhafter Aufenthalt in großen Höhen ist dennoch unmöglich.

Symptome der Höhenkrankheit sind Kopfschmerzen, Appetitlosigkeit, Übelkeit, Atemnot, Schwindel und Schlafschwierigkeiten. In akuten Fällen (Acute Mountain Sickness, AMS) verschärfen Ödeme den Krankheitsverlauf. Ödeme sind Ablagerungen von Körperflüssigkeit, zunächst unter der Haut, später in der Lunge oder im Gehirn. Wer in diesem Zustand nicht innerhalb von wenigen Stunden in niedrigere Höhen gebracht wird, stirbt. Ursache für die Höhenkrankheit sind der geringe Luftdruck in Höhenlagen und der dadurch bedingte niedrige Sauerstoff-Partialdruck. Das einzige Medikament, das die Beschwerden für eine gewisse Zeit lindern kann, ist Dexamethason. Den Abstieg in niedrigere Höhen kann es nicht ersetzen.

Information: Ein Lodge-Trekking *»Rund um die Annapurna«*, das bis auf 5416 Meter Höhe führt, hat etwa der DAV Summit Club im Programm. Kontakt: DAV Summit Club, Am Perlacher Forst 186, 81545 München; Tel. 089/642400, info@dav-summit-club.de, www.dav-summit-club.de

Geschwungene Lines in weißem Pulver

>>> **RUSSLAND** Unberührte Bergflanken breiten sich vor den Skifahrern aus. Kein Haus, kein Lift, keine Skispur stört den Blick über den makellos weißen Glitzerteppich. Der wird nur noch ein wenig von dem abhebenden Helikopter, Typ MI8, aufgewirbelt, der aber gleich in der unendlichen Weite Kamtschatkas verschwindet – und mit ihm der Motorenlärm. Ein rascher Blick zum Skiguide. Der nickt nur kurz, fährt los und zeichnet mit schnellen,

weiten Bögen gleichmäßige Linien in den Pulverschnee. Dann folgen alle anderen – und jeder hat Platz genug, seine eigene »Line« zu ziehen. Kurze Pausen während der Abfahrten – diese sind bis zu 2000 Höhenmeter lang – gewähren einen Blick in die grandiose Landschaft: Von Vulkankratern reicht er bis zur eisverkrusteten Küste der Beringsee. Ein wahres Skifahrermärchen! Wirklichkeit wird es beim Heliskiing auf der russischen Halbinsel Kamtschatka,

das das Team um den staatlich geprüften Berg- und Skiführer Flory Kern seit einigen Jahren im Programm führt. Als Basis dient das Städtchen Elizovo, 20 Kilometer von der Provinzhauptstadt Petropawlowsk entfernt. Derart abgeschieden kann man sich ganz auf den Sport, die Natur und sich selbst konzentrieren. Und Kern verspricht: Keine Heliski-Destination der Welt bietet so viel Abenteuer wie das Hochgebirge im östlichen Sibirien. In dem über 3500 Quadratkilometer großen Gebiet haben er und seine Jungs mehr als 230 Abfahrten pioniert, die seitdem die Namen ihrer Erstbe-

fahrer tragen.

Info > *»Heliskiing Kamtschatka«; Flory Kern, Gartenstraße 16, 78136 Schonach; Tel. 077 22/92 07 51, info@flory-kern.de, www.flory-kern.de*

Acapulco in Austria

>>> **ÖSTERREICH** Ebenso anmutige wie gefährliche Sprünge haben das mexikanische Acapulco vor über 70 Jahren berühmt gemacht – bis heute stürzen sich todesmutige Männer von einer rund 26 Meter schräg abfallenden Klippe per Kopfsprung in ein nur vier Meter tiefes Becken. Das seine Tiefe überdies nur erreicht, wenn eine hereinrollende Welle am Scheitelpunkt steht. Bei der kärntnerischen Variante des Acapulcospringens am Weissensee geht es zum Glück etwas harmloser zu. Dennoch hat man bei den vom Fit & Fun Rafting Club organisierten Klippensprüngen, die immerhin auch von bis zu 18 Meter hohen Absprungpunkten ausgeführt werden, immer die mexikanischen Engel vor Augen. Um am Weissensee mitmachen zu können, muss man weder eine entsprechende Ausbildung noch eine Extra-Lebensversicherung abschließen. Statt eines Flugscheins nach Mexiko reicht ein Zug- und Busticket zum Weissensee.

Dort wird während der Sommermonate jeden Dienstag für eine Gruppe von mindestens fünf Teilnehmern eine Canyoning-Tour samt sprunghaftem Abschluss angeboten. Natürlich kostet es eine enorme Überwindung, aus über zehn Meter Höhe ins kühle und dunkel schimmernde Nass zu springen. Die begleitenden Guides sorgen aber für die nötige Sicherung, Aufklärung und Beruhigung. Ein weiterer Vorteil: Statt nur in Badehose bekleidet zu sein – wie die Clavadistas von Acapulco – dürfen die Weissensee-Springer Neoprenanzüge tragen. Ein Nachteil gegenüber der mexikanischen Steilküste existiert aber doch: Bei der Kärntner Variante gibt es keine Logenplätze wie im Nachtclub »La Perla« im Hotel Gloria. Deren Besitzer spendiert den Clavadistas kräftig

Trinkgeld, damit die Gäste auch ja auf ihre Kosten kommen.

Info > *»Acapulcospringen«; Fit & Fun Rafting Club, St. Lorenzen 13, A-9654 St. Lorenzen; Tel. 0043/676/50 49 1 69, info@fitundfun-outdoor.com, www.fitundfun-outdoor.com*

Ein Sinnenrausch im Lichtkegel der Stirnlampen

>>> **ÖSTERREICH** Abseilen, Abklettern, Springen, Rutschen und Schwimmen – das ist die spannende Welt des Canyoningsports. Der Weg der Protagonisten ist dabei stets vorgezeichnet: Er folgt immer dem Flusslauf. Und wenn das Wasser mal ein paar Meter tief in eine Gumpe fällt, dann heißt es eben: hinterher! Dass es bei Sprüngen in glatt geschliffene, mit Wasser gefüllte Felslöcher zu angespannten Situationen und jeder Menge Adrenalinausschüttung kommen kann, ist leicht vorstellbar. Schließlich ist man beim Canyoning in gefährlichen Fels- und Geröllschluchten, unter Wasserschwällen und zwischen Strudeln unterwegs.

Das Premium-Erlebnis für erfahrene Canyoningfreaks stellt eine Nachttour dar, wie sie zum Beispiel im österreichischen Vorarlberg angeboten wird. Die Guides vom »canyoning team vorarlberg« fordern von den erwachsenen Teilnehmern Kondition und Mut. Außerdem müssen sie Wechselkleidung und festes Schuhwerk dabeihaben. Im Gegenzug stellt der Veranstalter die nötige Sicherheitsausrüstung wie Seil und Gurte sowie warme Neoprenanzüge. Die braucht man auch, will man sich diesem nächtlichen Erlebnis hingeben. Dafür wird man mit reichlich Sinneseindrücken belohnt: Im Lichtkegel der Stirnlampe strahlen die nassen Schluchtenwände in silbrigem Glanz, das Wasser scheint noch lauter als bei Tag zu rauschen, die Gerüche intensivieren sich – und man entwickelt sehr schnell so etwas wie einen siebten Sinn für mögliche Gefahren. Nur springen muss man irgendwann – daran führt kein Bachlauf vorbei.

Info > *»Nacht-Canyoning«; canyoning team vorarlberg, Merbodgasse 9, A-6900 Bregenz; Tel. 0043/5574/54024, office@canyoning-team.com, www.canyoning-team.com*

40

Das Dach Europas

>>> **FRANKREICH** In Chamonix, der Hauptstadt des Bergsports, herrscht eine Meritokratie: Hier zählt nicht, wer du bist oder woher du kommst, sondern was du geleistet hast – und zwar in den Bergen, die die kleine französische Stadt umgeben. Die Drei- und Viertausender bieten tatsächlich alles, was man sich als Alpinsportler wünscht: steile Skiabfahrten, hohe Eiswände, schmale Grate und kompakte Granitwände. Und inmitten dieses Ambientes thront der Mont Blanc, mit 4804 Meter Höhe der höchste Gipfel der Alpen.

Nicht nur für Gipfelsammler gehört eine Besteigung des weißen Monarchen zu den Höhepunkten eines Bergsteigerlebens. Um diese Tour anzugehen, sollte man entweder über entsprechende Erfahrung verfügen oder sich einem staatlich geprüften Berg- und Skiführer anvertrauen. Diese gehen die Gipfeltour nur nach ausreichender Vorbereitung an. Nach zwei »Aufwärmtouren« zur Akklimatisation geht es hoch hinauf in die Wunderwelt der hochsavoyischen Gipfel. Bekannte Etappenziele sind etwa die Aiguille du Tour, die Aiguille du Génepi und der 4248 Meter hohe Gipfel des Mont Blanc du Tacul, bevor es am sechsten Tag zur Königsetappe der ohnehin sehr anspruchsvollen und schweren Tourenwoche kommt: zum Aufstieg auf den höchsten Berg der Alpen. Weit wichtiger als die Höhenmarke ist jedoch das Gefühl, es durch Nacht und Nebel, über Felsabbrüche und Eispassagen geschafft zu haben. Was man dann auf dem Gipfel erlebt, wie überwältigend der Blick über all die niedrigeren Berge ist, das ist mit Worten nur schwer zu beschreiben. Ein wahres Hochgefühl.

Info > *»Chamonix – Mont Blanc«; ProAlpin Bergsportschule, Veilbronn 17, 91332 Heiligenstadt; Tel. 09198/998951, info@proalpin.com, www.proalpin.com*

Die hohe Kunst des Bogenschießens

>>> **BHUTAN** Im Norden des indischen Subkontinents, an den Südhängen des östlichen Himalajas gelegen, versteckt sich Bhutan. Das Königreich ist gerade einmal halb so groß wie Bayern. Jahrzehntelang konnte es sich von den schnelllebigen Entwicklungen in der Welt recht gut abschotten. Tourismus, Internet, Drogenkriminalität? Mit diesen Dingen hatte man nichts zu tun. In den vergangenen Jahren hat sich Bhutan allerdings nach und nach aus seiner Isolation gelöst. Damit das Land aber auch künftig seine Eigenheiten und Traditionen behalten kann, gab König Jigme Khesar Namgyel Wangchuk die Losung aus: Das Bruttonationalglück ist wichtiger als das Bruttoinlandsprodukt. Soll heißen: Öffnung ja, aber bitte langsam. Das gilt auch für ausländische Touristen. Im Jahr 2007 besuchten gerade einmal 21 000

Menschen das Königreich. Die staunten nicht schlecht über den ländlichsten Staat der Welt, über die unberührten Wälder und die ausgeklügelten Reisterrassen, über die teils spektakulär in den Felswänden hängenden Klöster, die allgegenwärtigen Gebetsfahnen sowie die teils noch unbestiegenen Siebentausender. Eine besondere Attraktion ist darüber hinaus der Nationalsport Bhutans: das Bogenschießen.

Dabei gilt es, die im Durchmesser etwa 30 Zentimeter großen Holztafeln aus 120 bis 140 Meter Entfernung zu treffen. Wie schwierig dies ist, kann man bei einem dreitägigen Kurs selbst erleben. Wer noch niemals einen Bambusbogen (es werden auch moderne Varianten aus Glasfaser und Karbon verwendet) in der Hand gehalten hat, wird anfangs einige Frustmomente erleben. Doch nach einigem Probieren stellen sich rasch Erfolge ein. Sportliche und mentale. Das Training umfasst neben dem eigentlichen Bogenschießen auch einen Überblick über die Historie des Sports samt Mythen und Legenden, eine Einführung in seine Philosophie sowie das Üben der Wettkampfgesänge. Beim Schießen selbst wird erst einmal über eine Distanz von 50 Metern geschossen. Erst am dritten Tag darf man sich auch an die langen Distanzen wagen. Den Abschluss des Programms bildet ein Freundschaftswettbewerb.

Damit man das Bogenschießen in der Hauptstadt Thimphu erlernen kann, müssen allerdings einige Bedingungen erfüllt sein: Die definitive Anmeldung muss mindestens sechs Wochen im Voraus erfolgen. Mindestens drei Teilnehmer müssen sich für einen Kurs finden. Und, auch nicht unwichtig, die Unterweisung im Bogenschießen ist nur als Zusatzoption im Rahmen einer Rundreise des Veranstalters Bhutan-Reisen möglich. Die Teilnahme an dessen Touren lohnt sich allerdings in jedem Fall! Das Programm besticht nicht nur durch ausgeklügelte Rundreisen, sondern auch durch die intime Kenntnis der Geschichte, der Kultur und der Gesellschaft des Landes. Die Reisen sind jedoch auch nicht ganz billig: Neben den Reisekosten fällt für jeden Reisenden eine verpflichtend zu bezahlende Tagespauschale an, die ab dem 1. Juli 2009 stolze 250 US-Dollar beträgt.

Info *> »Kurs in Bogenschießen« (Dha/Datse); Bhutan-Reisen, Massholderenstrasse 17, CH-8143 Stallikon; Tel. 0041/44/7001848, dieterreichel@gmx.ch, www.bhutanreisen.ch*

Eine berühmte Linke

>>> **INDONESIEN** Auf Lombok, der kleinen Schwester von Bali, treffen sich Aussteiger und Reisende aus aller Welt besonders gern. Zum Beispiel, um zu surfen. Wer das nötige Know-how nicht eh schon mitbringt, kann es sich im Wellenreitcamp holen. Je nach Könnensstand bringen einen die Veranstalter mit dem Outrigger-Boot zu den besten Spots. Damit jeder auf seine Kosten kommt, wird das Camp klein und familiär gehalten; maximal zehn Surfer nehmen teil. Nach einer Trainingsphase, die auch Theoriewissen über Strömungen, Gezeiten, ungeschriebene Gesetze und allgemeine Infos über Indonesien beinhaltet,

    ist dann irgendwann die bekannteste Welle der Insel fällig: die berühmte »Linke« am Desert Point.

Info > »Surf Camp Lombok«; Blue Juice Camps, Maarweg 126, 50825 Köln; Tel. 01 60/99 43 23 69, info@bluejuice-camps.com, www.bluejuice-camps.de

Wagnis im Wildwasser

>>> **USA** Der Snoqualmie River fließt durch Washington. Nicht durch die US-Hauptstadt, sondern durch den Bundesstaat Washington. Statt Großstadthektik erwarten den Urlauber deshalb auch fruchtbares Farmland, Wälder, viele spektakuläre Wasserfälle – TV-Junkies dürfte der bekannteste von ihnen, der rund 80 Meter hohe Snoqualmie Fall, aus den Titelszenen der Serie »Twin Peaks« bekannt sein – sowie einige interessante Flussabschnitte, die sich zum Kanu- und Kajakfahren eignen. Manche Fließpassagen sind sogar sehr interessant, weil aufregend wild und wirbelig. Das Gute am Washingtoner Szenario: Da sich

    die Schwierigkeitsgrade des Snoqualmie River von Klasse II bis V+ erstrecken, ist für jede Könnensstufe etwas geboten – und vor allem besteht für Anfänger genügend Steigerungspotenzial in direkter Umgebung.

Info > American Whitewater, PO Box 1540, USA-Cullowhee, NC 28723; Tel. 001/866/262 84 29, info@americanwhitewater.org, www.americanwhitewater.org

---

Samba für alle

>>> **BRASILIEN** Vom Karneval in Rio de Janeiro träumen viele Männer, schwingen doch zahllose dunkelhäutige Schönheiten zu heißen Samba-Klängen stundenlang verführerisch die Hüften – und das meist in äußerst freizügigem Outfit. Bis zu 40 000, oft aufwendig kostümierte (und übrigens auch männliche) Teilnehmer ziehen durch die Straßen der brasilianischen Großstadt. Zwölf Stunden Parade und Party machen die bekannteste Sambaparty der Welt. Kein Wunder, dass jährlich rund 1,7 Millionen Touristen nur deshalb nach Rio kommen, um die fünfte Jahreszeit dort zu erleben. Die glanzvollen Höhepunkte der mehrtägigen Festivitäten bilden die Umzüge der Sambaschulen entlang der vier Kilometer langen Paradestraße. Das Schöne daran: Man kann als Urlauber

sogar selbst in den Paradegruppen mittanzen! Allerdings hat man sich strengen Regeln zu unterwerfen, was Kostüm und Choreografie anbelangt. Konkret: Für rund 150 Euro muss man sich sein Kostüm von einer Schule anfertigen lassen. Automatisch erhält man damit das Recht, mit dieser Schule durch das Sambadrom zu marschieren. Wichtig zu wissen: Die Kostüme sollten ungefähr einen Monat vor der Parade organisiert werden; »Homes and More« unterhält entsprechende Kontakte. Hat man das Glück, bei einer der sechs erstplatzierten Sambaschulen mitzutanzen,

   darf man auch an der Siegerparade teilnehmen. Ohne Aufpreis.

Info > Homes and More, Augustinerplatz 2, 79098 Freiburg; Tel. 00 55/21/86 33 08 46, info@homesinrio.com, www.homesinrio. de/veranstaltungen-und-ausfluege-in-rio-de-janeiro.htm

Mit dem Strom schwimmen

>>> **ÖSTERREICH** Es ist in der Outdoorbranche ja zur Regel geworden, immer mal wieder einen neuen Trend auszurufen. Interessanterweise hat es aber fast keine der derart beworbenen Sportarten geschafft, sich auf breiter Front durchzusetzen. Das kommt nicht von ungefähr: Sportaffine Verbraucher haben ein feines Gespür dafür, ob sich jemand mit einem neuartigen, oft absurden Sportgerät ein goldenes Näschen verdienen will – oder ob es tatsächlich darum geht, die Bandbreite an Natursportarten um eine reich- und nachhaltige Erlebnisform zu ergänzen. Letzteres könnte beim sogenannten Hydrospeeding tatsächlich der Fall sein. Die beiden Komponenten des Wortes verraten bereits, worum es sich handelt: um eine Fortbewegungsart, die es dem Aktiven ermöglicht, möglichst schnell im und mit dem Wildwasser unterwegs zu sein. Hydrospeeding ist, wenn man so will, nichts anderes als Wildwasser-Rafting ohne Schlauchboot. Mit Neoprenanzug, Neoprenjacke, Schwimmweste, Helm, Füßlingen und Flossen ausgerüstet, legt man sich bäuchlings auf einen Auftriebskörper, um sich dem Lauf des Flusses anzuvertrauen. Die Gewalt des Wassers spürt man dabei natürlich sehr unmittelbar. Und es wird schnell deutlich, warum man auf Schutzausrüstung auch bei bestem Wetter nicht verzichten sollte. Bestens geeignet für das Abenteuer Hydrospeeding ist zum Beispiel die Isel, die mit mächtigen Stromschnellen aufwartet. Etwas ruhiger geht es auf der Drau zu.

Info > »Hydrospeed«; Fit & Fun Rafting Club, St. Lorenzen 13, A-9654 St. Lorenzen; Tel. 0043/676/5049169, info@fitundfun-outdoor.com, www.fitundfun-outdoor.com

Immer in Balance

>>> **DEUTSCHLAND** Es wird ja mit allem gesprungen, was nicht fest auf dem Boden verankert ist. In den Augen vieler Beobachter haben sich zum Beispiel die Sportarten Skifahren und Snowboarden zu Luftsportarten entwickelt. Tatsächlich berechnen die Aktiven den Erfolg einer Saison auch an der »Airtime«, die sie hatten. Abgehoben haben aber auch Skateboardfahrer, Inlineskater, Mountainbiker und sogar Schneemobilfahrer – mit einem dieser tonnenschweren Fahrzeuge wurde sogar schon ein Looping gesprungen. Da wollen die Motorradfahrer natürlich nicht hintanstehen: Trialfahrer springen sowohl über irrsinnig große Entfernungen als auch über alle möglichen Hindernisse. Dazu braucht man nicht nur Mut und Kraft, sondern auch Gleichgewichtsgefühl, Antizipationsvermögen und vor allem Fahrtechnik. Wer also schon im Grundschulalter Spaß daran hatte, mit dem Roller über Hindernisse zu fahren oder mit dem BMX-Rad über Stock und Stein zu sausen, dem könnte auch das Trialfahren gefallen. Darunter versteht man Geschicklichkeitsprüfungen in unwegsamem Gelände, bei denen die Streckenbegrenzungen nicht berührt werden dürfen. Zudem darf das Motorrad nie komplett zum Stillstand kommen. Die Geschwindigkeit spielt dabei eine untergeordnete Rolle. Ab und an darf es aber auch ein spektakulärer Sprung sein. Wer an einer der Moto-Cross- & Trial-Schulen des ADAC teilnimmt, darf in einem abgesperrten Gelände richtig Gas geben und zugleich seine Geschicklichkeit unter Beweis stellen. Entsprechende Kurse – an denen übrigens auch jung und gelenkig gebliebene Erwachsene teilnehmen dürfen – bieten der ADAC Nordbayern, der ADAC Mittelrhein, der ADAC Pfalz und der ADAC Westfalen zu verschiedenen Terminen an.

Info > ADAC Nordbayern, Trial-Kurse, Tel. 0911/9595237, sport@nby.adac.de, www.adac-motorsport.de

Tauchgänge in einem See der Superlative

>>> **RUSSLAND** Man muss in diesem Fall einfach einmal die nackten Fakten und Zahlen sprechen lassen, um die Dimensionen auch nur annähernd begreifen zu können: Der Baikalsee ist etwa 25 Millionen Jahre alt und 1637 Meter tief. Er gilt damit als ältester und tiefster Binnensee der Erde. Als solcher speichert er nahezu ein Fünftel der gesamten Süßwassermenge des Planeten. Da ist es kein Wunder, dass die »sibirische Perle« erstens zum UNESCO-Weltnaturerbe erklärt wurde. Und dass sie zweitens eine besondere Aufmerksamkeit unter jenen Zeitgenossen erfährt, die sich Seen und Meere nicht nur von außen, sondern auch von innen ansehen wollen.

Für diese Menschen hat der Veranstalter BaikalTours eine ganz besondere Reise im Programm. Bei der einwöchigen Tauchsafari auf dem Baikalsee geht es an mehreren Tagen mit einem gemütlich eingerichteten Schiff zu den besten (und tiefsten!) Spots des Sees. Fachkundige Tauchguides führen die Besucher hinab in eine faszinierende Tier- und Pflanzenwelt, die zu zwei Dritteln

endemisch ist – also nur im Baikalsee vorkommt. Wer ganz besonderes Glück hat, der kann vielleicht sogar die Baikalrobbe bei einem Tauchgang beobachten. Ein so extremes Gewässer wie der Baikalsee mit all seinen Besonderheiten eignet sich natürlich nicht für Tauchanfänger. Jeder,

der sich in das ferne Sibirien wagt, sollte also schon mal anderswo unter Wasser unterwegs gewesen sein. Allein die Wassertemperaturen von durchschnittlich vier Grad – in den Sommermonaten steigen sie an der Wasseroberfläche bis auf maximal zwölf Grad – sowie urplötzlich ins Bodenlose abfallende Steilwände erfordern viel Übung und eine regelmäßige Praxis. Die ist erst recht vonnöten, wenn die Tauchgänge nicht im Sommer, sondern im Winter stattfinden sollen.

Zu dieser Jahreszeit fallen die Temperaturen rund um den Baikalsee oft auf unter minus 40 Grad Celsius. Trotz seiner Größe gefriert der See regelmäßig. Die Eisschicht wächst dann so dick, dass sich auch Fahrradfahrer und sogar Autofahrer mit ihren Vehikeln aufs Eis trauen. Unter der dicken Eisschicht im Wasser zu schweben ist entsprechend gefährlich und abenteuerlich.

Die Taucher lassen sich, mittels Seil und Karabiner gesichert, in die Tiefe gleiten. Schließlich müssen sie das Eisloch, durch das sie ins Wasser einsteigen, zum Aussteigen immer wieder finden können. Angesichts dieser Herausforderung sind die Programmpunkte an den Ruhetagen – hier ein Museumsbesuch, dort ein Lagerfeuer mit geräuchertem Fisch, eine kurze Fahrt mit der Transsibirischen Eisenbahn und etwas einheimische Folklore – wirklich die reinste Erholung! Auf eine Sehenswürdigkeit an Land müssen Taucher dennoch explizit hingewiesen werden: auf den berühmten Schamanenfelsen am Kap Choboj auf der Insel Olchon, eines der neuen Heiligtümer Asiens und eine heilige Stätte des Baikals.

   Der sieht nämlich von draußen betrachtet viel schöner aus als aus dem Wasser.

Info > »Tauchen im Baikalsee«; BaikalTours, Ostkirchstraße 65, 47574 Goch; Tel. 02823/419748, info@baikaltours.de, www.baikaltours.de

47

48

Das neue Skifliegen

>>> **ALPEN** Eine neue, in Frankreich entwickelte Wintersportart erobert wahrlich wie im Flug West- und Ostalpen: Speedflying. Was das ist? Eine aufregende Mischung aus Skifahren, Gleitschirmfliegen und Kitesurfen. Dieser Dreiklang hat Suchtpotenzial, denn mit Ski an den Füßen und einem kleinen Spezialschirm über dem Kopf fliegen selbst ganz normale Skifahrer weiter als Martin Schmitt und Jens Weißflog zusammen. Wobei es freilich auch kürzer geht, denn je nach Könnensstufe und Einsatz der Steuerleinen gleitet, carvt oder schwebt der Pilot – beziehungsweise Fahrer – mit einem winzigen Gleitschirm sanft über Pisten und Tiefschneehänge. Profis hingegen nutzen die lediglich zehn bis 14 Quadratmeter großen Schirme, um steilste Couloirs in atemberaubendem Tempo hinunterzusurfen. So wurde auch die berühmt-berüchtigte Eigernordwand bereits von Speedflyern befahren. Solche Aktivitäten sind natürlich denjenigen vorbehalten, die über jahrelange Erfahrung und stete Praxis verfügen.

Dennoch muss man, um diesen faszinierenden Sport ausüben zu können, kein Vollblutprofi sein. Einige Voraussetzungen sollte man natürlich mitbringen: Mut, Kraft und Geschick. Man sollte Ski fahren können und vielleicht auch schon ein paar Gleitschirmflüge im Sommer gemacht haben. Dann kann man loslegen. Wer sich für das Erlernen des Speedflying interessiert, kann sich zum Beispiel an den Schweizerischen Hängegleiter-Verband wenden: Der richtet nicht nur Meisterschaften aus, sondern vermittelt auch Adressen von Kursanbietern in der gesamten Schweiz. Diese verleihen auch die nötige Ausrüstung.

Info > SHV – Schweizerischer Hängegleiter-Verband; Seefeldstrasse 224, CH-8008 Zürich; Tel. 0041/44/3874680, info@shv-fsvl.ch, www.shv-fsvl

Keine Angst vor drakonischen Bußgeldbescheiden

>>> **UNGARN** Irgendwo zwischen Graz und Budapest liegt die kleine ungarische Stadt Sárvár, wo wie überall in Europa strenge Temporeglementierungen herrschen. Mehr als 50 Stundenkilometer innerorts sind nicht erlaubt. Ein paar Kilometer weiter jedoch können Autofans richtig auf die Tube drücken: auf dem Pannonia-Ring. Der wurde schließlich für schnelle Wettrennen und hitzige Manöver gebaut. Das Gute: Auf der 4740 Meter langen Rennstrecke dürfen nicht nur Profis auf ihren Motorrädern fahren, sondern auch normale Besucher. Diese können dann aber in echten Formel-1-Wagen Platz nehmen. Und mit denen können die Speedliebhaber wirklich unbesorgt Gas geben, selbst bei Tempo 200 droht keine Geldstrafe. Doch da sich ein 185 PS starker und 485 Kilo schwerer Formel-Renault-Wagen doch etwas anders fährt als ein Otto-Normal-Kombi zu Hause, werden die potenziellen Schumi-Nachfolger schrittweise an die pfeilartigen Geschosse herangeführt. Die ersten Runden werden aus diesem Grund mit einem 30 PS starken Rennkart bestritten – die beschleunigen immerhin auch in fünf Sekunden von 0 auf 100 Stundenkilometer. Wer sich hier wacker geschlagen hat, steigt in das schwerere Gefährt um und wird spätestens nach ein paar Minuten feststellen, welch enorme Kräfte auf Wagen und Körper einwirken. Das ist echt schweißtreibender Sport! Kein Wunder, wenn in elf Sekunden auf Tempo 200 beschleunigt wird und die Kurvenhaftung zweieinhalbmal höher als bei jedem Straßensportwagen liegt. Also, Nerven bewahren, Spannung halten und den Geschwindigkeitsrausch in vollen Zügen genießen.

Info > Vermittlungsagentur Tickets & More; Formula Event: mydays GmbH, Zielstattstraße 21–23, 81379 München; Tel. 01805/959726, www.mydays.de

49

DIE 5 SPEZIELLEN SCHWEIZER

Die Marken der Globotrek & Background Tours AG

GLOBOTREK

GLOBOTREK
UNTERWEGS ZU NEUEN HORIZONTEN

Bewusst ist man auf den über sechzig teils exklusiven Globotrek-Routen zu einem wesentlichen Teil zu Fuss unterwegs, denn so kommt man dem Land, seiner Natur und seinen Menschen näher. Begegnungen am Wegrand, das Nachtlager bei Nomaden und das Zusammensein mit den einheimischen Begleitern (Führer, Köche, Träger) sollen Menschen verschiedenster Herkunft für bleibende, unvergessliche Stunden, Tage oder Wochen zusammenführen.

BACKGROUND TOURS

BACKGROUND ✦ TOURS

Bei Background Tours-Reisen handelt es sich um spezialisierte Studienreisen für Menschen, die sich für aktuelle, internationale aber auch kontroverse Themen und politische Entwicklungen in besonders attraktiven Ländern interessieren. Begleitet werden die Reisen von Ethnologen, Natur- und Islamwissenschaftlern und Korrespondenten aus aller Welt.

GLOBOTRAIN

GLOBOTRAIN
BAHNREISEN WELTWEIT

Globotrain offeriert weltweit spannende, komfortable und auch nostalgische Bahnreisen – beispielsweise mit der Transsibirischen Eisenbahn durch Russland, im Desert Express durch Namibia, mit der Hedjazbahn durch Jordanien oder mit den Zarengold- oder Registan Sonderzügen durch Asien. Die Reisen in Sonderzügen, Luxuszügen oder regulären Zügen werden oft von prominenten Reiseleitern begleitet, welche viel Hintergrundwissen über Land und Leute vermitteln.

SHANGRILA TOURS

SHANGRILA ✦ TOURS

ShangriLa, nur schon der Name lässt einen träumen und in Gedanken auf Reisen gehen. Dem eigenen Paradies begegnen, dem Platz der inneren Ruhe: vielleicht findet man dies in der schroffen aber einladenden Landschaft Tibets, in den kargen Wüsten Rajasthans oder im lebendigen, berauschenden Süden Indiens. Die Unterschiede, die Möglichkeiten und die Vielfalt könnten nicht grösser sein!

GLOBOSHIP

GLOBOSHIP
SCHIFFSREISEN WELTWEIT

Globoship macht die Ozeane der Welt schiffbar, abseits der üblichen Kreuzfahrtenmassen. Mit einem modernen Containerschiff Handelswaren aller Art aus China heimholen, in Chile das Laden von Kupferplatten verfolgen, in Westafrika das Entladen von gebrauchten Autos beobachten, auf ein Trampschiff mit unbekanntem Ziel einschiffen oder sogar selber einen Dreimaster durch die Nacht steuern – Globoship erfüllt unzählige, lang gehegte Ozean-Träume!

Globotrek & Background Tours AG
Neuengasse 30
Postfach 7722
CH-3001 Bern
www.gtbg.ch

Für weitere Informationen wenden Sie sich bitte an:

Globotrek	Tel: +41 31 313 00 10; gk@globotrek.ch
Background Tours	Tel: +41 31 313 00 22; info@background.ch
Globotrain	Tel: +41 31 313 00 03; info@globotrain.ch
ShangriLa Tours	Tel: +41 31 313 00 05; info@shangrilatours.ch
Globoship	Rütligasse 3, 6000 Luzern 7, Tel: +41 41 248 00 48; info@globoship.ch

IM WETTBEWERB

Der Mensch ist eben so gemacht:
Er misst sich gern. Er will wissen, wie
weit er gehen kann. Wo die Grenzen
seiner Leistungsfähigkeit liegen. Und
ob diese Grenzen nicht verschiebbar
sind. Deshalb tritt der Mensch in Wettbewerb. Mit sich und mit anderen.
Schließlich entsteht so etwas wie Iden-
tität erst im Vergleich

Die Stärkeprobe

Sechs Rennradfahrer, 542 Kilometer, 22 Stunden.
Für einen von ihnen stellt sich die Frage, was mehr
Mut bedeutet: aufzugeben oder durchzuhalten

»STYRKEPRØVEN«:
Das Langstreckenrennen
führt ein Team aus Bayern
von Trondheim nach Oslo

50

DAS »TEAM ALPENSTOFF«

Am Start haben sie gut lachen: Hans Rumpfinger, 33, Vermessungsingenieur; Stefan »Stoa« Steinbauer, 33, Bauingenieur; Imanol »der Spanier« Tabar, 29, Maschinenbauingenieur; Stefan »Pfisti« Pfisterer, 31, Elektroingenieur; Helge Huber, 36, Architekt (von links). Hans »Hansi« Strasser, 32, ist nicht im Bild: Er musste noch sein Fahrrad aufpumpen

VIEL GEGENWIND und ein Tief-
druckgebiet liegen zwischen Trondheim und Oslo.
Nach den ersten Kilometern beginnt es zu
regnen – und es hört den ganzen Tag nicht auf

Text: Tom Dauer / Fotos: Moritz Attenberger

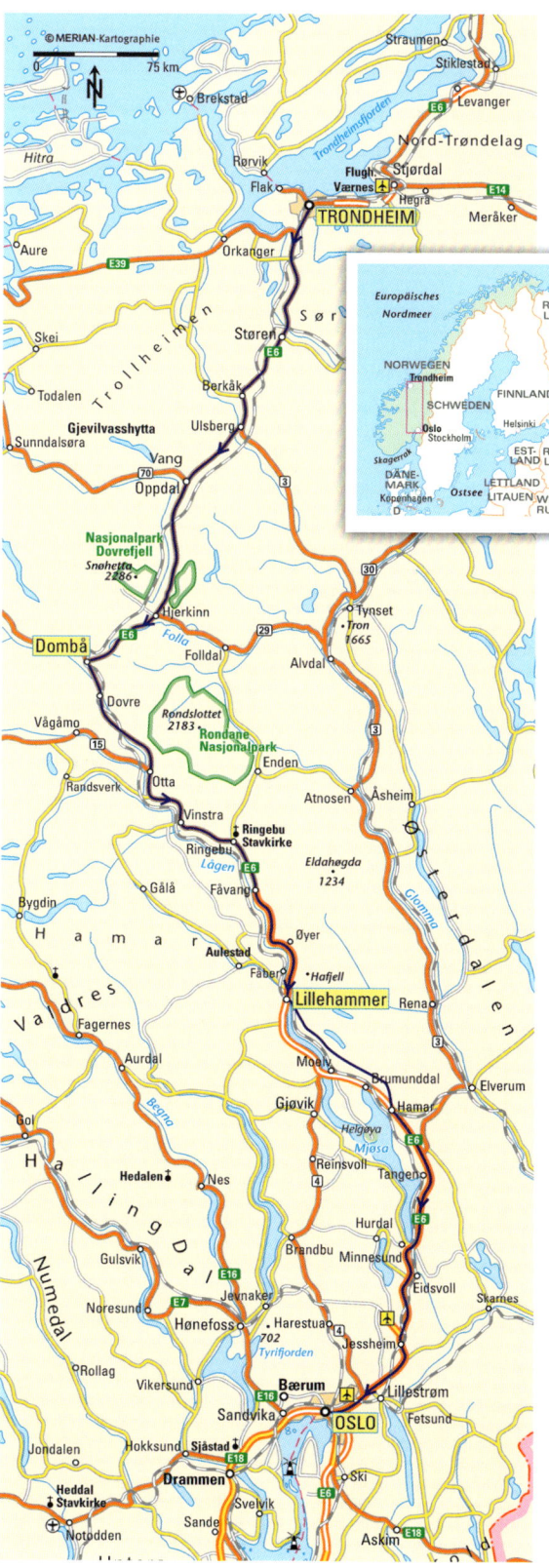

Imanol ist fertig. Seine Beine sind steif wie Säulen, die Handgelenke schmerzen, die Schultern, der Nacken – alles verspannt. Er ist durchnässt, ihm ist kalt, er zittert. Als wollte sein Körper die Müdigkeit abschütteln, die nach 410 Kilometern auf dem Rennrad in seine Glieder kriecht, ihm den Willen raubt, die Energie. Schritt für Schritt geht Imanol hinter das Verpflegungszelt, lässt sich auf eine Holzbank fallen. Sekundenschlaf übermannt ihn, zuckend schreckt er wieder hoch. Er findet keine Ruhe. Zu groß ist seine Angst. Die Angst, seinen fünf Mitfahrern das Rennen kaputtzumachen. Es nicht zu schaffen. Zu versagen. Es sind noch 132 Kilometer bis Oslo.

15 Stunden zuvor: In Trondheim, am Nordatlantik, wo sich Norwegen zum Flaschenhals verengt, steigen Imanol Gonzales Tabar, Stefan »Stoa« Steinbauer, Hans Rumpfinger, Stefan Pfisterer, Hansi Strasser und Helge Huber auf ihre Rennräder. Um 10.24 Uhr beginnt »Styrkeprøven«, ihre Kraftprobe. Sie führt über 542 Kilometer bis Oslo, den ganzen Tag, die ganze Nacht hindurch. 2356 Wettkämpfer messen ihre Kräfte – Männer und Frauen, Junge und Alte, Spitzensportler und Amateure, die alle zeitlich gestaffelt in Trondheim losfahren, manche allein, andere in kleinen Grüppchen, viele als Mannschaft. Wie das »Team Alpenstoff«, das aus fünf Bayern und einem Spanier besteht und sich nach einer Biermarke genannt hat – die den Bajuwaren eine Art Mentaldoping sein soll.

Imanol ist nervös. Sein eigener Anspruch und die Erwartung der anderen setzen ihn unter Druck. So weit entfernt liegt das Ziel, und er weiß nicht, ob er es bis Oslo schaffen wird. Bei den vielen Trainingsfahrten, die das Team vor »Styrkeprøven« absolviert hat, ist er stets der Schwächste gewesen. Und auf jeder Tour hat er sich einen Platten gefahren. Aber jetzt, an diesem Tag, »bitte, heute soll nichts schiefgehen«. Angespannt steuert Imanol sein Rad über das Kopfsteinpflaster bis zum ersten Kreisverkehr. Ja keinen Fehler machen. Auf jeden Fall durchkommen: »Für mich, für die anderen.« Vielleicht wäre Imanol erleichtert, wüsste er, dass seine Freunde dieselben Gedanken haben. Dass jeder befürchtet, der Bremsklotz zu sein. Doch weil niemand etwas sagt, bleibt jeder für sich, mit seinen Sorgen allein. Imanol übersteht den Start gut, dann geht es aus der Stadt hinaus. Der Himmel ist bedeckt, doch das tiefe Grau der Wolken sehen die Radfahrer nicht. Sie sehen nicht das Grün der Tannen und Birkenwälder, die sich in ihrem Gegenwind biegen. Und auch nicht die weißen Sprenkel, die in den Bergen auf sie warten: Schnee. »Team Alpenstoff« sieht nur noch das Hinterrad des Vordermanns und Asphalt. Bei Kilometer 18 steht ein Elternpaar, dessen drei Kinder ein Schild hochheben: »God Tur!«, steht darauf. Dies bleiben die letzten guten Wünsche.

Radfahren im blauen Licht der Mitternachtssonne

Es ist 1.40 Uhr. Nebelschwaden nehmen dem letzten blauen Licht der Mitternachtssonne die Kraft. An der Zeltstation, dem fünften Rastpunkt für »Team Alpenstoff«, gibt's trockenes Brot und Bockwürste, die so lange im warmen Wasser lagen, dass ihr rosa Fleisch zwischen den Fingern zerfällt. Den Radfahrern ist das egal. »Wo ist eigentlich der Imanol?«, fragt einer. Fünf Männer blicken sich um, zucken mit den Schultern, zu müde, um nach irgendjemandem zu suchen. »Hoffentlich ist er nicht eingeschlafen.« – »Wenn er jetzt nicht bald auftaucht, müssen wir ohne ihn weiterfahren.«

Vor einem Dreivierteljahr haben sie die Idee für diese Norwegenreise gehabt. Wie in Bayern häufig der Fall, wenn etwas Verrücktes ausgemacht wird: auf der »Wiesn«, in einem Bierzelt, die Luft geschwängert von Alkohol und Zigarettenrauch, das Brathendl auf dem Tisch, »wir könnten doch mal bei Styrkeprøven mitfahren«, die Blasmusik spielt einen Tusch, die Krüge zusammen, prost! Alle sind begeistert. Keiner ist ein profilierter Radrennfahrer. In den Monaten darauf folgt ein straffes Programm: Kilometer um Kilometer spulen die Männer ab, bis zur Generalprobe, die vom oberbayerischen Schliersee an den Gardasee führt, einmal quer über die Alpen. 13 Stunden sind die Radler unterwegs, rund 300 Kilometer. »Wir haben gelitten«, erinnert sich Imanol. Von Trondheim nach Oslo wollen sie nicht mehr als 22 Stunden benötigen. Am Abend vor dem Start hält »Team Alpenstoff« noch eine Lagebesprechung ab. Hansi, der Fitteste, sagt: »Wir sind im Training so viel gemeinsam gefahren, dass es mir egal ist, ob wir 20 oder 22 Stunden brauchen. Hauptsache, wir kommen zusammen an.«

Imanol war ihm dankbar für diese Worte, er fühlte sich aufgehoben, Teil eines Ganzen. Jetzt aber ist er allein. Mühsam richtet er sich auf, lehnt sich mit dem Rücken an die kalte weiße Zeltwand, streckt die Beine von sich, starrt ins Leere. Seine Muskeln gehorchen ihm nicht. Er kann nicht aufstehen, noch nicht. Obwohl er die andern hören kann: Hans, der über Schmerzen im Knie klagt. Er trägt keine Regenhose. »Aus falschem Stolz«, wird er später sagen. Stefan, der vor dem Rennen umgezogen ist, geheiratet hat, kaum zum Trainieren kam – jetzt ist er fast am Ende seiner Kräfte. Stoa hat einen steifen Hals, er kann den Kopf nicht mehr drehen. Das nur scheinbar harmlose Höhenprofil von Styrkeprøven fordert seinen Tribut. Die zurückliegenden 50 Kilometer ging es stetig auf und ab. Da begann für Imanol »meine Hölle«. An einem der kurzen, steilen Anstiege war Stoa der Gruppe weggefahren, nur Hansi konnte folgen, eine Lücke riss auf. »Macht doch, was ihr wollt!«, schrie Imanol den beiden hinterher, wütend und enttäuscht und trotzig zugleich. Die beiden Stärksten drosselten ihr Tempo, der Rest der Gruppe schloss auf.

PRALLE REIFEN

sind eine Selbstverständlichkeit. Die Radleuchten anzuschalten ist dagegen Pflicht. Manch einer hat schon tagsüber genug. Da wird auch das schönste Rennrad nutzlos

DIE LOGISTIK

Die besten Rennräder und die beste Ausstattung helfen nichts, wenn die Logistik für das Rennen nicht stimmt. »Team Alpenstoff« hatte Glück: Sein Begleitfahrzeug wurde von Steffi und Yasmine gefahren, die zur richtigen Zeit einen Topf Nudeln bereitstellten, Nacken und Schultern massierten. Und mit einem Lächeln letzte Reserven mobilisierten

DIE STRASSEN sind nicht für den Verkehr gesperrt. Auch wenn es so aussieht. Doch um drei Uhr morgens ist selbst auf der E6 nicht viel los

DATEN UND TATEN

// Start Trondheim: 10 Uhr 24 // Ankunft Oslo: 8 Uhr 32 // Benötigte Zeit: 22 Stunden 8 Minuten // Verbrauchte Kalorien: 5550 // Mitfahrer: 2356 // Beste Zeit: 13 Stunden 16 Minuten // Langsamste Zeit: 47 Stunden 13 Minuten

Noch sind es 100 lange Kilometer bis Oslo, aber Imanol ist zuversichtlich. Denn mit der Dunkelheit verabschiedet sich ein Feind

Nichts ist wichtiger bei diesem Rennen, als die Kräfte gut einzuteilen. »Team Alpenstoff« hat sich einen Schnitt von 25 Stundenkilometern vorgenommen. Doch nach dem Start – vom Meer hinauf durch das Tal Tivdalen, das Wasser und Fallwinde in die karge Landschaft gefräst haben – sind sie viel zu schnell. »Was machst du da eigentlich?«, denkt sich Imanol. »Du gräbst dir dein eigenes Grab!« Dann bremst der Anstieg zum Dovrefjell-Sunndalsfjella Nasjonalpark, auf dessen Hügelhöhen Schneereste liegen. Dort, nach 150 Kilometern, beginnt die »Styrkeprøven« erst – und wird zur wahren Stärkeprobe, zum Kräftemessen mit sich selbst und der Natur. Denn die Radfahrer müssen nicht nur Meter machen. Sie müssen auch mit den Widrigkeiten des norwegischen Klimas zurechtkommen, das Styrkeprøven von allen anderen Radmarathons unterscheidet. In Hjerkinn, mit 1050 Metern der höchste Punkt der Strecke, zeigt das Thermometer nur noch neun Grad. Ein böiger Wind bläst den Sportlern ins Gesicht. Es graupelt. Und dabei ist heute Mittsommer.

Die folgende Abfahrt, 300 Höhenmeter von der Hochebene hinunter nach Dombås, ist eiskalt. Nass bis auf die Socken, mit gefühllosen Zehen und weißen Fingerspitzen, drängen die Radfahrer in das Verpflegungszelt. Als Helge die Plane am Eingang zurückschlägt, dampft ihm warme Luft entgegen. »Oh, tut das gut.« Es riecht nach Männerschweiß, nach Schlamm und nach Eintopf – und trotzdem ist es im Zelt besser als draußen.

Ein paar Wochen vor Norwegen hatte »Team Alpenstoff« den Start bei einem Heimatrennen abgesagt, weil es regnete. Hansi, der als Einziger angereist war, mailte darauf seinen Kollegen: »Liebe Sportkameraden, ich hoffe, ihr hattet alle einen netten Sonntagvormittag und dass sich keiner beim Wäschewaschen verkühlt hat. So was ist schnell passiert, und sechs Wochen vor unserer kleinen Kaffeefahrt ans Nordmeer sollte man nichts mehr riskieren. Wenn ich gefragt werde, woher wir uns kennen, dann sage ich: Wir waren auf demselben Mädchengymnasium.«

Nach einer knappen halben Stunde Pause fuhren alle weiter. Die nächsten 150 Kilometer gibt das Gudbransdal den Streckenverlauf vor, bis nach Lillehammer geht es immer leicht bergab. Das Windschattenfahren ist trotzdem kein Vergnügen. Wasser spritzt ins Gesicht. Zwischen den Zähnen knirscht der Dreck der Straße, der nach Streusalz schmeckt. Hinter Dombås nimmt der Verkehr zu. Für Touristen, Pendler und Lastwagenfahrer, die Fisch von der Nordsee nach Oslo bringen, ist die E6 die Hauptverkehrsader. Am Straßenrand sitzen Norweger, die den längsten Tag des Jahres mit einem Lagerfeuer feiern. Es regnet unaufhörlich.

»Ich kann hier nicht sitzen bleiben«, denkt Imanol. Irgendetwas muss jetzt passieren, »ich muss irgendetwas machen«. Es liegt jetzt an ihm, das Team zusammenzuhalten. Nicht durch Rücksichtnahme, wie Stoa und Hansi. Nicht,

VIEL ZU SCHNELL ist »Team Alpenstoff« im Tivdalen unterwegs. Erst die Verpflegungsstation in Dombås zwingt Hansi Strasser, Hans Rumpfinger und Imanol Tabar (von links) zur Ruhe. Nach weiteren Kilometern und etwas Obst legen sich die Rennfahrer auch mal freiwillig hin

Ein Expresszug in gelben Regenjacken. Während des Fahrens fühlt sich Imanol als Teil eines Ganzen

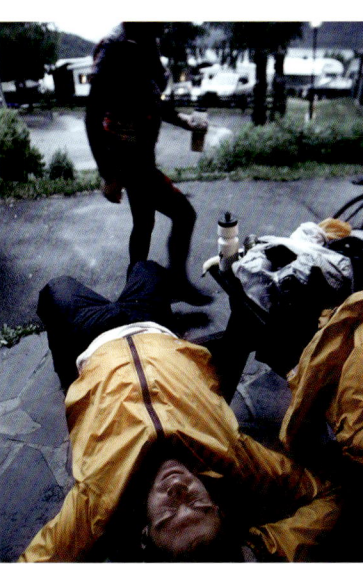

indem er die Signale seines Körpers ignoriert und immer weitermacht, egal was passiert, so wie Hans, Stefan und Helge das können. Nein, Imanol muss sich jetzt zusammenreißen, an sich glauben. Es ist seine Schwäche, die von ihm »Styrkeprøven« verlangt. Und die das Radrennen zu einer »Ehrensache« macht. In der auch noch »ein Engel« eine Rolle spielt, ein Sanitäter, der Imanol eine Wolldecke um die Schultern legt und sagt: »Lass sie nicht mehr los.« Das ist Imanols Erweckungserlebnis. Nach drei Minuten, in denen sich Wärme in seinem Körper ausbreitet, ist er wieder bereit.

Es dämmert, als »Team Alpenstoff« zu seiner letzten Etappe aufbricht. »Mit der Dunkelheit«, sagt Imanol, »geht ein Feind.« Hansi, die »Bananenfressmaschine«, und Stoa, der Willensstarke, machen das Tempo. Rennradler, Mountainbiker, Tandemfahrer werden überholt, gnadenlos, einer nach dem anderen. Immer öfter stehen kleine Fahrergrüppchen am Straßenrand. Immer öfter sieht man Autos mit Rädern auf dem Dach. Imanols Schwäche ist purem Selbstbewusstsein gewichen. Stolz blickt er auf seine Freunde, die in ihren gelben Regenjacken wie ein »Expresszug« durch die Landschaft rollen. »Wir sind ein Team«, denkt er.

Der neue Tag hat schon blaue Flecken in die Wolkendecke gerissen, da beginnt der letzte Anstieg nach Oslo. Vier Kilometer. Als ob er das nahe Ende riechen könnte, setzt Imanol zu einem Bergsprint an: »Ich wusste, nichts kann mich von Oslo trennen.« Auf der Kuppe, vor der letzten Abfahrt, wartet er. Zusammen macht sich »Team Alpenstoff« auf die allerletzten Kilometer – an Wohnsilos, Schornsteinen, Lagerhallen, leeren Parkplätzen, Autowerkstätten und Speditionen vorbei zum Ende. Es ist 8.32 Uhr, als »Team Alpenstoff« über die Ziellinie rollt. Imanol reißt die Arme hoch, er jubelt. Die anderen sind zu müde, zu erschöpft, um Gefühle zu zeigen. Auf ihre dreckverkrusteten Gesichter haben Sonnenbrillen, Kinnriemen und Belüftungsschlitze der Helme helle Muster gezeichnet. »Stefan Steinbauer, Hans Rumpfinger, Stefan Pfisterer, Helge Huber, Hansi Strasser, Imanol Gonzales Tabar. Time: 22 hours and 8 minutes«, nuschelt der Sprecher in das Mikrofon. Die Männer haben kaum abgebremst, da werden ihnen schon die Medaillen umgehängt. Sie steigen ab, etwas schwankend, steifbeinig, lehnen ihre Räder an graue Absperrgitter. Sie umarmen sich, klopfen einander auf die Schultern, »give me five«, gut gemacht. Seltsam still ist dieser Moment. Es gibt keine jubelnden Menschen, keinen Champagner, keine Blaskapelle – keine Anteilnahme. Fertig ist das Rennen. Sechs Männer haben ihr Ziel erreicht. Der Moment, auf den sie so lange hingearbeitet, für den sie gekämpft und gelitten haben, der sie zusammengeschweißt hat, er ist schon wieder vorbei. Jetzt gehen sie erst einmal schlafen. ■

EINEN KURZEN MOMENT herrscht hemmungslose Freude. Dann zeichnen Erschöpfung und ein stilles Glück Imanols Gesicht. Ein Ziel ist erreicht. Jetzt kann ein weiteres kommen

»STYRKEPRØVEN«: Das erste Rennen zwischen Trondheim und Oslo fand 1967 statt. Seitdem hat es sich zu einem der wichtigsten Radmarathons weltweit entwickelt – dessen Nimbus vor allem auf den extremen skandinavischen Wetterkapriolen beruht. Es findet jährlich an einem Wochenende um die Sommersonnenwende statt. Die Teilnehmer können sich für verschiedene Strecken anmelden: Trondheim–Oslo, 540 Kilometer; Lillehammer–Oslo, 180 km; Hamar–Oslo, 120 km; Eidsvoll–Oslo, 60 km. Das Mindestalter für die längste Strecke beträgt 17 Jahre. Die Anmeldung kostet, je nach Zeitpunkt, zwischen 1200 und 1600 Norwegische Kronen (zwischen 150 und 200 Euro). Auch ein Begleitfahrzeug muss registriert werden. Dies kostet 350 NOK (44 Euro) inklusive zweier Essensgutscheine für den Fahrer. Anmeldeunterlagen und weitere Information unter www.styrkeproven.no

Das Team hat zusammen-
gehalten. Und die Freundschaft
ist noch stärker geworden

Neue Sieger in alten Gewändern

>>> **GRIECHENLAND** »Wir sind der festen Überzeugung, dass sich die Olympischen Spiele in ihrer heutigen Form zu weit vom Begehren des Durchschnittsbürgers entfernt haben. Auf dem heiligen Boden des antiken Griechenland wollen wir daher jeder und jedem die Möglichkeit eröffnen, an Spielen teilzunehmen, die im ursprünglichen Geist stattfinden. Dieses Ziel wollen wir erreichen, indem wir alte Wettkampfformen im antiken Stadion von Nemea wiederbeleben.« So lauten, etwas holprig formuliert, die ersten Sätze der Satzung, die sich die »Society for the Revival of the Nemean Games« bei ihrer Gründung 1994 gegeben hat.

Hinter der Idee, die Olympischen Spiele in ihrer ganz ursprünglichen Form wiederzubeleben, stehen Studenten der University of California in Berkeley, San Francisco, USA. Die Ergebnisse ihrer Feldforschungen – Wissenschaftler aus Kalifornien ergründen die Stätte von Nemea bereits seit 35 Jahren – hatten sie auf diese Idee gebracht. Der Hintergrund: Im Stadion von Nemea fanden jährlich sportliche Wettkämpfe sowie kultische Rituale statt, die Teil der zyklisch abgehaltenen Spiele von Delphi, Isthmia und Olympia waren. An diesen Stätten kamen die Griechen einmal pro Jahr zusammen, um – trotz aller bestehenden Feindschaften und Auseinandersetzungen – gemeinsam ihre Bräuche zu pflegen und den Göttern zu huldigen. Die an diesen vier Orten stattfindenden Wettkämpfe können also durchaus als antike Vorläufer der heutigen Olmypischen Spiele gelten. Allerdings ging es im alten Griechenland nicht um sportliche Höchstleistungen. Im Vordergrund stand vielmehr die Absicht, durch gemeinsame Betätigung Zusammenhalt und Gemeinschaft zu stiften.

Genau diesen Gedanken will die »Society for the Revival of the Nemean Games« – der inzwischen Menschen aus aller Herren Ländern angehören – aufgreifen. So organisiert sie parallel zu den alle vier Jahre stattfindenden Olympischen Sommerspielen seit 1996 die »Nemean Games«. Die nächste Auflage dieses Ereignisses wird es also im Jahre 2012 geben: Somit bleibt genügend Zeit für jeden, der an diesen etwas anderen Spielen teilnehmen will, sich vorzubereiten. Der Wettkampf besteht aus den Laufdisziplinen Sprint (100 Meter) und Langstrecke (7,5 Kilometer). Alle Athleten treten, nachdem sie sich im Apodyterion umgezogen haben, in weißen Tuniken und barfuß an. Dazu schreiten sie durch einen 40 Meter langen Tunnel, der von der Umkleide ins Stadion von Nemea führt. Zu Trompetenklängen werden sie von den Zuschauern begrüßt. Die Startgruppen sind nach Geschlecht und Alter geordnet. Der Schnellste bekommt jedoch keinen Preis. »Die Belohnung der Wettkämpfer besteht darin«, so heißt es in der Satzung der Nemea-Gesellschaft, »dass sie mit ihren nackten Füßen dieselbe Erde betreten dürfen, auf denen die Menschen schon vor 2000 Jahren miteinander in Wettstreit traten.«

Info > *Society for the Revival of the Nemean Games, PF 2004, GR-2005 00 Nemea; Tel. 00 30 / 746 / 24 15, www.nemea.org*

So weit die Füße tragen

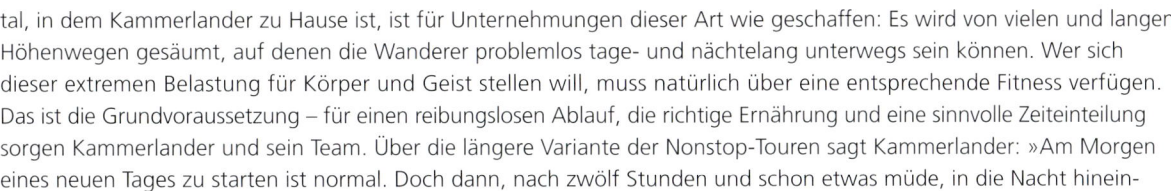

>>> **ITALIEN** Der 52-jährige Hans Kammerlander gehört zu den erfolgreichsten Höhenbergsteigern weltweit. Er hat 13 von 14 Achttausendern bestiegen, ist mit Ski vom Mount Everest abgefahren und hat schwierige Erstbegehungen an Sechs- und Siebentausendern gemacht. Seine große Leidenschaft gehört aber bis heute den Bergen, in denen er seine Kindheit und Jugend verbracht hat: den Dolomiten und den südlichen Zillertaler Alpen.

Letztere bringt der Südtiroler seinen Gästen auch in einer besonderen Art und Weise näher – auf Wanderungen, die 24 oder 36 Stunden am Stück dauern. Das Tauferer Ahrntal, in dem Kammerlander zu Hause ist, ist für Unternehmungen dieser Art wie geschaffen: Es wird von vielen und langen Höhenwegen gesäumt, auf denen die Wanderer problemlos tage- und nächtelang unterwegs sein können. Wer sich dieser extremen Belastung für Körper und Geist stellen will, muss natürlich über eine entsprechende Fitness verfügen. Das ist die Grundvoraussetzung – für einen reibungslosen Ablauf, die richtige Ernährung und eine sinnvolle Zeiteinteilung sorgen Kammerlander und sein Team. Über die längere Variante der Nonstop-Touren sagt Kammerlander: »Am Morgen eines neuen Tages zu starten ist normal. Doch dann, nach zwölf Stunden und schon etwas müde, in die Nacht hineinzugehen, das verlangt eine gewisse Härte. Aber selbst wenn dann diese Nacht endlich, endlich vorbei ist, liegt noch immer ein ganzer weiterer Tag vor uns. Das sind echte Belastungsproben.«

Info > »24-Stunden-Wanderung oder 36-Stunden-Wanderung«; Büro Hans Kammerlander, Jungmannstraße 8, I-39032 Sand in Taufers; Tel. 0039/0474/690012, info@kammerlander.com, www.kammerlander.com

Best of 4

>>> **ÖSTERREICH** Die Outdoortrophy ist ein Teamwettkampf, der die Disziplinen Berglauf, Gleitschirmfliegen, Wildwasserkajak und Mountainbikefahren miteinander vereint. Das hat einen großen Vorteil: Man muss nicht alles selbst machen. Der Nachteil: Man muss ein Team zusammenstellen können, das aus vier Spezialisten besteht, die sich gut zu einer Staffel zusammenfügen. Hat man das erst mal geschafft, kann es losgehen. Als Erster ist der Bergläufer an der Reihe: Er startet in Lingenau in Vorarlberg und muss 15 Kilometer und 1400 Höhenmeter möglichst schnell zurücklegen. Bei der letzten Ausgabe der Outdoortrophy lag die Bestzeit für diese Strecke bei 1 Stunde 18 Minuten 51 Sekunden! Am höchsten Punkt der Rennstrecke, dem Gipfel der Niedere, wird der Staffelstab an den Gleitschirmflieger übergeben, der sich im Sinkflug Richtung Flusslauf stürzt. Dort ist der Kajakfahrer an der Reihe, der sich zunächst einen vier Meter hohen Wasserfall hinabstürzen muss, bevor er durch Stromschnellen zurück nach Lingenau paddelt. Am Bahnhof wartet bereits der Mountainbiker, der nach einer 30 Kilometer und 1600 Höhenmeter umfassenden Strecke wieder zurück

   und ins Ziel kommt. Der Wettkampf steht Profisportlern und Amateuren offen.

Info > »Outdoortrophy«; sc outdoortrophy, Bahnhof 248, A-6951 Lingenau; Tel. 0043/699/11004444, office@outdoortrophy.com, www.outdoortrophy.com

54

Das wortlose Gespräch

JEDER TANGO ist ein nonverbales Wechselspiel zwischen den Partnern, das ein Musikstück lang, eine Nacht oder noch länger dauern kann. Eine der »Stimmen« des argentinischen Tango: das Bandoneon

>>> **DEUTSCHLAND** Tango ist mehr als ein Tanz. Tango ist mal sehnsüchtig, mal traurig, manchmal langweilig, oft fröhlich, immer mit Fortsetzungen – und Folgen. So wie das wirkliche Leben. Tango wird in speziellen Schulen gelehrt, aber auch in Kellern und Hinterhöfen, wie einst in seinem Ursprungsland Argentinien. Wen das Tango-Fieber gepackt hat, der beginnt in Anfängerkursen, lässt Wochenenden mit Workshops, Tango-Reisen und schließlich Tango-Marathons folgen. Sind die Füße erst mal daran gewöhnt, zählt man bald zum intimen Kreis der »Tango-Junkies«. Und damit zu einer wachsenden, weltweiten Szene.

Tango vereint die Freude an der Bewegung, die wortlose Zwiesprache der Partner und ihre Verbundenheit mit einer wunderbar vielfältigen Musik. Tango ist wie eine Reise ins Innere, die über die Wege des eigenen Körpers führt. Eigentlich heißt es ja, »der Tango ist ein trauriger Gedanke, den man tanzen kann«. Diesen Satz prägte einst Santos Discépolo, neben dem Sänger Carlos Gardel wohl der berühmteste Tango-Poet Argentiniens. Das mag für damals gegolten haben: Entstanden ist der südamerikanische Tanz im 19. Jahrhundert in den Kaschemmen und Bordellen von La Boca, dem Hafenviertel von Buenos Aires. Ähnlich dem Jazz war auch der Tango Ausdruck des Lebensgefühls der Armen, der Minderheiten und der Unterdrückten. Erst im Laufe seiner Geschichte entwickelte er sich zu einer komplexen Kunstform. Was den meisten Europäern als mysteriöse Mischung aus Erotik und Melancholie erscheint, ist tatsächlich eine Art Sprache, ein intimer Dialog zwischen Mann und Frau, in deren Umarmung, »el abrazo«, eine Geschichte erzählt wird.

Der Mann stellt die erste Frage, indem er eine Bewegung führt. Die Frau bestimmt mit Art und Qualität ihrer Antwort, mit Aufmerksamkeit und Körperspannung seine nächste Frage. Daraus ergibt sich ein Gespräch. Tango ist daher alles andere als der Tanz eines Machos, der eine passive, blindlings gehorchende, schlaffe Frau in seinen Armen dirigiert. Tango ist auch eine Kunst des Weglassens, die Ästhetik der Reduktion. In der gemeinsamen Hingabe an die Musik entsteht schließlich ein Gefühl, das die Tanzenden Musikstück um Musikstück weiterträgt.

Geschlafen wird bei längeren Veranstaltungen meist dort, wo auch getanzt wird. Für die Verpflegung sorgen Lehrer oder Veranstalter. Mancher Kontakt wird für einen Tanz oder einen Abend geknüpft, so manche Begegnung wird zur dauerhaften Beziehung. Virtuosität und Geschwindigkeit spielen dabei übrigens selten eine Rolle. Beim Tango geht es um das, was sich die beiden Tanzenden über ihre Körperhaltung zu sagen haben. Und der Körper lügt nicht. Das ist das tiefe

   Geheimnis hinter der Innigkeit und Sinnlichkeit dieses Tanzes – das Geheimnis eines guten, wortlosen Gesprächs. *Birgit Chlupacek*

Info > *Unterricht, Festivals, allgemeine Infos: www.cyber-tango.com. Veranstalter von Tango-Marathons z.B. in Hamburg: TangoMatrix, Tel. 0178/187 63 19; www.tangomar.de; in Halle: Rifftango, Tel. 01 77/549 11 51; www.mirjam-tango.de*

55

Das »Inferno«

>>> **RUMÄNIEN** Die Regeln sind denkbar einfach: Alle Ski-
fahrer und Snowboarder, die am »Inferno« teilnehmen möchten,
treffen sich zu einem verabredeten Zeitpunkt an einem ver-
einbarten Ort, um auf ein Signal hin gemeinsam loszufahren.
Sieger des Rennens ist, wer eine vorgegebene Abfahrt durch
unpräpariertes Gelände am schnellsten hinter sich bringt. So
weit die Theorie. Die Praxis sieht ganz anders aus, denn man
fährt beim »Inferno« nicht nur gegen sich selbst und die Zeit,
sondern auch gegen die vielen anderen Fahrer, die mindestens
ebenso schnell, wagemutig und schonungslos sind wie man
selbst. Initiator der »Inferno«-Rennen, die seit 1999 veranstaltet
werden, ist die österreichische Snowboard-Legende Martin
Freinadametz. Der Innsbrucker verfügt über die notwendige
Erfahrung, Jahr für Jahr einen Kurs abzustecken, der sowohl
den Fähigkeiten der Teilnehmer als auch den Anforderungen an
die Sicherheit entspricht. Das ist gar nicht so leicht, denn das
»Inferno« ist eine Mischung aus Ski- oder Boardercross und
Freeridewettkampf. Das heißt: Auf der 500 bis 1000 Höhenmeter umfassenden Strecke fährt jeder gegen jeden, Körper-
berührung ist erlaubt. Da heißt es, möglichst kompakt auf Ski
oder Snowboard zu stehen. Zum anderen gilt es, eine möglichst geschickte Route zu wählen – der direkteste Weg ist nicht
immer der schnellste. Teilnehmer sollten also nicht nur gut auf
ihrem Gerät stehen, sondern auch einen Blick für das Gelände
haben. Zudem ist das Tragen eines Helmes Pflicht. Und ganz
wichtig: Jeder Fahrer muss ein Lawinenverschüttetensuchgerät

   am Körper tragen – mit dem er oder sie
im Notfall auch umgehen können sollte.

Info > *»Inferno«; X-Venture s.r.l, Str. Moldoveanu Nr. 33,
Sibiu, Rumänien; Tel. 0043/676/4004032,
info@xventure.net, www.inferno.ws*

»Fjällräven Classic«

>>> **SCHWEDEN** 110 Kilometer lang ist die Strecke von
Nikkaluokta nach Abisko im schwedischen Teil Lapplands.
Dazwischen liegen das Fjäll, das gebirgige Hochland Skan-
dinaviens, und ein Teil des »Kungsleden«, des Königswegs
– einer der bekanntesten Weitwanderwege weltweit. Ziel
des »Fjällräven Classic« ist, diese Etappe zurückzulegen.
Wie schnell, das bleibt jedem selbst überlassen, denn die
Veranstaltung ist weniger Wettkampf denn Volkswande-
rung. Etwa 2000 Teilnehmer begeben sich jedes Jahr auf
die Strecke, in mehreren Startgruppen über drei Tage
verteilt. Ihr Gepäck müssen sie selbst tragen. Logistische Unterstützung bietet das schwedische Outdoor-Unternehmen
Fjällräven, das die Wanderer an mehreren Stellen entlang
der Route mit Lebensmitteln versorgt. Übernachtet wird
in Zelten. Sonst gibt es keine Regeln. So sieht man komplett
ausgestattete Weitwanderer, die mit ihren 20-Kilo-Ruck-
säcken gegen jede Widrigkeit gewappnet sind. Sie werden
überholt von Bergläufern, die mit nichts als einer Banane
im Rucksack dem Ziel entgegenlaufen: Die schnellste Zeit
liegt bei etwa 13 Stunden.
Grundgedanke des Fjällräven Classic ist es, den Teilnehmern
die skandinavische Philosophie des Unterwegsseins nahezu-
bringen. Dabei geht es nicht darum, eine Strecke möglichst
schnell hinter sich zu bringen, sondern den Verlauf derselben
in vollen Zügen zu genießen. Dennoch gibt's für Teilnehmer,
die weniger als drei Tage brauchen, eine Goldmedaille. Die
wahren Sieger sind jedoch diejenigen, die mit einer Bronze-
medaille nach Hause fahren. Denn bei ihnen kann man sich
sicher sein, dass sie die Schönheit und Einzigartigkeit des

   Fjäll nicht bloß im Vorübergehen wahr-
genommen haben.

Info > *»Fjällräven Classic«; Fjällräven Classic,
Box 209, 891 25 Örnsköldsvik, Schweden;
classic@fjallraven.com, www2.fjallraven.com/classic*

56

42 Kilometer auf Schnee

>>> **RUSSLAND** Wer am »Eismarathon« teilnehmen und im Winter über den Baikalsee laufen will, muss sich warm anziehen und auch Handschuhe, Gesichtsmaske und Mütze tragen, denn die Temperaturen können in Sibirien auch im März noch auf minus zehn Grad fallen. Ist man erst mal losgelaufen, ist die Kälte aber gar nicht mehr so schlimm. Der Baikalsee ist jeden Winter von einer durchschnittlich einen Meter dicken Eisschicht überzogen, auf der sogar Autos und Lastwagen fahren können. 2008 blieb der russische Sieger Yuri Slastennikov als erster Mensch auf dem winterlichen Baikalsee unter drei Stunden (2:58:46). Bei einen Normalmarathon wäre das Ergebnis kaum der Rede wert; weil man

   jedoch auf dem Baikalsee auf Schnee läuft, der extrem hart, rutschig oder auch viel zu weich sein kann, ist es umso bemerkenswerter.

Info > *»Baikal Express«; BaikalExpress, Unterholz 3, 79235 Vogtsburg; Tel. 076 62/94 92 94, info@baikal-express.de, www.baikal-marathon.de*

---

11 Kilometer im Wasser

>>> **DEUTSCHLAND** Das Internationale Nordseeschwimmen, das seit 1989 alljährlich von der Ortsgruppe Esens der Deutschen Lebens-Rettungs-Gesellschaft (DLRG) veranstaltet wird, führt über knapp elf Kilometer von der Insel Langeoog nach Bensersiel. Besonders beliebt ist es auch deshalb, weil es eine »Freestyle«-Veranstaltung ist. Jeder darf an diesem Wettkampf teilnehmen. Ob mit Mono-, Stereo-, Lang- oder Kurzflosse ausgerüstet, ob barfuß, ob in Badehose oder im Neoprenanzug, ob Mann oder Frau, alt oder jung – kurz:

   Jeder, der fit ist und sich an die Sicherheitsbestimmungen hält, ist beim »Nordseeschwimmen« willkommen.

Info > *»Nordseeschwimmen«; DLRG Esens, Burkhard Theiner, Auricher Straße 15a, 26427 Esens; Tel. 049 71/34 80, b.theiner@t-online.de, www.nordseeschwimmen.de*

---

24 Stunden auf dem Rad

>>> **DEUTSCHLAND** Das Reglement des 24-Stunden-Mountainbikerennens im Münchner Olympiapark ist denkbar einfach. Einzelfahrer, Zweier-, Dreier- und Viererteams sind einen Tag und eine Nacht lang unterwegs. Wer nach 24 Stunden am meisten Kilometer in seiner Wertungsgruppe gefahren hat, ist der Sieger. Während des Rennens sind die Einzelfahrer und jeweils nur ein Fahrer aus den Teams auf der Strecke. Letztere übergeben den imaginären Staffelstab nach einer selbst gewählten Fahrzeit in der Wechselzone an das nächste Teammitglied. Körperkontakt ist nicht erlaubt, Rücksichtnahme auf langsamere Wettkämpfer ist oberstes Gebot. Die Veranstalter behalten sich vor, »Rüpel« aus dem Rennen zu nehmen. Dass man gut trainiert sein sollte, versteht sich ja eh von selbst.

Info > *»24h Race München«; Sog Events, Arnoldusstraße 10, 82205 Gilching; Tel. 081 05/77 42 71, info@sog-events.de, www.sog-events.de*

ANDERE WIRKLICHKEITEN

Wer reist, kann sich lösen von einer Weltsicht, die auf dem Dualismus von »wahr« und »falsch« beruht. Man hat akzeptiert, dass es eine dritte Möglichkeit gibt: das Anderssein. Um dieses zu erkunden, ist man losgezogen. Und lernt während des Reisens im besten Falle, dass der Spiegel der Wirklichkeit, in dem man sich zu Hause so oft betrachtet, meist nichts anderes ist als das Brett vor dem eigenen Kopf

Die Kunst, wie ein Fisch auszusehen

Einst habe der Gott Tohu den Männern Polynesiens befohlen, ihre Haut mit blauen Mustern zu bedecken. Wie Fische sollten sie aussehen. So will es die Legende – die während des jährlich stattfindenden Festivals »Tattoonesia« emsig gepflegt wird

DAS SURREN der Nadeln bildet das monotone Hintergrundrauschen von »Tattoonesia«. Ab und an sticht daraus ein Schmerzenslaut hervor

60

Text: Kristian Ditlev Jensen /
Übersetzung aus dem Dänischen: Sigrid Engeler

Der polynesische Gott Tohu erschuf die vielen Farben und Muster, mit denen die Haut der Fische bedeckt ist. Seine Gestaltungskraft machte ihn auch zum Gott der Tätowierkunst. Auf seinen Befehl hin fingen die Männer schon in grauer Vorzeit an, blaue Muster in ihre Haut zu ritzen. Um wie ein Fisch auszusehen. Und um die Frauen zu beeindrucken. Auf diese Weise, so will es die Legende, ist die Kunst der Körperbemalung in Französisch-Polynesien entstanden. Bis heute kann man hören, wie sich die Einheimischen mit kurzen, harten Schlägen gegenseitig Farbe unter die Haut klopfen. Wenn das angespitzte Holz rhythmisch geschlagen wird, hallt es wie in mythischer Vorzeit: »tatau-tatau-tatau«. Von diesem polynesischen Wort – diesem konkreten Laut – leiten sich alle europäischen Bezeichnungen ab: tattoo, tatouage, tattuaggio, tatovering und Tätowierung. Auf der Insel Moorea ist das »tatau« gerade überall zu hören. Es ist »Tattoonesia«. Mit einem großen Festival wird der polynesische Körperkult gefeiert. Sechzig Tätowierer sind eingeladen. Und da sich die Zeiten ändern, ist zwischen ihren Buden nicht nur der Klang von Holz auf Holz, sondern auch ein ständiges Surren zu hören. Ein Ton im Hintergrund, als würden sich wütende Insekten zusammenscharen. Das Geräusch stammt von den Nadeln, mit denen sich die Tätowierer in die unversehrte Haut von Männern und Frauen bohren. Diese liegen mit zusammengebissenen Zähnen da und sehen weg. Aus Lautsprechern erklingen französische Lieder, gesungen mit schwerem polynesischem Akzent. Es riecht nach Vanille, Tiaré-Blüten und Kokos. Darunter mischt sich der Duft von Gegrilltem und von Zigaretten. Die meisten Besucher sind gemischtrassiger Herkunft. Unter den sehr Hellen haben viele rabenschwarze Augen, viele der ganz Dunklen dagegen leuchtend blaue oder grüne. Alle haben sich Blumen hinters Ohr gesteckt – Männer und Frauen und die vielen Transvestiten, für die die Inseln bekannt sind. »Hier stecken sich die Menschen mit derselben Selbstverständlichkeit Blumen an,

EIN GERADER RÜCKEN, auf dem Brüste, sich berührende Hände und ein Elefantenkopf prangen. Auf der Insel Moorea treiben Körperkünstler ihr verwirrendes Spiel mit Symbolen und vertrauten Ansichten

Einst erklärten Missionare die Tätowierkunst für tabu

wie in Paris eine Dame morgens Lippenstift auflegt«, sagt ein Franzose, der auf Moorea seine Heimat gefunden hat.
Für viele Polynesier ist »Tattoonesia« mehr als bloße Unterhaltung: Sie nehmen das Tätowieren sehr ernst, sehen es als Ausdruck ihrer Tradition. Ein Mann mit Strohhut versteht seinen Körper als Altar. Als Bühne, auf der sich Künstler zeigen und verewigen sollen. Er sagt, die Tätowierungen auf seinem linken Innenschenkel seien in der Hawaii-Tradition gehalten, die auf dem rechten in der Tradition von Moorea.
Albert, der Chef von »Albert Transport«, ist 76 Jahre alt. Er sagt, das ganze Bohei um das Tätowieren sei ein ausgemachter Quatsch. Früher habe sich niemand tätowieren lassen.
»Plötzlich, vor zwanzig, dreißig Jahren, wurde diese angebliche Tradition wiederbelebt. Ach, hör mir doch auf! Wir hier waren nie tätowiert. Die auf den Marquesas-Inseln waren es. Und die auf Neuseeland. Aber doch verdammt noch mal nicht wir hier.«
Tatsächlich hat Albert recht und unrecht zugleich. Bis Mitte der 1980er-Jahre waren Tätowierungen auf Tahiti und den umliegenden Inseln wirklich eine Seltenheit. Das lag am

Einfluss christlicher Missionare, die die Körperkunst verboten hatten. Sie war, mit einem polynesischen Wort, »taboo«. Und starb aus. Erst in den letzten Jahrzehnten begannen die Polynesier sich wieder auf die Tradition des Tätowierens zu besinnen. Seither verwandeln immer mehr Menschen ihre Körper in wandelnde Museen.
Tom zum Beispiel, der halb Schotte und halb Polynesier ist. Seinen Handrücken bedecken grobe, grün-weiße Karos. Einen Knöchel ziert ein großer, primitiver Kompass. Auf seiner linken Schulter steht mit ungeschickten, handgearbeiteten Buchstaben »TOM«. Ein Werk neueren Datums prangt auf seiner rechten Schulter. In zierlichem, grünem Spiralmuster versteckt sich unter anderem Toms polynesischer Name. Seine Mutter nannte ihn »Sonnenaufgang am Horizont hinter dem Korallenriff«. Der Schriftzug ist tätowiert von Roonui.
»Dieser Roonui muss ein guter Tätowierer sein, oder?«
»Davon hab ich keine Ahnung«, sagt Tom und dreht seine Musik auf, eine Mischung aus Nina Hagen, Cranberries und Bob Marley, während wir auf einem Feldweg durch eine

FÜR EINE SHOW halten manche Einheimische den Kult, der während »Tattoonesia« um die Körpersignaturen betrieben wird

ALS FREAKS
wurden Tätowierte lange
Zeit in Europa ausgestellt.
Der Kupferstich in einem
»Bilderbuch für Kinder«
(1813) zeigt zwei Bewoh-
ner der Marquesas-Inseln

Plantage brettern. Auf der einen Seite wächst Ananas
und auf der anderen Vanille. »Der durfte das nur machen,
weil wir als kleine Jungen zur selben Gang gehörten.
Wir waren so«, sagt Tom und überkreuzt die Finger
mit ernster Miene.

Auf seinem rechten Ringfinger steht ein »U«. Auf
dem Mittelfinger ein »S«. Fehlt da auf dem Zeigefinger nicht das »A«? Man sollte Tom besser nicht
danach fragen. Mit seiner Rechten schlug er nämlich den
Hauptmann zu Boden, nachdem man ihn nach Paris geschickt hatte, wo er seinen Wehrdienst absolvieren sollte.
In den Gefängnissen überlebte die Kunst des Tätowierens
zu Zeiten des Tabus. Auch auf Moorea sieht man Männer
mit harten Gesichtszügen, die unbeholfene Tätowierungen tragen, unter schwachen Glühbirnen in fahlen Zellen
mit Stecknadeln von Hand gemacht.
Irgendwann in den 1980er-Jahren kamen ein paar junge
Männer auf die Idee, eine Nähnadel an einen elektrischen
Rasierapparat anzuschließen. Bald darauf tauchten die

blauen Muster überall auf. Im Lauf von knapp dreißig Jahren
wuchs die Schar der Tätowierer so stark an, dass sie »Tahiti
Tourisme« als Partner gewannen, um mit »Tattoonesia« ein
Festival des Tätowierens ins Leben zu rufen.
Sammy, der Conférencier, gibt über den Lautsprecher in
gebrochenem Französisch, dann in schlechtem Englisch
und schließlich in schönem, klickendem Polynesisch durch:
»Würden sich die Erwachsenen, die den kleinen Antoine
kennen, bitte an das Restaurant Capo wenden? Und bitte ein
bisschen schnell.« Das schluchzende Kind ist eines von den
vielen, die auf der staubigen Erde zwischen den Buden von
»Tattoonesia« herumlaufen. Keines hat richtige Tätowierungen. Die Kleinen müssen sich mit Abziehbildern begnügen
oder mit Zeichnungen, die sie sich mit ernst gerunzelter
Stirn gegenseitig aufmalen, während sie Summlaute nach-
ahmen. Einige von ihnen haben sich ganz viele Eintritts-
stempel auf die Arme geben lassen. Sie finden das bestimmt
auch sehr schön.
Das Restaurant Capo befindet sich in einem Zelt und wird
mit harter Hand von einem zornigen kleinen Polynesier

EIN SCHWEINEKNOCHEN, angespitzt und in Asche getaucht, dient als Werkzeug für den Tätowierer. Die Skulpturen auf Gesicht und Glatze entstanden allerdings mit der Nadel

betrieben, der die ganze Zeit das Geld zu zählen scheint. Serviert wird alles, von Sashimi aus Thunfisch bis zu Cheeseburgern mit Drum und Dran. Viele Einheimische wählen rohen Thunfisch mit fein geschnippeltem Gemüse, in frischer Kokosmilch gewendet. Dazu werden schlechter Espresso, noch schlechterer Nescafé oder Mineralwasser serviert.

Mike und Sarah Forster kommen aus Texas. Sie sind auf Hochzeitsreise. Mike sitzt in Shorts bei dem französischen Tätowierer Gilles Lovisa, der vor zehn Jahren nach Moorea kam. Heute gehört er zu den ganz wenigen, die noch die traditionelle Kunst beherrschen: Mit einem angespitzten und in Asche getauchten Schweineknochen hämmert er winzig kleine Kratzer direkt ins Fleisch. Gilles ist eben dabei, Mikes linken Unterschenkel in Küchenfolie zu wickeln. Zuvor hat er die enorme schwarze Tätowierung mit Vaseline eingeschmiert, um das Werk vor dem Austrocknen zu schützen. Wundschorf wäre für die Kunst fatal. »Kurz war mir ziemlich schwindlig«, sagt Mike. Er sieht ein bisschen mitgenommen aus.

»C'est normal«, sagt Gilles. »You know, some people, they ...« Mit seinem rechten Unterarm demonstriert er, wie manche Leute umkippen. Der drahtige kleine Mann mit Lockenkopf, Sommersprossen und strahlend blauen Augen hat eine Tätowierung hinter dem Ohr. Und eine auf einem Bein. Und eine über dem Knöchel. Und eine auf dem Rücken. Und eine auf dem Schenkel. Und ein breites Band ums Handgelenk. Nun ist Sarah dran; auch sie will die Erinnerung an ihre Hochzeitsreise konservieren. Freihändig zeichnet Gilles ihre Tätowierung vor. Er trägt weiße Handschuhe. Auf Sarahs

Die wahre Tradition pflegen heute nur noch eine Handvoll Männer

Nur ein paar Tage des Jahres gehört die Insel Moorea den Tätowierern und Tätowierten. Nach »Tattoonesia« kehrt wieder Ruhe ein

EIN STIFT im rechten Ohr ist Raymond Teriies Konzession an die Moderne. Seine zittrigen Tattoos wirken dennoch echter als die Monumentalornamentik, mit der sich seine jungen Landsleute schmücken

Handrücken beginnend, skizziert er die Formen bis hinauf zu ihrer Schulter. Es ist kein sehr präzises Muster, eher ein Umriss, der an eine technische Zeichnung erinnert. Die endgültige Form der Tätowierung entsteht erst, wenn sich die Nadel ihren Weg durch die Haut ritzt. Nur so wird ein Tattoo zum Unikat. Während Gilles mit der surrenden Maschine zeichnet, spricht Sarah mit Mike. Mike hat ihr Pommes frites und Cola geholt. Es dauert länger als zwei Stunden, bis die Tätowierung fertig ist.

Das »Tattoonesia-Festival« ist schamlos narzisstisch. Manchmal hat man das Gefühl, man sei von einem Haufen vernachlässigter Kinder umgeben, die ihr Leid durch unreflektierte Selbstverschandelung ausdrücken müssen. Einige junge Einheimische stolzieren affektiert daher und weigern sich, mit Touristen zu reden – oder sie auch nur anzuschauen. Andererseits bauen sie sich so auf, dass man gar nicht anders kann, als sie zu mustern. Fotografieren lassen sie sich nur gegen Geld.

»You look like an angel«, tönt Elvis Presley aus den Lautsprechern, während die Preisrichter feierlich die flotteste Tätowierung des Tages auswählen. Der Tätowierer – und nicht der Tätowierte – bekommt eine kleine gläserne Skulptur als Geschenk.

Raymond Teriie heißt auf Polynesisch »Tavaha Arió'i«. Er ist ziemlich betagt – und er lässt sich umsonst fotografieren. Er drückt seiner Frau die Plastiktüte mit den Einkäufen in die Hand, dann rückt er sich in Pose. Seine Unterarme zieren viele traditionelle Tätowierungen. In den Augenwinkeln trägt er ein permanentes Make-up: kleine, blaue Flecken. Zur Eröffnung der »Tattoonesia« hielt er eine feurige Rede, in der er zur Erhaltung der polynesischen Kultur aufrief.

Die schiefe, kleine Tätowierung auf seinem rechten Bizeps zeigt einen Tiki – eine Art polynesischer Fruchtbarkeitsstatue. Sie wirkt wesentlich authentischer als die Monumentalwerke, die seine jungen Landsleute tragen: wilde Tätowierungen im Gesicht und am Körper, ein Durcheinander aus Segelschonern, der Jungfrau Maria und Buddha, aus chinesischen Schriftzeichen, Totenköpfen, »I love you«, aus Herzen und Eidechsen, Hammerhaien und Schildkröten. Nur in seinem Ohrläppchen, den ja eigentlich ein weißer Knochen zieren sollte, steckt ein schwarzer Kugelschreiber. Das ist nicht traditionell – aber sehr praktisch. ■

AUF TAHITI mahlen die Mühlen langsam. Jedes Jahr wird von Neuem entschieden, wann die nächste Ausgabe von »Tattoonesia« stattfinden soll: meistens Anfang November. Wer nicht so lange warten will, kann Französisch-Polynesien auch vorher einen Besuch abstatten. Die Inseln bieten genügend Raum für Abenteurer, die zu Fuß, kletternd oder auf dem Mountainbike unterwegs sein wollen. Auf Tahiti selbst kann man zum Beispiel den 2066 Meter hohen Mount Aorai besteigen. Von seinem Gipfel eröffnet sich ein beeindruckender Blick auf die grün bewachsene, steile und zerklüftete Gebirgslandschaft der Insel. Die Insel Moorea bietet interessante Möglichkeiten für Canyoningtouren, auf Bora Bora gibt es Kletterfelsen, und auf den Marquesas können Gleitschirmflieger die Thermik nutzen. Wer dann noch bei »Tattoonesia« dabei ist, kann seine Erinnerung gleich körperlich dingfest machen.

Info > Tahiti Tourisme, c/o C & C Contact & Creation, Sabine Maurer, Paul-Ehrlich-Straße 27, 60596 Frankfurt; Tel. 069/96 36 68 21, s.maurer@tahiti-tourisme.de, www.tahiti-tourisme.de

In 80 Tagen um die Welt?

61

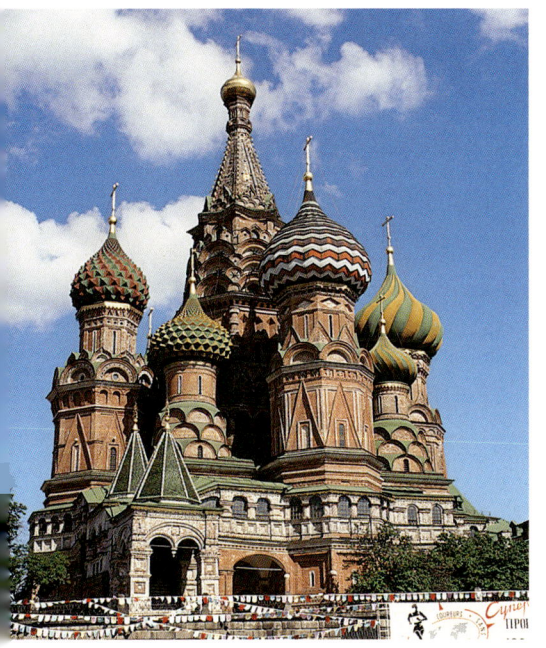

DER ROTE PLATZ mit der achttürmigen Basilius-Kathedrale, die grünen Waggons der Transsibirischen Eisenbahn, die Skyline Hongkongs und der Hafen von Rotterdam. Vier Stationen auf einer »Reise um die Welt in 80 Tagen?«. Das Fragezeichen deutet an, dass der Erfolg dieses Projekts durchaus ungewiss ist

>>> **WELTREISE** Die Zugfahrt von Basel nach Moskau ist die Ouvertüre meiner Weltreise. Noch einmal lese ich Jules Vernes »Reise um die Welt in 80 Tagen« und sinniere über die paradoxe Wette, die zugleich Zeitdruck schafft und doch eine ungeahnte Vielfalt an Erlebnissen eröffnet.

Moskau ist eine schnelle Stadt, das Tor zur Ruhe ist der Jaroslawler Bahnhof. Hier beginnt die Transsibirische Eisenbahn, in der ich mit russischen Familien, chinesischen Händlern und Schmugglern unterschiedlicher Herkunft mehrere Zeitzonen durchquere. Die Hehler lassen es sich im Restaurantwaggon gut gehen: Sie haben ja viel Zeit für wodkagestützte Diskussionen. Bloß mit der Verständigung hapert es. Das ändert sich am Baikalsee, dem Siedlungsgebiet der sprachbegabten Burjaten. Eine zugestiegene junge Frau erklärt mir: »Ist ein Burjate arbeitslos, so arbeitet er als Dolmetscher.« Sie spricht Französisch, sehr gut Deutsch, fließend Russisch und Mongolisch, Englisch sowieso.

Die Mongolei-Etappe ist die abwechslungsreichste der Transsib: grüne Steppe, sanfte Hügel, Pferdeherden, die Wüste Gobi, Kamele. Danach durchqueren wir China. Die Zugfahrt offenbart die Dynamik des Landes: Baustellen, Neubauten. Dann wieder Landwirtschaft, Radfahrer. In den Städten Autos, hastende Menschen. Plötzlich wachsen Häuser in den Himmel: Hongkong. Hier schiffe ich mich ein und schaue übers Heck auf ein Land im Aufbruch zurück. Ein Arbeiter löst die letzte Trosse des Containerfrachters. Die Silhouette der Stadt verblasst, das Meer wechselt von Grau zu Blau. Der Horizont wird sichtbar. Ich atme durch. Das Leben an Bord ist komfortabel. Ich habe das Schiff fast für mich allein. Die Crew, zwölf Männer, treffe ich beim Essen oder wenn ich mich auf der Brücke nach unserer Position erkundige. Nach acht Tagen taucht schließlich vor dem Bug Los Angeles auf.

In einem Amtrak-Zug fahre ich durch den dünn besiedelten Süden der USA, durch dieses große, manchmal großartige Land. In New Orleans steige ich aus. Der Zeitpunkt passt: Mardi Gras, Karneval! Musik und Menschen füllen die Straßen der Altstadt. Hier könnte ich lange verweilen. Ebenso in New York, doch mein Schiff nach Rotterdam läuft bald aus. Der Atlantik ist garstig, grau, kalt. Sogar auf einem 250 Meter langen Frachter spürt man die Kraft von Wind und Wellen. Das Ende einer kurzen und zugleich langen Reise naht. Schon nach wenigen Reisetagen hatte ich das Gefühl, monatelang unterwegs zu sein. Langsam zu reisen – nicht zu fliegen – dehnt die Zeit.

Vor Rotterdam kommt ein Lotse an Bord, denn die Einfahrt ist ebenso heikel wie das Anlegen. Ein Sonargerät in der Pier misst die Annäherung unseres Ozeanriesen. Farbige Lampen zeigen den Hafenarbeitern, ob die Geschwindigkeit stimmt.

   Sind wir zu schnell, rennen die Arbeiter um ihr Leben. Die Ampel steht auf Grün – am 79. Reisetag. Morgen werde ich wieder in Basel sein. *Daniel Peterlunger*

Info > »In 80 Tagen um die Welt?«; Globotrain Bahnreisen weltweit, Neuengasse 30, CH-3001 Bern; Tel. 0041/31/3130003, info@globotrain.ch, www. globotrain.ch

Auf dem Hippie Trail

62

>>> **LONDON – SYDNEY** Mark Creaseys Busreise ist etwas Besonderes: Sein Unternehmen OzBus unterhält die längste Tour im Liniendienst: Alle paar Wochen legt ein Bus die Strecke London – Sydney zurück. Dort wird die Besatzung gewechselt, dann geht es zurück nach Europa. Die rund vierzigköpfigen Gruppen sind jeweils zwölf Wochen unterwegs und passieren auf der circa 20 000 Kilometer langen Strecke zwanzig Länder. Der in den 1960er-Jahren als »Hippie Trail« bekannt gewordene Abschnitt zwischen der Türkei und Nepal stellt das Herzstück der Tour dar; unter dem Codewort »OzBus Hippie Trail« kann er auch separat gebucht werden. Diese 49 Tage dauernde Fahrt ist eine Art Schnupperreise – was sich nicht nur auf die olfaktorische Vielfalt der orientalischen Basare bezieht, sondern auch auf das Dasein in der »rollenden WG«. Wer die Schweißfüße der Mitfahrer bis Kathmandu ertragen hat, kann dann eigentlich auch gleich sitzen bleiben und über Thailand, Malaysia und Indonesien bis Australien ruckeln bzw. übersetzen. Luxus darf man dabei freilich nicht erwarten: Übernachtet wird in kleinen Pensionen, einfachen Hotels und im Zelt. Eine viel größere Herausforderung dürfte ohnehin die Gruppendynamik sein, die den Reisenden alle erdenklichen Höhen und Tiefen bescheren kann. Genau diese Herausforderung nehmen überraschend viele Abenteurer in Kauf – beileibe nicht nur Abiturienten und Langzeitstudenten. Auf der Premierenfahrt des OzBus war der älteste Teilnehmer 66 Jahre alt.

Info > »OzBus Hippie Trail« und »OzBus to Sydney«; OzBus, 18 Capital House, 38 Kimpton Road, Sutton, UK; Tel. 0044/208/641 14 43, info@oz-bus.com, www.oz-bus.com, www.hippie-trail.com

Der Ökumenische Pilgerweg

63

>>> **DEUTSCHLAND** »Ich bin dann mal weg« betitelte Hape Kerkeling sein humorig-sinnliches Tagebuch, in dem er seine Pilgerfahrt auf dem Jakobsweg nach Santiago de Compostela beschreibt. Sein Buch wurde zum Bestseller – und trug dazu bei, dass es auf dem traditionsreichen Pilgerweg mitunter zu regelrechten Staus kommt. Das Gruppenwandern aber hat mit der ursprünglichen Idee des Pilgerns – Zu-sich-Kommen, Beten und Sinnieren – nicht mehr viel zu tun.

Wer sich wandernd vom Alltag verabschieden will – zumindest für gewisse Zeit –, der ist auf alternativen Jakobsrouten besser aufgehoben. Noch weitgehend unbekannt ist zum Beispiel der seit dem Mittelalter dokumentierte, aber erst 2003 wieder instand gesetzte Ökumenische Pilgerweg vom sächsischen Görlitz ins thüringische Eisenach und weiter ins nahe gelegene Vacha. Die Initiative zur Wiederbelebung ging von der Religionspädagogin Esther Zeiher aus. Von der Deutschen St. Jakobus-Gesellschaft sorgfältig mit den gelben Jakobsmuschelsymbolen gekennzeichnet, orientiert sich der Weg am historischen Verlauf der Via Regia. Damit knüpft er an die Geschichte und die Geschichten der Pilger vergangener Jahrhunderte an – und verbindet den Pilgerweg mit dem europaweiten Jakobswegenetz, das östlich bis in die Ukraine

 und nach Westen, klar, bis Santiago de Compostela führt.

Info > *Ökumenischer Pilgerweg e.V., Goetheplatz 9b, 99423 Weimar; Tel. 03643/815733; info@oekumenischer-pilgerweg.de, www.oekumenischer-pilgerweg.de*

»Sing-Sing« im Urwald

64

>>> **PAPUA-NEUGUINEA** Manche Menschen erleiden schon Schweißausbrüche, sobald sie von der hohen Luftfeuchte im tropischen Papua-Neuguinea hören. Nun gut, die drittgrößte Insel der Welt ist sicher nicht für jeden ein lohnendes Reiseziel. Wer auf eine touristische Infrastruktur jedoch verzichten kann und will, der ist auf Papua-Neuguinea genau richtig aufgehoben. Denn das Land entschädigt seine Besucher mit einer unerschöpflichen Vielfalt an natürlichen und kulturellen Schätzen. Einen Höhepunkt der 19-tägigen Spezialexkursion stellt die Besteigung des 4509 Meter hohen Mount Wilhelm dar. Ein Erlebnis ganz anderer Art ist dagegen der Besuch des Mount-Hagen-Festes. Bei einem der größten Feste indigener Völker weltweit kommen über 80 Stämme Papua-Neuguineas zusammen, um, rituell bemalt und traditionell gekleidet, zu tanzen und Musik zu machen. Auch Touristen sind eingeladen, dem »Sing-Sing« – so heißt das Fest auf Pidgin-Englisch – beizuwohnen. Die Lebensweise der Ureinwohner lernt man auch auf den anschließenden Trekkingtouren kennen. Zum

 Beispiel bei einem Besuch der Tauschfeste, die der Stamm der Chimbu praktiziert.

Info > *»Höhepunkte Papua-Neuguineas«; Hauser Exkursionen, Spiegelstraße 9, 81241 München; Tel. 089/2350060, info@hauser-exkursionen.de, www.hauser-exkursionen.de*

Transkontinental

>>> **AFRIKA** Es gibt in Westafrika nicht viele Autowerkstätten. Aber es gibt viele geschickte Menschen, die mit Improvisationstalent ein Auto richten können. Man muss nur etwas flexibel, geduldig, offen und neugierig sein, dann wird die achtwöchige ATW-Afrika-Expedition, auf der die Teilnehmer den Kontinent von West nach Ost durchqueren, zu einem beglückenden Erlebnis. Übrigens: Das nötige autotechnische Know-how kann man sich

    vor Reisebeginn auch in Seminaren des Veranstalters aneignen.

Info > *»Traumroute Trans-Afrika«; ATW Atlas Travel World, Bahnhofstrasse 76, CH-3232 Ins; Tel. 0041/32/31 33 44 07, juerg.sollberger@sahara.ch, www.atw.ch*

Auf der Straße der Freundschaft

>>> **PAKISTAN** Das Kürzel »KKH« klingt erst einmal nach Krankenkasse. Allerdings nicht für alle Menschen: Asienkenner denken nämlich sofort an den »Karakorum Highway«, die höchste öffentliche Straße der Welt. Eine Straße, deren Name Verheißung ist. Sie führt von Rawalpindi, der Millionenstadt am Fuße des Karakorumgebirges, durch die Northwestern-Territories über das Hunzatal zum 4693 Meter hohen Khunjerabpass, der Pakistan und China verbindet. Freilich hat die »Straße der Freundschaft« mit einem Highway in klassischem Sinne nichts zu tun. Steil und unbefestigt schlängelt sie sich durch das Industal hinauf. Sie führt durch haarsträubend ausgesetzte Kurven, über schwankende Brücken und mitten durch Dörfer und Marktflecken. Bergstürze und Murenabgänge sind auf dem Karakorum Highway keine Seltenheit – oft genug müssen Busfahrer und Passagiere tagelang warten, bis die Straße frei geräumt ist. So spektakulär wie die Verkehrsader ist die Umgebung, durch die sie führt. Der monolithische Nanga Parbat etwa scheint mit seinen 8125 Meter Höhe quasi am Straßenrand zu stehen. Kein Wunder, dass der Wasserburger Andreas Bauer, genannt »Ranger«, jahrelang immer wieder den Karakorum Highway befuhr. Bis er beschloss, andere Reisende mitzunehmen. Und zwar auf dem Fahrrad. War dies bis vor zehn Jahren auch noch ein kulturelles Abenteuer – Radfahrer wurden nicht selten mit Steinen beworfen –, so steht heute die Begegnung mit den liebenswerten Menschen des pakistanischen Hochlandes im Vordergrund. Dazu kommt das Naturerlebnis: Die Radfahrer wandern etwa ins Basislager des 7788 Meter hohen

    Rakaposhi, über dem sich die gewaltige Nordflanke des Berges aufbaut.

Info > *»KKH Bike & Hike«; Ranger Travel, Münchner Straße 6, 83512 Wasserburg am Inn; Tel. 080 71/920 89 73, reisen@rangertravel.de, www.rangertravel.de*

Die Seidenstraße

>>> **USBEKISTAN** Die »Seidenstraße« ist ein Netz von Handelswegen, die seit über 2000 Jahren China und die Mittelmeerregion verbinden. Auf der Seidenstraße wurden nicht nur Waren wie Seide, Gold und Porzellan transportiert – auch Religionen, philosophische Ideen und künstlerische Kreativität fanden den Weg von Ost nach West und umgekehrt. Entlang der Hauptstrecke entwickelten sich reiche Handelsstädte, in denen die verschiedensten Baustile verwoben wurden. Dies trifft besonders auf die usbekischen Städte Buchara und Samarkand zu.

Letztere gilt nicht nur als eine der ältesten, sondern auch als eine der schönsten Städte der Welt. Moscheen, Paläste und Koranschulen scharen sich in wunderbarer Pracht um den Registan, den zentralen Platz Samarkands. Bis heute konnten sich nur wenige europäische Touristen einen Eindruck von dieser architektonischen Schönheit machen. In den letzten Jahren allerdings öffnete sich Usbekistan langsam für den internationalen Tourismus.

Auf dem Fahrrad erlebt man den Zauber der Seidenstraße am eindringlichsten. Man fährt dichter an die Schluchten heran, in denen reißende Flüsse tosen. Man ist mitten in den Reisfeldern, die die Wege säumen. Und man kommt viel leichter in Kontakt mit den Menschen, die entlang der alten Handelsroute leben. Spontane Einladungen sind keine Seltenheit. Die Tagesetappen der Radreise sind zwischen 35 und 65 Kilometer lang. Einen Kraftakt erfordert die Überwindung des 3300 Meter hohen Schachristan-Passes. Zum Glück wird das Gepäck im Begleitauto transportiert. Und genügend Rasttage gibt es auch: etwa am idyllischen Iskandarkul-See, den Blick auf verschneite Berggipfel gerichtet. Das hätte dem Reisenden Marco Polo, der als einer der ersten Europäer

 auf der Seidenstraße nach China reiste, bestimmt auch gefallen.

Info > »Auf der Seidenstraße nach Samarkand und Buchara«; biss-Reisen, Fichtestraße 9, 10967 Berlin; Tel. 030/ 69 56 87 67, info@biss-reisen.de, www.biss-reisen.de

Eine Stadt im Rausch

>>> **BENIN** Was für das christliche Europa der 24. Dezember ist, ist für die Menschen in Benin der 10. Januar. Auf diesen Tag fiebern sie wochenlang hin, treffen Vorbereitungen und Verabredungen: An diesem Tag nämlich findet das große Voodoo-Festival von Ouidah statt. Die Hafenstadt war einst ein berühmt-berüchtigtes Zentrum des Sklavenhandels – das bedrückend dunkle und enge portugiesische Fort aus dem 16. Jahrhundert, in dem die Sklaven gefangen gehalten wurden, kann heute besichtigt werden. Ouidah gilt als Geburtsstätte des Voodoo. Zum jährlichen Festakt wird richtig aufgedreht. Tausende Anhänger der Voodoo-Religion, die in Benin als Staatsreligion gilt, finden sich ein. Die meisten tragen bunte Gewänder und sind mit Amuletten behängt. Stunden- und tagelang hallen Trommelschläge durch die Straßen der Stadt. Tänzer geraten in Trance. Dazu fließen Palmwein, Schnaps und das Blut der Opfertiere. Höhepunkt des Festes ist das Schlachtopfer, das

 der höchste Voodoo-Priester im Beisein des Königs von Ouidah zelebriert.

Info > »Benin/Togo Voodoo-Fest in Ouidah«; Africon Tours, Humboldtstraße 30, 89231 Neu-Ulm; Tel. 0731/17 62 97 9, info@africontours.de, www.africontours.de

Jäger des besonderen
Augenblicks

Apollo 9 probt
die Mondlandung,
Orbit 1969

Mit einer Hasselblad-Aufnahme aus dem All beginnt ein Bilderbogen herausragender Fotokünstler der Gegenwart, die das »Abenteuer hinter der Kamera« zu ihrem Beruf gemacht haben

Text: Klaus Tiedge

Die Fotografie ist das visuelle Gedächtnis der Menschheit. Dem unwiederbringlichen Augenblick jagen rund um den Erdball viele Fotografen nach. Sie wagen, wenn es erforderlich ist, jedes Abenteuer, um den »magischen Moment« festzuhalten. Die Astronauten der NASA-Missionen praktizierten dieses Bildermachen auf höchstem Niveau. Sie haben mit ihren Fotografien buchstäblich die Weltanschauung verändert. Und reihen sich damit in den Kreis jener Augenmenschen ein, die eindringliche Bilddokumente zu schaffen in der Lage sind. Die Kameramarke Hasselblad ist von einem Nimbus umgeben. Mit dem Namen verbinden sich Begriffe, die sich sonst ausschließen: Tradition und Innovation. Als Werkzeug für perfekte Fotografie hatten sich Hasselblad-Kameras bereits nach dem Zweiten Weltkrieg etabliert. Wirklich einzigartig wurde die Geschichte der Marke aber erst dadurch, dass vor über vier Jahrzehnten ein damals noch unbekannter Amateur namens Walter Schirra in einem Fotogeschäft in Houston, Texas, ein Aufnahmegerät mit der Typenbezeichnung

IN EINE HAND sollte die Kamera passen, die Viktor Hasselblad, Urenkel des Firmengründers, entwickelte. Im Jahr 1948 stellte er sie erstmals der Öffentlichkeit vor

Hasselblad 500C erwarb. Der Mann hatte Besonderes im Sinn. Ihm stand die bis dahin außergewöhnlichste Reise bevor – nämlich in das Weltall. NASA-Pilot Schirra entfernte, um Gewicht zu sparen, die schwarze Lederhülle des Gehäuses – und fertig war die erste Spacekamera: ein normales Serienmodell, das 1962 an Bord eines Raumschiffs ging. Dies war der Beginn einer Erfolgsstory und der Partnerschaft zwischen der großen amerikanischen Weltraumbehörde und dem mittelständischen schwedischen Präzisionskamera-Hersteller. Seither gilt: keine Weltraummission ohne Bildaufzeichnungssystem der Nobelmarke. Als die Astronauten der Mission Gemini 4 1965 den ersten Weltraumspaziergang machten, schoss James A. McDivitt die »Erinnerungsbilder« von seinem Kollegen Edward H. White. Die Fotografien gingen durch die Weltpresse – und veränderten die Sicht auf die gute alte Mutter Erde radikal. Hasselblad-Kameras hielten kochende Hitze und eisige Kälte aus und empfahlen sich somit auch für jeden irdischen Einsatz – bis heute. Als absoluter Höhepunkt der Weltraumausflüge kann die Mondlandung von Apollo 11 betrachtet werden. »The First Step on the Moon« – das wohl berühmteste Hasselblad-Foto, das jeder kennt, aufgenommen von Neil Armstrong.

»The First Step on the Moon«, Mond 1969

Der Astronaut Edwin Aldrin verlässt die Mondlandefähre »Eagle«, Mond 1969

Die gesprenkelte Landschaft »Landmannalaugar«, Island 2008

»Verfaulende Blätter«, Schweden 2008

»Schilf«, Schweden 2008

»Borstenkiefer«, USA 1996

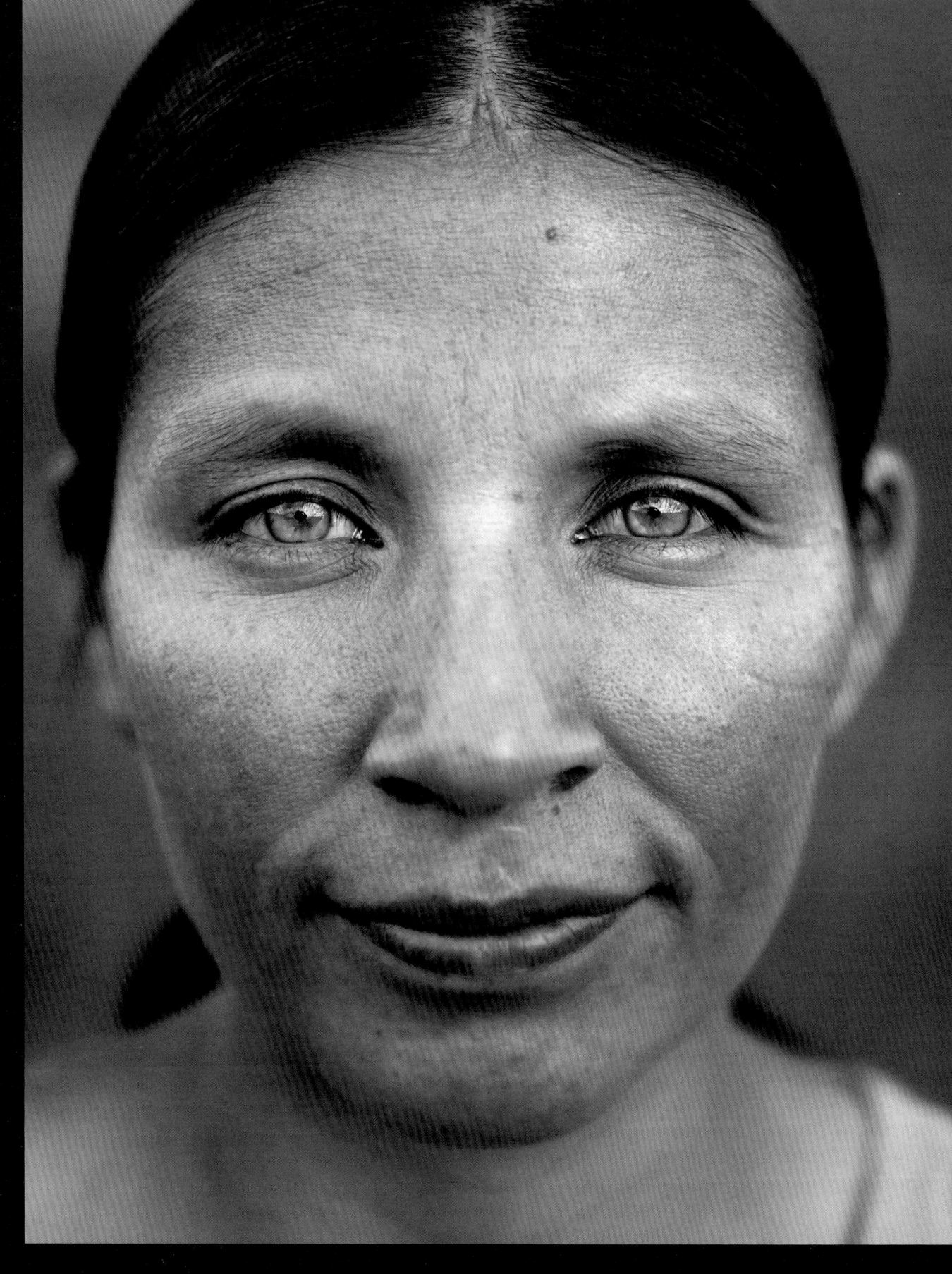

»Maddy« – Kriegerin vom Stamm der Lakota-Sioux-Indianer, South Dakota, USA

»Straße bei Sonnenuntergang«, South Dakota, USA

»Saloon« in Scenic, South Dakota, USA

»Ende der Trauer« – Das Fest beginnt, Anapia, Titicacasee, Peru

»Puppen« – Eine Händlerin macht Feierabend, Cuzco, Peru

»Fröhliche Indios« – Zwei Bauern kehren nach einer Party in ihr Heimatdorf zurück, Willoq, Provinz Cuzco, Peru

»Sonnenaufgang über den Kamniker Alpen«, Slowenien 1989

»Mann und Spiegelbild«, Taj Mahal, Indien 1999

NASA + HASSELBLAD

Der amerikanische Astronaut Walter Schirra erwirbt 1962 eine Hasselblad 500C – und nimmt sie mit an Bord des Raumschiffs Sigma 7,
das er sechsmal um die Erde steuert. Mit diesem Abenteuer beginnt

eine langjährige Kooperation zwischen
der Raumfahrtbehörde NASA und Hasselblad. Als im März 1969 die Apollo-9-
Mission startet, gehört eine Kamera der
schwedischen Marke zur Grundausstattung.
Sobald das Raumschiff die Umlaufbahn
erreicht hat, beginnen die Astronauten mit
ihren Manövern: Sie sollen die geplante
Landung auf dem Mond durchspielen.
Beim Andocken der Mondlandefähre nach
ihrem rund sechs Stunden während Aus-

Wenn ein Fotograf Zeit hat, werden die Menschen seine

HANS STRAND

Nach neunjähriger Karriere als Maschinenbauingenieur
beschloss Hans Strand, seine Leidenschaft zum Beruf zu
machen. Ein Schritt, den der fotografische Autodidakt bis
heute nie bereut hat. Bereits von Kindesbeinen an hielt sich
der Schwede am liebsten in gänzlich unberührten Wildnis-
arealen auf. »Die wilde Natur ist die Mutter aller lebenden Dinge. Sie
ist immer ehrlich und niemals trivial.« Getreu seinem Motto begibt sich
Strand regelmäßig auf die Suche nach Motiven, die die Erhabenheit der
Natur im Großen wie im Kleinen ausdrücken. Seit 2000 macht er Luftauf-
nahmen von Island. Er selbst hält diese Fotografien für einen wichtigen
Teil seines Werkes: »Nirgendwo sonst auf der Erde habe ich ein ähnliches
Farbenspiel oder eine ähnliche Komplexität der Landschaft gesehen.«
Strands Meisterschaft besteht darin, diese Besonderheit nicht nur zu
erkennen, sondern sie auch im Bild festhalten zu können. Dies gelingt
ihm auch mit den Details, die er in Close-ups zur Geltung bringt – um den
ewigen Kreislauf des Lebens, das Werden und Vergehen, darzustellen.
Ein Bild, das ihm sehr viel bedeutet, ist daher auch die Nahaufnahme
der Borstenkiefer. Diese in den USA beheimatete Gattung zählt zu den
ältesten lebenden Pflanzen auf der Erde.
www.hansstrand.com

CHRISTIAN POPKES

»Man kann nur das
fotografieren, was
man weiß«, sagt der
Hamburger Fotograf
Christian Popkes. Selbst wenn ein
Bild spontan entsteht, müsse der
Blick dafür gereift sein. Als Popkes
durch den amerikanischen Bundes-
staat South Dakota reiste, wollte
er das Leben der Sioux-Indianer
unabhängig von allen Klischees
darstellen. Dabei entstand auch
das Porträt von »Maddy«: »Diese
Frau hat zwei Jobs und drei Kinder, die sie allein aufzieht. Selten
bin ich einem Menschen begegnet,
der so viel Ruhe und Zuversicht
ausstrahlt.«
www.popkes.com

flug drückt ihr Kommandant auf den Auslöser seiner Hasselblad. Vier Monate später setzt die Mondlandefähre »Eagle« tatsächlich im »Meer der Ruhe« auf. Am 21. Juli betritt Neil Armstrong als erster Mensch den Mond: »Das ist ein kleiner Schritt für einen Menschen, aber ein großer Sprung für die Menschheit.« Mit seiner Hasselblad 500EL/70 macht er die wohl berühmtesten Bildikonen der Menschheitsgeschichte: Die Fotos seines Fußabdrucks und seines Kollegen Edwin Aldrin stehen bis heute für eine große Errungenschaft menschlichen Strebens.

SCHULE DES SEHENS Fotografie hat im Seebad Zingst mit seiner großartigen Natur einen hohen Stellenwert. Das kündigt sich in zahlreichen Ausstellungen und Seminaren renommierter Fotografen an. Amateure sind hier gleichermaßen willkommen: In der »Schule des Sehens« werden z.B. Workshops zur Gestaltung mit der Kamera durchgeführt. Leica, Nikon sowie Hasselblad unterstützen den »Sehort« mit Programm und Referenten.

Info: Kur- und Touristik GmbH, Seestraße 56/57, 18374 Zingst; Tel. 03 82 32/846 73, www.fotografie-zingst.de, www.zingst.de

Kamera vergessen. Und ihm ihre wahre Seele zeigen

MORFI JIMÉNEZ

Der Peruaner Morfi Jiménez betrachtet sich selbst als Maler. Entsprechend wirken seine Porträtbilder aus den Andenregionen Perus: Sie zeigen ihre Bewohner als Teil der Umgebung – und dennoch herausgelöst aus ihrem Alltag und ihrer Geschichte. Damit gelingt es Jiménez, auch den sogenannten einfachen Menschen ein Gesicht, Charakter und Würde zu geben. Seine Bilder sind nicht sozialromantisch und nicht revolutionär. Sie sind so einzigartig wie die Menschen, die auf ihnen zu sehen sind. Es ist ein nicht unwesentlicher Teil von Jiménez' Kunst, dass er es schafft, Zugang zu diesen Porträtierten zu finden.

www.morfijimenezmercado.com

STEVE McCURRY

Das Wichtigste für Steve McCurrys Arbeit ist Zeit. »Wenn du Zeit hast«, sagt er, »wenn du warten kannst, werden die Menschen deine Kamera vergessen und ihre wahre Seele zeigen.« Nicht umsonst ist der Amerikaner oft monatelang unterwegs, um in bester dokumentarischer Tradition Geschichten des Lebens einzufangen. Oft genug führt ihn sein Wille, die Welt so zu zeigen, wie sie ist, in Krisengebiete wie Afghanistan, Iran, Irak, Libanon oder das ehemalige Jugoslawien. In diesen Ländern versucht er, die Spuren zu finden, zu verfolgen und festzuhalten, die der Krieg in den Gesichtern der Menschen hinterlassen hat. Besonders während seiner Arbeit in Afghanistan schwebte er selbst ständig in Gefahr: 1979 verließ er das Land als einer der letzten Fotografen vor der russischen Invasion. Seine Fotografien schmuggelte er in seine Kleidung eingenäht über die Grenze. Vollkommen unerwartet dagegen sah er sich mit dem Risiko des Berufsfotografen in Slowenien konfrontiert. Als er die vielfältigen Naturlandschaften des Landes für eine Zeitschrift dokumentieren sollte, zerschellte das gecharterte Kleinflugzeug in einem See. Erst unter Wasser gelang es McCurry, seinen Sicherheitsgurt zu lösen. Kamera und Filme konnte er retten.

www.stevemccurry.com

VOR DER HAUSTÜR

Oft entstehen Abenteuer beiläufig. Sie
kommen im Gewand des Zufalls daher,
verbreiten Aufregung und Unsicherheit,
Chaos und Unordnung. Bis man glaubt,
die Situation wieder im Griff zu haben.
Aber geht das überhaupt? Kann der freie
Wille das Unberechenbare berechenbar
machen? Oder setzt das Abenteuer nicht
nur fort, woraus das Leben ohnehin zu
bestehen scheint? Aus einer Verkettung
von Umständen, die man manchmal
akzeptiert, manchmal zu verändern sucht,
die man irgendwann ordnet – und
dann als seine Biografie bezeichnet

Ein Versprechen auf fünf Minuten Glück

Hör auf zu arbeiten. Fahr nicht nach Hause. Lass dich
eine Nacht lang durch Frankfurt am Main treiben.
Und schreib auf, was dir passiert. Das waren die Vorgaben,
die Autor Jakob Strobel auf den Weg gegeben wurden.
So einfach sind Abenteuer zu haben

Text: Jakob Strobel / Illustrationen: Ulf Puder

Ich hatte Hunger. Auf etwas anderes, auf etwas Richtiges, auf Fleisch, auf richtiges Fleisch. Das Essen in der Kantine war wieder mal scheußlich gewesen, Knusperschnitzel unter Panadepanzer mit Normgemüse in Legosteinfarben. Es reichte. Es regnete. Das Fahrrad fand den Weg vom Büro Richtung Zuhause ganz allein, wie immer, treues Ross, meine Rosinante. Doch an der Friedensbrücke über den Main bockte es plötzlich, wollte nicht mehr weiter auf dem vertrauten Weg zu Frau und Töchtern. Ein Zeichen? Wir standen vor einer Litfasssäule. Dort verhieß ein Plakat, dass das »Café Größenwahn« zum Lieblingslokal der Frankfurter gekürt worden war. Den Wirt kannte ich flüchtig von einer Party, einen sympathischen, barocken Schwulenaktivisten, der als erster Homosexueller in Frankfurt ein Aufgebot bestellt hatte. In den 1990ern war das, lange bevor es chic und legal wurde, seinen Partner zu heiraten. Wir bogen ab, nach Norden, weg vom Main, der träge wie Teer in der Dämmerung lag. Die Nacht nahm die Stadt in Besitz. Es war wie im Kino, wenn das Licht ausgeht und der Film beginnt. Und wir waren mittendrin. Der Wirt war nicht da, dafür alle anderen. Die, die immer da sind, die alt gewordenen Alt-Achtundsechziger, ihre antiautoritär erzogenen Kinder, die ihre Kinder autoritär erziehen. Musterknaben und Lieblinge des Schicksals, glücklich und ein bisschen verhätschelt, ein solches Publikum ist für jede Kneipe ein Segen. Denn es ist treu, hat keinen Grund zu klagen, meckert deswegen nie und isst anstandslos, was auf den Tisch kommt.

Im »Größenwahn« kocht man so, wie Menschen, die gern essen, auch zu Hause kochen. Ich bestellte Lammkarree mit weißem Bohnenpüree. Es war keine Haute Cuisine und schmeckte wunderbar, trotzdem verschwand der Hunger nicht. Beim letzten angenagten Knochen begriff ich, warum: Ich wollte nicht essen, wie ich zu Hause koche. Ich hatte Hunger auf etwas anderes.

Worauf? Suchend blickte ich mich um. An der Decke der Kneipe war eine Art Altar befestigt, der Solidarität mit dem Volk der Tibeter einforderte. Auf ihm thronten ein dicker, goldener Buddha und eines dieser Glücksgeldkätzchen, die in Asien so beliebt sind und die pausenlos mit dem Arm winken. Das sieht aus wie ein Hitlergruß, so ist das aber nicht gemeint. Zum ersten Mal hatte ich solches Vieh in Japan gesehen, auf einer Reise, auf der ich besser gegessen hatte als je zuvor in meinem Leben, sensationelle Nudelsuppen an schäbigen Straßenständen, zuckend frischen Bonito rund um die Sushi-Lokale am Tsukiji-Markt von Tokio, dem besten, schönsten, größten, verführerischsten Fischmarkt der Erde. Vielleicht hatte ich Hunger auf Japan. Fernwehhunger. Unter der unaufhörlich winkenden Katze stand ein kaffee-brauner Mann. Er sah aus wie der junge Gilberto Gil und lächelte die Welt sanftmütig durch seine Alfred-Andersch-Brille an. So kann nur jemand lächeln, der das

»An der Decke der Kneipe war eine Art Altar befestigt, der Solidarität mit dem Volk der Tibeter einforderte«

Leben noch für eine Riesenwundertüte hält. Zwei Minuten später wusste ich, dass er 1,90 Meter groß und 22 Jahre alt war, dass er in einer Stadt mit dem märchenhaften Namen Rondonópolis geboren wurde und ihn die Liebe nach Frankfurt gespült hatte. Ich wusste auch, dass er noch niemals in Japan gewesen und sein Lieblingsort – entgegen dem Mehrheitsvotum der lokalen Bevölkerung – gar nicht das »Größenwahn«, sondern das »Central« war. Warum? Nur so. Ob er mitkommen wolle? Nein, später vielleicht. Dann lächelte er wieder und strich mir über den Arm. Ich bekam eine Gänsehaut.

»Ich wünschte, jemand würde mir jetzt sagen, sein Lieblingsort sei Miami Beach. Ich wäre sofort losgeradelt«

Das »Central« war rammelvoll, bestimmt hundert Leute, neunundneunzig Kerle, eine Frau, für die sich niemand interessierte. An der Wand hingen Muskelmänner im Tanga. Darunter standen Männer, die von Muskelmännern träumten und doch auf die Männer lauerten, die das Leben für sie bereithielt. Im Tanga machten sie sicherlich keine so gute Figur wie die Typen auf den Plakaten. Es war düster und eng. Es wurde geraucht wie verrückt. Niemand lächelte wie Gilberto Gil. Das war doch nicht meine Welt. Ich musste raus. Ich fragte einen Kerl, der aussah, als wäre er Sänger bei Village People, nach seinem Lieblingsort.

Er schaute mich entgeistert an. Was ich denn glaube, warum er hier sei? Ich fragte ihn, in welche Kneipe er niemals gehen würde. Sein Anti-Lieblingsort, ein Ort, an dem ihm kotzübel würde. Er sagte: »Ich weiß«.

Das »Ich weiß« ist ein Lokal im Zentrum Frankfurts, das von drei Brüdern aus Äthiopien betrieben wird und der Farbe Weiß huldigt. Alles hier ist weiß, die Gaze-Vorhänge, die Kerzen, der Parkettboden, die nachgemachten Louis-quatorze-Tische, der Tresen, die Barhocker, auf denen die Frankfurter »Jeunesse blanchée sitzt und an weißen »Ich weiß«-Cocktails nippt. Der Barkeeper im weißen T-Shirt sagte, sie bestünden aus viel Gin und einem selbst gemachten, molekularen, schneeweißen Zitronengrasschaum – mehr dürfe er nicht verraten. Geheimnistuerei ist erste Barkeeperpflicht.

Der Cocktail schmeckte gut, sehr frisch, sehr optimistisch, sehr weiß, so wie die Kneipe, so wie ihre Gäste, die aber kein Weiß trugen, sondern Frankfurter Freizeitlook, Businesskleidung leicht verrutscht, die Krawatte in die Tasche gesteckt, den Rock ein bisschen hochgeschoben, den Geruch nach Büro noch in den Klamotten. Lauter erfolgreiche Menschen, alle weiß. Schwarz bloß die Brüder vom Horn Afrikas, von denen man nicht weiß, ob sie sich mit ihrer Bar nicht nur lustig machen über ihre Gäste. Mein Gilberto Gil jedenfalls wäre aufgefallen wie der Sensenmann in diesem weißen Nachttraum. Ich trank noch einen Cocktail. Zitronengras nimmt den Gedanken die Schwerkraft. Plötzlich waren sie an den einzigen Ort geflogen, der noch weißer ist als das »Ich weiß«, jedenfalls kenne ich keinen weißeren. Er liegt in Miami Beach und sieht aus wie ein von Jean-Auguste-Dominique Ingres gemalter Harem. Man isst dort im Liegen. In Frankfurt gibt es jetzt auch so einen Laden. Er ist irrsinnig erfolgreich.

Ich wünschte, jemand würde mir jetzt sagen, sein Lieblingsort sei Miami Beach. Ich wäre sofort losgeradelt. Es ist ein unglaublicher Ort. Nie habe ich in Amerika besser gegessen als in diesem Sodom und Gomorrha des guten Geschmacks, niemals wieder so viele so schöne Menschen gesehen, weil dieser blendend schöne Ort mit seiner makellosen Art-déco-Noblesse keine Hässlichkeit erträgt und sich hässliche Menschen deshalb unters Messer legen. Nirgendwo habe ich mehr zurechtgeschnittene Frauen und skalpellmodulierte Männer gesehen als in Miami Beach, nirgendwo mehr Gier nach Sex mit dem perfekten Körper. Wird man davon satt? Wie schmeckt Venus, besser als Aphrodite?

Ich fragte eine Frau, die nach weiteren zwei Cocktails vielleicht wie Venus ausgesehen hätte: Warum ist Frankfurt nicht Miami Beach, warum gibt es hier kein Art déco, warum kommt das Wasser immer nur von oben, warum ist sie hier, ist das dein Lieblingsort? »Idiot«, sagte die Frau, »das ist eine stinknormale Kneipe. Mein Lieblingsort geht dich gar nichts an.« Ich ging. Es regnete immer noch. Das Fahrradschloss hakte. Es mag keinen Regen. Die Frau ging auch, nicht mit mir. Im Weggehen sagte sie: »Geh doch in den ›Yachtclub‹ und betrinke dich! Irgendwann wirst du glauben, es sei Miami Beach.«

Der »Yachtclub« ist ein leicht verrottetes Hausboot am Main, südliches Ufer, schwimmende Technokneipe, ein Dilettant in der Kombüse, der DJ im Frachtraum, schlafende Schwäne ringsum, müde glimmernde Skyline, ein seltsam entrückter Ort, der doch mittendrin ist und bei jedem Pulsschlag der Stadt leicht ins Schwanken gerät. Es sei die beste aller Kneipen am gesamten Mainufer, sagte jemand neben mir, der sympathisch aussah und Bier aus einer Flasche mit Schnappverschluss trank. Das hier sei der Ort mit den unaufgeregtesten, ungestresstesten Leuten, kein Börsenkursgequatsche, keine Angeber, keine Querulanten, kein Kännchenkaffee, keine Aldi-Würstchen auf dem stinkenden Grill, keine Köter. Ist das ein Lieblingsort? »Ja.« Ist das das Ziel?

Ich bekam Lust, die Taue zu kappen und mit dem ganzen Lieblingsort abzuhauen, den Main runter, dann den Rhein, den Rhein-Rhône-Kanal, bei Lyon vorbei Richtung Mittelmeer, Zypressen, Lavendel, Zikaden, Flucht, bis nach Spanien und noch weiter, bis nach Miami Beach, bis nach Japan. Der Kahn würde spätestens in Griesheim sinken, kein schöner Sterbeort für die Todesanzeige: von den Fluten verschlungen in Griesheim am Main. Lieber nicht.

»Ein seltsam entrückter Ort, der doch mittendrin ist und bei jedem Pulsschlag der Stadt ins Schwanken gerät«

»Es war düster und eng. Es wurde geraucht wie verrückt. Niemand lächelte wie Gilberto Gil. Ich musste raus«

REISEN – EIN EXPERIMENT Der Versuch, das Konzept des experimentellen Reisens zu definieren, käme einer Quadratur des Kreises gleich – ist es doch gerade die Unvorhersehbarkeit, die dieses Konzept auszeichnet. Der Clou: Der Reisende unterwirft sich aus freien Stücken einer Spielregel, die sein Reiseverhalten zwar einschränkt, ihn zugleich aber von den Routinen des klassischen Tourismus befreit. In diesem Sinne wird die eigene Fantasie zum letztgültigen Maßstab – sie bestimmt die Qualität des Handelns. Ein unterhaltsames Brevier zu diesem Thema haben Rachael Antony und Joël Henry vorgelegt. Darin spannen sie einen Bogen von Homers »Odyssee« bis zu den dadaistischen Wurzeln des experimentellen Reisens.

Rachael Antony und Joël Henry: »The Lonely Planet Guide to Experimental Travel«, Lonely Planet Publications, 2005, 11,95 Euro

Geht ihr denn alle schon heim? Es ist früh, viel zu früh für Morgen, keine Spur von Dämmerung! »Es ist spät«, sagte der Kapitän, »geh schlafen!« Ja, ja, dieses Bier noch. Ich stand auf dem Achterdeck. Nichts regte sich, kein Schiff, kein Schwan, kein Fliegender Holländer, der Fluss schlief schon. Nur da hinten war etwas, eine blinkende Leuchtreklame, ganz in Rot, ein Frauenkörper, der lasziv an einer Wand lehnte, die Werbung eines berühmten Frankfurter Bordells. Jeden zweiten Morgen jogge ich daran vorbei und frage mich, ob dort um sieben Uhr früh noch gearbeitet wird. Die Frau verschwand im Sekundentakt. Sie machte Appetit im Sekundentakt. Schon wieder dieser Hunger.

Die Kantine ist groß und scheußlich und bis in den frühen Morgen geöffnet. Sie serviert Fleisch, das keiner sonst will, an heißhungrige Kunden, die sonst nichts bekommen. Die Kantine: Das sind drei, vier Straßen im Frankfurter Bahnhofsviertel, in denen tief in der Nacht mehr los ist als irgendwo sonst in der Stadt. Es ist ein Taubenschlag. Die Täubchen aber sieht man nicht, sie sitzen in ihren Kabuffs vor Stahltüren mit Nummern wie in einer Behörde. Man sieht nur die Taubenbespringer, auf der Straße sind nur Horden von Männern, die meisten zwischen zwanzig und dreißig, sehr zielstrebig, sehr geschäftig, sehr kalt. Sie haben keine Lieblingsorte, höchstens Lieblingsbordelle.

Die Männer laufen durch die Labyrinthe der Puffs wie keuchende Spürhunde, fassen die Frauen prüfend an den Busen, lachen sie aus, genießen ihre jämmerliche Macht, die Macht von ein paar Euro, trinken zwischendurch ein Bier in Kneipen, die niemals schließen. Hunger hat hier immer jemand. Der Hunger ist nie zu stillen.

Irgendwo im hintersten Winkel des Labyrinths hockt eine Frau auf ihrem Stuhl, wie eine geduldige Wächterin der Nacht. Eine Kolumbianerin, nach Kolumbien wollte ich schon immer, sie will auch wieder dorthin, doch das Schicksal hat etwas dagegen. Braun wie Gilberto Gil ist sie, mindestens doppelt so alt, lange nicht so groß. Doch ihr Lächeln hat sich eine Spur von Sanftmut bewahrt, einen letzten trotzigen Rest, ein Wunder, wie hat sie das vollbracht, ausgerechnet hier, in dieser großen Ödnis der Gier?

Ihre Brüste quellen erschöpft aus dem BH, der mehr eine Art Busentablett ist, die Strapse spannen an den Hüften, die schon so vielen zu Diensten waren. Sie fasst mich ans Kinn, routiniert, müde, seltsam mütterlich. Zwanzig Euro. Wenn wir uns Zeit nehmen fünfundzwanzig, Nachttarif, so billig wird es nie wieder. »Ich verspreche dir fünf Minuten Glück«, sagt sie. Fünf Minuten! Was soll ich mit fünf Minuten Glück? Wie viele Minuten hat ein Leben?

Ich fühle mich plötzlich so satt wie noch nie, und ich kenne einen Lieblingsort, er ist ganz nah, bei der Litfaßsäule Richtung Süden. Die Erinnerung daran habe ich dir zu verdanken, ich danke dir, meine liebe verwitterte Venus aus Kolumbien, meine Lotsin in der Ruhelosigkeit der Nacht. Es ist vorbei. Der Morgen graut, und es hat aufgehört zu regnen. ∎

Anderswo zu Hause

>>> **HIER UND DORT** Ein Fremder im eigenen Bett, am eigenen Tisch, in den eigenen vier Wänden? Während man selbst im Urlaub ist? Wem dies nichts ausmacht, der wird das Abenteuer »Wohnungs- oder Haustausch« als eine kostengünstige Art des Reisens betrachten. In der Regel muss man nämlich nur für die An- und Abreise zum und vom Urlaubsort sowie die Verpflegung vor Ort bezahlen. Die Idee, den Wohnungs- oder Haustausch zu einer Art Abenteuerspiel zu machen, ist schnell erklärt: Man trifft sich mit Gleichgesinnten, steckt seine Adresse und seinen Schlüssel in einen Briefumschlag, mischt die Umschläge und verteilt sie anschließend wieder. Jeder Mitspieler verbringt dann eine zuvor vereinbarte Zeitspanne im Zuhause eines anderen. Wem dies zu altbacken ist, der kann den Heimtausch über eine der zahlreichen Internettauschbörsen abwickeln. Bei diesen wird jedoch meistens eine Gebühr erhoben. Der Vorteil: Man kommt so weit weg, wie man will, und verbringt seinen Urlaub inmitten von Land und Leuten. Gute Tipps, Empfehlungen, Nachbarn und Freunde der Gastgeber sind natürlich inklusive. Die Idee des Wohnungstauschs auf Zeit kommt ursprünglich aus den USA. In den 1950er-Jahren begannen Universitätsdozenten, in der Heimat der Kollegen ihren Horizont zu erweitern – oder sich nur zu erholen. 1976 wurde das Konzept »Haustausch« dann richtig populär: Damals verbrachten US-Präsident Jimmy Carter und Gattin Rosalyn ihre Ferien in der Wohnung einer brasilianischen Familie in Recife, während diese die Erdnussfarm der Carters in Georgia bewohnte.

Info > HomeLink, Flößerstraße 4, 96173 Oberhaid;
Tel. 09503/503037, info@homelink.de, www.homelink.de.
Intervac, Am Hährenwald 15, 75378 Bad Liebenzell/Monakam;
Tel. 07052/932406, info@haustausch.de, www.haustausch.de

Ein Bett im Kornfeld

>>> **DRAUSSEN** Ein Hotel unter Sternen: Seit 2002 öffnet Monika Fritz in Bad Kissingen für einige Wochen im Sommer ihr »Open-Air-Hotel« im Kornfeld. Die Idee dazu kam ihr, als sie im Radio das Lied »Ein Bett im Kornfeld« von Schlagerstar Jürgen Drews hörte. Das Hotel entsteht wie ein Labyrinth: In das gewachsene Getreide mäht Landwirt Otto Funck »Wege« und »Zimmer« hinein. Jedes »Zimmer« hat eine Grundfläche von etwa neun Quadratmetern, die man nach Belieben mit Stroh auspolstern kann. Decke, Schlafsack, Kissen und Taschenlampe müssen mitgebracht werden. Damit sich der Tau nicht als Feuchtigkeit niederschlägt, überspannen Pavillondächer die Schlafplätze. Toiletten und eine Waschgelegenheit sind vorhanden. Viel Privatsphäre gibt es im Kornfeld allerdings nicht: Die Kornkammern sind jeweils nur drei Meter voneinander entfernt. Das Frühstück kann man im »Bett« genießen oder unter einem Zirkuszelt im »Speisesaal« zu sich nehmen. Wer nach einer Nacht auf Stroh noch nicht entspannt ist, kann es sich im Natur-Wellnessgarten gut gehen lassen: Dieser bietet ein Tretbecken mit Heilerde sowie eine Getreide- und eine Kartoffel-Massageliege. Kinder toben sich am besten auf der nahe liegenden Spielwiese, in der Strohhüpfburg oder auf der Kistenrutsche aus. Im Preis enthalten sind außerdem Koch- und Backworkshops, Theateraufführungen, Freiluftkino und Grillabende – die jedes Jahr unter einem anderen Motto stehen. Eine Übernachtung mit Frühstück im Kornfeld kostet für Erwachsene 15 Euro, für Kinder bis 14 Jahre 7 Euro. Die uneingeschränkte Sicht auf Sternenhimmel und Sonnenaufgang sind inklusive. Günstiger sind Sommer-  nächte sicher nur im eigenen Garten oder auf dem Balkon zu haben.

Info > NaTour & GAST, Monika Fritz,
Danziger Straße 9, 97688 Bad Kissingen;
Tel. 06664/911142, info@bett-im-kornfeld.de,
www.bett-im-kornfeld.de

Barfuß mit Bodenhaftung

>>> **AUF DER ERDE** Schuhe aus, und los geht's … Doch halt: Einige Vorkehrungen sollte man treffen, bevor man sich ins Abenteuer »Barfußwandern« stürzt. Die Wanderstrecke will, vor allem für Anfänger, gut gewählt sein; Stacheldrähte oder Schotterwege sollte man meiden. Am besten eignen sich Wege mit abwechslungsreichem Belag aus Gras, Sand, Erde oder Kieselsteinen. Die erste Barfußwanderung sollte nicht länger als zwei Stunden dauern, weil sich die Füße erst an die ungewohnte Belastung gewöhnen müssen. Bei 20 bis 25 Grad Celsius lässt es sich am bequemsten »unten ohne« laufen. Geübte Barfußwanderer schätzen aber auch Ausflüge in den Schnee bei Temperaturen um den Gefrierpunkt. Immer mit im Gepäck sollte sein: Verbandszeug für eventuelle Verletzungen und ein Paar Schuhe, falls die Füße partout nicht mehr wollen. Und auf keinen Fall sollte man vergessen, immer den Boden im Blick zu behalten!

   365

Info > *Unter www.barfusswandern.de findet man viele Informationen sowie Links zu weiteren Seiten für Barfußwanderer*

Voll Energie ohne Strom

>>> **ZU HAUSE** Eine Woche ohne Strom leben – das ist eine echte Herausforderung. Man lässt sich ja gewissermaßen ins Mittelalter zurückversetzen. Herd, Kühlschrank, warmes Wasser, Lampen, Fernseher, Telefon und sonstige Elektrogeräte dürfen nicht benützt werden. Das bringt nicht nur Unannehmlichkeiten mit sich: Es erfordert auch ein hohes Maß an Selbstdisziplin, denn der Griff zum Schalter oder zur Steckdose ist schnell gemacht. Dafür spart man in zweierlei Hinsicht: Der Stromverbrauch sinkt, und man muss sich nicht extra eine Almhütte mieten, um ein einfaches Leben zu haben. Wer sich auf dieses Abenteuer einlässt, darf mit einigen äußerst romantischen Stunden rechnen: Man muss sich nur ein Fleisch auf dem Grill braten, ein paar Kerzen anzünden und sich mit einem Stapel Bücher aufs Sofa setzen. Oder noch besser: einen lieben Menschen einladen.

   365

Das Neue im Altbekannten

>>> **IN DER STADT** Einmal in der eigenen Stadt zu Gast sein? Nichts leichter als das. Zunächst packt man mal die Sachen zusammen, die man auch in einen anderen Ort mitnehmen würde. Dann fährt man mit öffentlichen Verkehrsmitteln – oder mit dem Taxi – in ein angesagtes Stadtviertel und mietet sich in einem Hotel seiner Wahl ein. Alternativ könnte man sich auch eine Privatunterkunft suchen; wer sich nicht zu erkennen gibt, darf so auf Tipps aus erster Hand hoffen. Zusätzlich kauft man noch einen fremdsprachigen Reiseführer. Den englischen, französischen oder italienischen Beschreibungen folgend, sieht man die Sehenswürdigkeiten des eigenen Wohnorts mal mit den Augen der europäischen Nachbarn. Wer vom Touristenleben genug hat, braucht bloß den Koffer zu packen und wieder nach Hause zu gehen. Im besten Falle voller neuer, alter Eindrücke.

FÜR EINE BESSERE WELT REISEN

Reisen mit gutem Gewissen. Aufbrechen, um in Not geratenen Menschen zu helfen. Unterwegs sein, um die Welt besser zu machen. Immer mehr Menschen sehen darin einen Weg, ihr Fernweh zu stillen. Zugute kommt das allen: Die Reisenden kehren in der Gewissheit heim, etwas Besonderes geleistet zu haben. Und im besten Falle hinterlassen sie den Besuchten nicht nur Hoffnung – sondern ermöglichen ihnen ein anderes, besseres Leben

Tu Gutes, und reise da rüber!

Ein junger Mensch kommt in das von Kriegen zerrüttete
Burundi. In der Hauptstadt Bujumbura kümmert
er sich um die, die am stärksten unter der Geschichte
des Landes leiden müssen: die Kinder

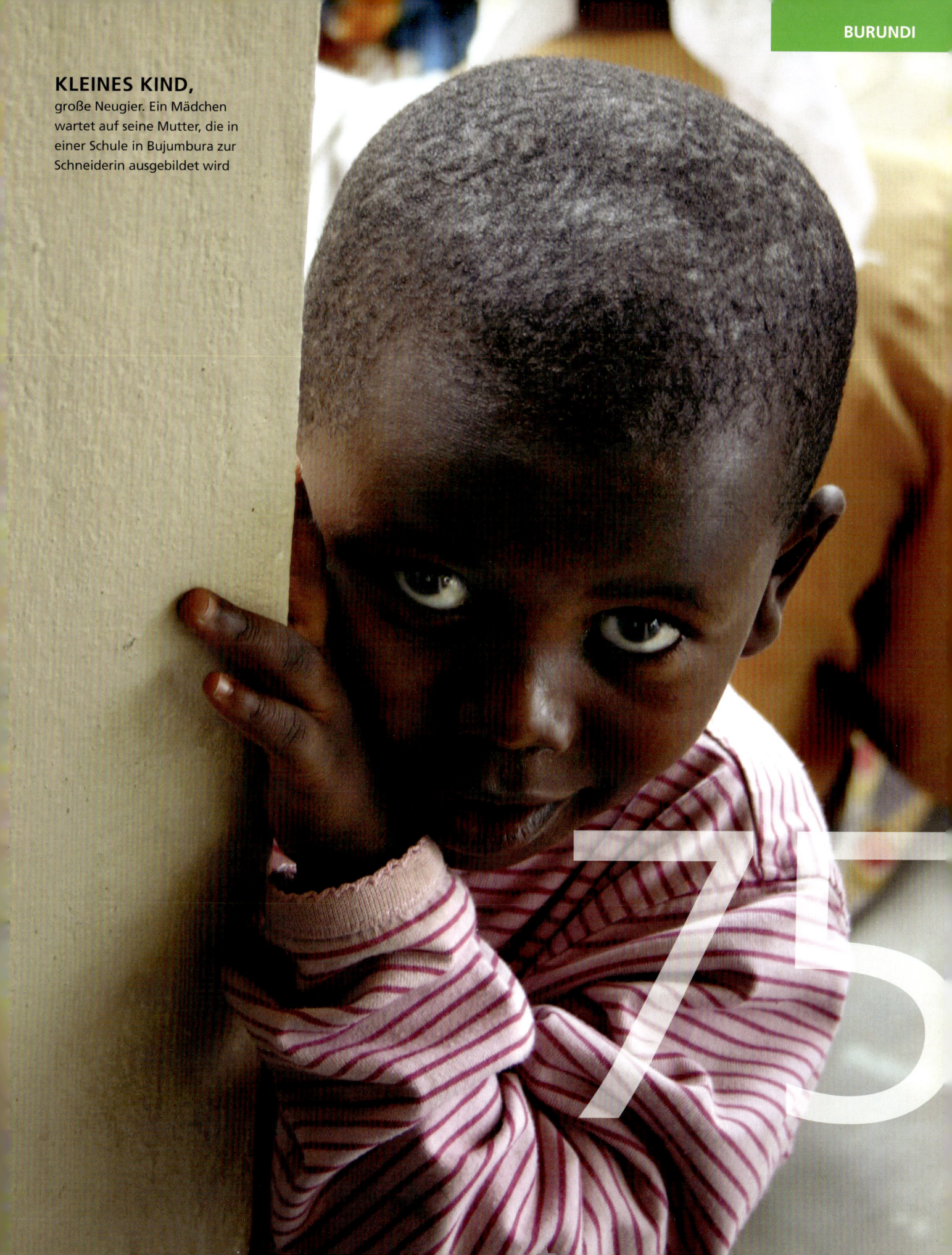

KLEINES KIND,
große Neugier. Ein Mädchen
wartet auf seine Mutter, die in
einer Schule in Bujumbura zur
Schneiderin ausgebildet wird

75

ZEHN LEHRLINGE der Fondation Stamm
haben ihren Arbeitsplatz nach draußen verlegt.
Die Nähmaschine funktioniert noch tadellos

Text und Fotos: Philipp Ziser

Fast widerwillig löst der Mann an der Aufnahme den Blick von seiner Zeitung. Er mustert Sophie, den Jungen auf ihrem Arm, das Blut auf dessen T-Shirt. Sein Blick bleibt müde und teilnahmslos. »Wir haben keinen Platz«, sagt er.

Sophie schießen Tränen in die Augen. Verzweiflung überkommt sie, Ohnmacht und Wut. Jimmy, der Junge auf ihrem Arm, hustet, und mit jedem Atemstoß vibriert sein gebrechlicher Körper. Vor gut einer halben Stunde hat er Blut gespuckt. Sophie packte ihn, trug ihn ins Krankenhaus von Bujumbura, der Hauptstadt Burundis. Doch die Ärzte, Pfleger und Schwestern der Klinik sind überfordert und unmotiviert. Was kümmert sie das Schicksal eines Dreizehnjährigen? Eines Waisenkindes? Wo es in Burundi doch 800 000 davon gibt.

Jimmy leidet an einem Herzfehler. Er ist sehr schwach; schon die geringste Anstrengung überfordert ihn. Abgemagert hatten ihn Mitarbeiter der Hilfsorganisation »Fondation Stamm« in einem kleinen Dorf gefunden. Seine Eltern waren nicht mehr in der Lage, ihn zu ernähren. In der von Hungersnöten heimgesuchten Region müssen Familien mit einer Mahlzeit pro Tag auskommen; fast immer gibt es Maisbrei mit Bohnen. Um ihn pflegen und stärken zu können, brachten die Helfer Jimmy nach Bujumbura. Dort lebt er mit siebzig Mädchen und Jungen im Waisenheim »Centre Uranderera«.

Sophie ist noch nicht lange bei den Kindern, doch Jimmy fiel ihr schnell auf. Ein einsamer Junge, dachte sie, seltsam freudlos. Immer so langsam, so vorsichtig. Während die anderen beim Fußballspielen herumtoben, sitzt er im Sand, schnippt mit seinen dünnen Fingern einen Stein vor sich her. Eines Tages setzt sich Sophie neben ihn. Einem Impuls folgend, nimmt sie Jimmy in den Arm, drückt ihn an sich. Kurz halten die Fußballspieler inne, dann kicken sie weiter – Tor! Sophie spürt Jimmys Pulsschlag an ihrer Brust. Freiwillig hat sich die 19-Jährige aus Baden-Württemberg zu ihrem Einsatz in Burundi gemeldet. Hat die Annehmlichkeiten ihres Zuhauses gegen das Leben in einer Stadt getauscht, in der nichts selbstverständlich ist. In der das Licht nur manchmal angeht. In der das Wasser tagelang nicht fließt. In der medizinische Versorgung so gut wie

Sie hat Zeit. Und sie will damit etwas Sinnvolles anfangen

nicht vorhanden ist. Das alles hat Sophie nicht abschrecken können. Sie hat ihr Abitur gemacht, sie hat Zeit, und sie will mit ihrer Zeit etwas Sinnvolles anfangen. Sie will helfen. Mit diesem Wunsch ist Sophie nicht allein. Immer mehr Menschen beschließen, ihre Urlaubszeit und ihre Abenteuerlust zu Reisen mit Sinn zu verbinden. So entsendet ein »Global Player« wie Earthwatch Europe jährlich 1100 Freiwillige in die ganze Welt. Die »Volunteers« beobachten Koalas am Great Barrier Reef, graben in der Toskana römische Siedlungen aus, beobachten die Folgen des Klimawandels in der Arktis oder geben Englischunterricht in südamerikanischen Elendsvierteln. Bei der Initiative »weltwärts« des Bundesministeriums für wirtschaftliche Zusammenarbeit und Entwicklung bewarben sich in einem halben Jahr rund 10 000 junge Menschen um einen Einsatz in einem Entwicklungsland – der ohne Bezahlung bleibt. In der Zeitung liest Sophie über den Verein »burundikids«, der sich um Waisen- und Straßenkinder kümmert, Aidskranken hilft, junge Mütter unterstützt und sich am Bau einer Schule beteiligt. Sophie ist Feuer und Flamme, sie nimmt Kontakt zur Vereinsgründerin Martina Wziontek auf. Nur zwei Monate später fliegt sie nach Bujumbura. Aus der Luft wirkt Burundi üppig grün, fruchtbar – mit Feldern und Hügeln wie eine bayerische Voralpenidylle. Doch als Sophie aus dem Flugzeug steigt, schlägt ihr ein heißer, schwüler Wind entgegen. Erwartet wird sie von Verena Stamm, der Heimleiterin, die sich seit 1999 humanitär in diesem Land engagiert. Neben ihr steht ein Polizist in blauer Uniform. Gelangweilt kaut er auf einem Zahnstocher, in seinen Händen hält er eine Kalaschnikow. Sophie erschrickt; sie ahnt nicht, wie schnell sie sich an den Anblick Waffen

»AKZEPTIERT UNS«, lautet die Übersetzung des Namens für das Mutter-Kind-Heim der Fondation Stamm, in dem die Optikerin Anne Ziser gespendete Brillen an junge Frauen verteilt. Von der Hilfe aus Deutschland profitieren auch Frauen des Pygmäenvolks Twa, die an ihrer Kochstelle auf Lebensmittel warten

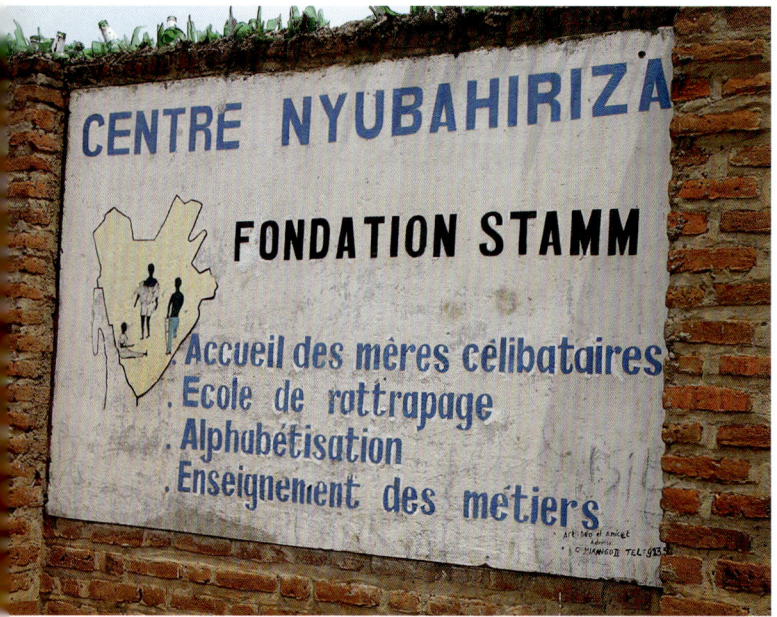

Das Land ist üppig grün und fruchtbar.
Einer Million Flüchtlingen nützt das nichts

FLÜCHTLINGE

aus Burundi haben sich am Stadtrand von Bujumbura Wellblechhütten gezimmert. Bald wird sie das Militär wieder vertreiben – in dem hoch gelegenen Viertel sollen Luxushäuser errichtet werden. Martina Wziontek (links) und Verena Stamm versuchen, so entstehendes Leid zu lindern. Kinder vom Volk der Twa etwa bekamen während einer Hungersnot regelmäßige Mahlzeiten

Mit einem Mal wird ihr bewusst, wie trügerisch die Idylle ist. Trotz der Hitze fröstelt sie

tragender Männer gewöhnt haben wird. Links und rechts neben der Straße, die vom Flughafen in die Stadt führt, verbrennen Bauern Haufen feuchten Grases, die Geruchsschwaden sind scharf und beißend. Männer, Frauen und Kinder versinken bis zu den Knien in sumpfigen Feldern. Ihre Gewänder sind bunt und leuchtend. Barfüßig, im Gänsemarsch, die Schulbücher auf dem Kopf balancierend gehen Schulkinder nach Hause. Unzählige Fahrradfahrer, ihre Vehikel mit Gemüse, Kanistern, Bambusstangen beladen, verstopfen die Straße. Wer Sophie erblickt, hält inne, betrachtet sie regungslos. Ihr ist das peinlich. Es wird eine ganze Weile dauern, bis sie versteht, dass sie nun die Exotin ist. Eine Woche verbringt sie bei der ausgebildeten Krankenschwester Stamm, die die junge Frau behutsam mit einer Welt vertraut macht, in der Leid und Armut der Menschen überall und immer präsent sind. Anschließend zieht Sophie in das Centre Uranderera – der Name bedeutet so viel wie »Erziehe mich!«. In einem Land, in dem bloß die Hälfte der Kinder eine Schule besuchen kann, ist dies mehr als bildungspolitische Rhetorik.

Aufgeregt steht Sophie vor dem roten Tor des Waisenheims. Sie fragt sich, wie die Kinder wohl auf sie reagieren werden. Auf die weiße, fremde Frau aus dem reichen Deutschland. Ein Spalt öffnet sich, vor ihr steht ein Mann in löchrigem T-Shirt und mit schüchternem Blick. Er streckt ihr die Hand zum Gruß entgegen. Sophies Herz schlägt bis zum Hals. Sie tritt ein, setzt sich unter den Mangobaum im Hof. In Windeseile ist sie von Kindern umringt, die sie anfassen, anlächeln und mit Fragen löchern: »Wie heißt du?« – »Woher kommst du?« – »Wie alt bist du?« Sophie würde gern antworten, doch die Landessprache Kirundi kann sie nicht. Und das Französisch, das sie gelernt hat, scheint sie auf einen Schlag vergessen zu haben. Drei einfache Bungalows liegen auf dem Gelände des Centre Uranderera, weiß gestrichen, mit Giraffen, Elefanten und Löwen bemalt. In einem leben die Mädchen, im anderen die Jungen, im dritten hat Sophie ein Büro und ihr Zimmer. Vor ein paar Monaten, sagt die Heimleiterin, sei neben dem Mangobaum eine verirrte Granate der letzten aktiven Rebellengruppe eingeschlagen. Mit einem Mal wird Sophie bewusst, wie trügerisch die kleine Idylle um sie herum doch ist. Trotz der heißen Äquatorsonne fröstelt es sie. Burundi ist eines der ärmsten Länder der Welt. Bis heute leiden die Menschen unter den Folgen des Bürgerkriegs,

HINTER DEM ROTEN TOR des Centre Uranderera fand auch der 13-jährige Jimmy ein Zuhause. Ältere Jugendliche drücken – ebenfalls in einer Einrichtung der Fondation Stamm – die Schulbank

Manchmal versucht sie bei einem kalten burundischen Bier, die schrecklichen Bilder in ihrem Kopf auszulöschen

der mindestens 300 000 Tote forderte und eine Million Menschen zu Flüchtlingen machte. Viele Kinder haben ihre Eltern verloren und leben auf der Straße. Ein paar Glückliche unter ihnen kamen im Centre Uranderera unter.

Schon nach wenigen Tagen merkt Sophie, wie dankbar die kleinen Kinder sind, wenn sie mit ihnen im Sand spielt. Die Größeren lassen sich bei den Hausaufgaben helfen, machen unter Sophies Anleitung ihre ersten Schreib- und Leseversuche. Sobald sie mit ihnen Englisch spricht, sind sie ganz Ohr. Und haben dann die Chance, selbst zu

erzählen, sich ihren Ballast von der Seele zu reden – weil Sophie ihnen zuhört. Die Geschichten der Kinder bereiten ihr schlaflose Nächte. Vergeblich versucht sie, die Bilder auszulöschen, Bilder von wütenden Horden, die mordeten, vergewaltigten, plünderten. Bilder von Kindern, die sich in Latrinen versteckten. Und tagelang neben den Leichen ihrer Eltern weinten. An manchen Abenden zwingt sich Sophie auszugehen, sich abzulenken. In der »Kiriribar« gibt es ein kaltes Primus, das burundische Bier. Und andere freiwillige Helfer, mit denen man sich auch mal über deutsche Vorabendsoaps unterhalten kann.

Mit acht Millionen Menschen ist das kleine Burundi heillos überbevölkert. Auf dem Markt, auf den Straßen, in der Bank, überall herrscht Gedränge. Und überall ist Armut. Als sich Sophie im Supermarkt eine Telefonkarte holt, um mal wieder zu Hause anrufen zu können, überfällt sie das schlechte Gewissen. Hätte sie nicht besser den Straßenkindern etwas zu essen gekauft? In graubraunen, zerfledderten T-Shirts laufen sie neben ihr her, greifen mit ihren knochigen Fingern nach ihren Armen. Sie sind abgemagert, manche stehen

EINE GEREGELTE ARBEIT

hilft auch Mädchen wie Seraphine, die
mit 14 Jahren im »Centre Nyubahiriza«
aufgenommen wurde. Zuvor hatte sie
als Prostituierte gearbeitet. Auch Fußball
und Tanz bieten die Chance, Straßenkindern Selbstbewusstsein zu geben

unter Drogen. Eine Frau stellt sich ihr in den Weg, fleht sie
an mit klagender Stimme. Sophie kann ihr nicht in die Augen
schauen. Sie will schreien: »Ich kann euch nicht allen helfen.
Ihr seid so viele!«

Doch es gibt auch bessere Tage. Tage, an denen Jimmys
trauriger Blick einem Lächeln weicht. Dann weiß
Sophie, dass sie am richtigen Platz ist. Ihre Hilfe, davon ist sie
überzeugt, »ist mehr als der Tropfen auf dem heißen Stein«.
Den Kindern nämlich nütze es wenig, wenn man sich über
Globalisierung, den Welthandel und Einfuhrzölle den Kopf
zerbreche. »Sie sind schon froh, wenn sie mit jemandem
sprechen können. Und wenn sie das sein können, was sie

sind: Kinder eben.« Ihnen zu zeigen, wie ein geregelter
Tagesablauf aussieht, wie wichtig es ist, in die Schule zu gehen,
einen Beruf zu erlernen, das sieht Sophie als ihre Aufgabe
an. »Wieso«, fragt sie sich, »soll das nichts bringen?« Für sie
»zählt jedes einzelne Kind, dem eine Chance auf Zukunft
ermöglicht werden kann«. Ein Kind wie Jimmy zum Beispiel.
Schon nach wenigen Tagen im Centre Uranderera ist
Sophie überzeugt, dass der Herzfehler des Kleinen schnell
behandelt werden muss. Die Ärzte in den Krankenhäusern
Bujumburas wissen zwar, was zu tun wäre, doch die notwen-
digen Apparaturen sind nicht vorhanden oder kaputt.
»Routinemaßnahme, kein Problem bei uns«, antwortet ein
befreundeter Arzt aus Deutschland auf Sophies Mail. Sie
will, sie muss es versuchen: Jimmy soll zur Operation nach
Deutschland. Sie informiert sich über rechtliche Schritte,
versichert sich der Unterstützung ihrer Organisation, fragt
nach dem Ticketpreis für Jimmy und eine Begleitperson.
Dann überlegt sie, wie sie Jimmy auf die Reise vorbereiten
könnte. Verena Stamm unterstützt Sophies unermüdliches
Engagement, zugleich aber versucht sie, einer großen

Hier zählt jedes einzelne Kind.
Und jedes soll eine Chance bekommen

Enttäuschung vorzubeugen. Denn so groß der Wille ist, einem
Einzelnen zu helfen, so hoch sind die Hürden, die die
Behörden aufstellen. Daraus ergibt sich eine psychische
Belastung, mit der umzugehen man erst lernen muss.
»Abhärten ist nicht möglich«, sagt Stamm. »Aber man lernt,
sich selbst zu schützen.«

Was Sophie betrifft, muss sich Stamm keine Sorgen machen.
Für sie steht schon in Burundi fest, dass sie ihr Engagement
auch in Zukunft fortsetzen will. Nicht zuletzt beeinflusst ihre
Begegnung mit Jimmy auch ihren Berufswunsch: Zurück
in der Heimat wird sie mit dem Medizinstudium beginnen.
So pflanzt sich der Volunteering-Gedanke, der im angelsächsischen Raum bereits eine jahrzehntelange Tradition
hat, auch in Deutschland fort. Das Jahr 2011 soll nach
dem Willen des Europäischen Parlaments zum »European
Year of Volunteering« werden. Und so zur Anerkennung
ehrenamtlicher Einsätze beitragen.

Im Moment ist es Sophie jedoch herzlich egal, ob irgend-
jemand gut findet, was sie macht. Fest umklammert sie
Jimmy, kramt ein paar Geldscheine aus ihrer Hosentasche
und drückt sie dem Mann an der Rezeption in die Hand.
Plötzlich wird er lebendig. Blättert in Büchern, telefoniert,
weist Sophie den Weg in die Intensivstation. Gerade
noch rechtzeitig. So kann Jimmys kleines Herz dank Sophies
großem Einsatz weiterschlagen. Vorerst. ■

VOLUNTEERING: Im angelsächsischen Raum ist »volunteering« – es gibt für dieses Wort kein deutsches Äquivalent – gesellschaftlich fest verankert. Die Hilfe der Freiwilligen ist dort selten an Vereine oder Verbände geknüpft. Die Menschen engagieren sich für verschiedene Projekte, oft spontan, meistens zeitlich befristet. Und immer öfter auch im Urlaub. Wer sich dazu entschließt, muss zunächst das geeignete Projekt für sich finden. Dabei helfen zahlreiche Websites. Besonders empfehlenswert sind etwa: www.worldvolunteerweb.org und www.volunteerabroad.com. Einen übersichtlichen Wegweiser durch das Angebot von Organisationen – mit Schwerpunkt auf europäischen Programmen – bietet auch: *Elke Gersmann: Volunteering – freiwillig helfen im Urlaub, Reise Know-how Verlag, 2006, 8,90 Euro*. Wer sich für einen Einsatz in Burundi interessiert, kann sich etwa an die »Fondation Stamm« wenden. Diese wurde 1999 von der Wiesbadenerin Verena Stamm, die seit 1973 in Bujumbura lebt, gegründet. Die Fondation Stamm kümmert sich um 350 Kinder und Jugendliche, darunter Waisen, Straßenkinder, Vergewaltigungsopfer, allein erziehende Mütter und Aidskranke, in mehreren Heimen im gesamten Land. Informationen: www.fondation-stamm.org

Unterstützt wird die Arbeit vom Kölner Verein »burundikids«, den die Architektin Martina Wziontek 2003 nach einer Burundi-Reise ins Leben rief. Das bisher größte Projekt der beiden Partnerorganisationen war der Bau einer Schule für 1000 Kinder. Darüber hinaus beteiligt sich burundikids auch an Projekten wie dem Heim »Centre Uranderera«. Informationen: www.burundikids.org

DER LOHN der harten Arbeit ist der Blick in lachende Kindergesichter. Autor Philipp Ziser und Verena Stamm deuten das Motto an: ein gehobener Daumen für die Zuversicht

Irgendwann wird sie auch lernen, sich selbst zu schützen

Im Sommerurlaub Menschenleben retten

>>> **DEUTSCHLAND** Sonne, Sand und Meer – so funktioniert normalerweise ein Strandurlaub. Diese Kombination ist ebenso bewährt wie unaufregend. Wer seinen Urlaub an der deutschen Nord- oder Ostseeküste verbringen will, aber keine Lust auf Sonnenbäder, Dünenwanderungen, Sylt- oder Rügen-Besuche hat, der sollte sich mal das Programm der Deutschen Lebens-Rettungs-Gesellschaft (DLRG) ansehen. Mit dieser Organisation lässt sich der Strandurlaub auch mit etwas Sinnvollem verbinden. Als Rettungsschwimmer auf Rügen, Borkum, Sylt, in der Lübecker Bucht oder am Jadebusen sorgt man zwischen 15. Mai und 30. September für die Sicherheit der Badegäste. Die Einsätze können zwischen zwei und vier Wochen dauern. Um Unter-

kunft und Verpflegung kümmert sich die DLRG, außerdem übernimmt sie die Reisekosten und zahlt ein Taschengeld. Wem es darum geht, Leute kennenzulernen, muss nicht mal in die Disco gehen oder wildfremden Menschen den Rücken eincremen: Auf den DLRG-Stationen trifft man engagierte Helfer aus allen Bundesländern. Da diese meist jung sind, ist auch immer etwas geboten. Wer den Wasserrettungsdienst unterstützen will, sollte allerdings den Punkt »Ausschlafen« von seiner Urlaubsprioritätenliste streichen: Der Dienst beginnt um 9 Uhr und endet um 18 Uhr. Außerdem müssen Rettungsschwimmer mindestens 16 Jahre alt sein, das Deutsche Rettungsschwimmabzeichen Silber besitzen und einen Erste-Hilfe-Lehrgang absolviert haben, der nicht länger als drei Jahre zurückliegt.

Info > »Wasserrettungsdienst Küste«; DLRG Landesverband Schleswig-Holstein, Einsatzleitung Küste Südstrandpromenade, 23769 Fehmarn; Tel. 043 71/41 52, einsatzleitung-kueste@sh.dlrg.de oder einsatz@bgst.dlrg.de (Bundesgeschäftsstelle), www.sh.dlrg.de

Für den Frieden unterwegs

>>> **ISRAEL** Eine Reise für den Frieden könnte zum Beispiel in den Nahen Osten gehen. Vor 60 Jahren, mit der Gründung des Staates Israel, begann der Konflikt zwischen Juden und Palästinensern, der bereits Tausende von Menschen das Leben kostete. Anfang 2009 erreichten die Auseinandersetzungen wieder einen traurigen Höhepunkt. Das amerikanische Unternehmen »Interfaith Peace-Builders« hat es sich daher zur Aufgabe gemacht, politisch interessierten und engagierten Mitbürgern Einblick in die Situation im Nahen Osten zu geben. Zu diesem Zweck bietet die Organisation seit dem Jahr 2001 Touren nach Israel und Palästina an und schickt jährlich mehrere Delegationen von Reisenden dorthin. Unter fachkundiger und erfahrener Leitung treffen sich die Reisenden mit einheimischen Menschenrechtlern, Friedensaktivisten und Anwälten, um die Ursachen und Folgen des Konfliktes besser verstehen und den Dialog zwischen den beteiligten Ländern fördern zu können. Da die Teilnehmer in israelischen

und palästinensischen Familien untergebracht werden, können sie auch persönliche Kontakte knüpfen sowie die Kultur und das Alltagsleben näher kennenlernen. Während des dreiwöchigen Aufenthalts gewähren die Familien Unterkunft und Verpflegung. Nach der Rückkehr organisiert das Unternehmen verschiedene Veranstaltungen und Workshops, in denen sich die Rückkehrer über ihre Erfahrungen und Eindrücke austauschen können. Bisher steht dieses Angebot leider nur US-Bürgern offen – die Interfaith Peace-Builders sind aber sehr stark daran interessiert, auch

  Bürger aus Europa an den Bildungsreisen teilnehmen zu lassen. Einfach nachfragen!

Info > Interfaith Peace-Builders, 1326 9th St, NW Washington, DC 20001, USA; Tel. 001/202/244 08 21, office@ifpbdel.org, www.interfaithpeacebuilders.org. – Informieren Sie sich vor Reiseantritt über die aktuelle Lage: www.auswaertiges-amt.de

Heimwerker
auf Fernreise

>>> **VIETNAM** Sie sind ein begeisterter Heimwerker? Aber zu Hause haben Sie nicht genug zu tun? Dann ist eine Reise nach Vietnam, in die südliche Region Tan Phouc, das Richtige: Hier können freiwillige Helfer beim Hausbau anpacken. Das Projekt unterstützt unterprivilegierte Familien, deren einfache Wohnungen durch Monsunregen oder Stürme zerstört wurden. Organisiert wird die Reise von der britischen Organisation »i-to-i« in Zusammenarbeit mit einer vietnamesischen Institution, deren Ziel es ist, möglichst vielen Familien ein stabiles Dach über dem Kopf zu bauen. Die Organisatoren vor Ort kümmern sich um die nötige Einarbeitung, damit die neu errichteten Häuser dem nächsten Unwetter auch standhalten können. Gearbeitet wird in flexiblen Schichten von montags bis freitags; die Wochenenden kann man in den Bergen und Urwäldern der Umgebung verbringen. Wer zum Hausbau nach Vietnam reisen möchte, sollte 17 Jahre alt sein und mindestens zwei, höchstens zwölf Wochen investieren. Die Anreise ist alle zwei Wochen möglich, nur zum vietnamesischen Neujahrsfest »Tet Nguyen Dan« gibt es Ausnahmen. Nicht im Preis inbegriffen sind An- und Abreise, Versicherung, Visa, Transport und Essen vor Ort, allerdings werden die Helfer vom Flughafen abgeholt. In kleinen Häusern finden sie Unterkunft, unter Umständen muss man sich ein Zimmer mit anderen teilen. Täglich fährt man mit dem Motorrad-Taxi zu seinem Einsatzort. Zusätzlich gibt es auch ein Orientierungstraining in der Umgebung. Außerdem ist ein Team

  vor Ort, das Beratung rund um die Uhr und Hilfe in Notfällen bietet.

Info > »Build Homes in Vietnam«; i-to-i UK, Woodside House, 261 Low Lane, Leeds, LS18 5NY, UK; Tel. 0044/8000111156, info@i-to-i.com, www.i-to-i.com

Zumindest
lassen sich die
Leiden lindern

>>> **SÜDAFRIKA** Reisen und Helfen miteinander verbinden: Nach diesem Motto vermittelt die amerikanische Organisation »Global Crossroad« Freiwillige, die während ihres Urlaubs in Südafrika bei der Aids-Bekämpfung helfen wollen. In keinem anderen Land der Welt gibt es so viele HIV-Infizierte wie am Kap der Guten Hoffnung: Mehr als fünf Millionen Menschen sind HIV-positiv, täglich sterben rund 900 von ihnen an Aids. Zum Einsatzprogramm gehören die Betreuung infizierter Kinder und Erwachsener sowie die Aufklärung über die Immunschwächekrankheit in Krankenhäusern und in den Kommunen Kapstadts. Konkrete Aufgaben der Helfer sind etwa: Mitarbeit in Hospizen, bei HIV-Tests und Beratungsgesprächen und vor allem bei Bildungs- und Freizeitprogrammen. Besonders Kinder, aber auch Erwachsene sollen hier einen spielerischen Umgang mit ihrer Krankheit lernen, der für therapeutische Zwecke wertvoll ist. Die Freiwilligen können zwischen einer und zwölf Wochen an verschiedenen Aids- und HIV-Aufklärungsprojekten mitwirken. Gearbeitet wird 25 bis 35 Stunden pro Woche, sodass genug Zeit bleibt, auch das Land kennenzulernen. Eine spezielle Ausbildung für diese Arbeit ist nicht erforderlich, von den Helfern werden allerdings Mitgefühl, Geduld und Flexibilität erwartet. Untergebracht sind die Freiwilligen während des Einsatzes bei Gastfamilien. Kosten für Unterbringung, Essen, Versicherung und Informationsveranstaltungen, die auf den Aufenthalt vorbereiten, sind im Preis enthalten. Die Anreise nach Südafrika, Visa, Transport sowie sonstige

  persönliche Ausgaben vor Ort müssen die Freiwilligen selbst bezahlen.

Info > »HIV/Aids Education«; Global Crossroad, 415 East Airport Fwy. Suite 365, Irving, TX 75062, USA; Tel. 001/9722524191, www.globalcrossroad.com, info@globalcrossroad.com

Wegebau im Land der Feen

>>> **ISLAND** Wer seinen Sommerurlaub zur Abwechslung einmal in kühleren Gefilden verbringen möchte, für den ist Island das perfekte Reiseziel. Wer sich zudem während seiner Ferienzeit für einen guten Zweck engagieren möchte, kann sich an die kanadische Organisation »Canadian Alliance for Development Initiatives and Projects« wenden. Diese plant und führt weltweit Einsätze für Freiwillige durch – unter anderem eben auch in Island. Und weil das Land der Feen, Trolle und Elfen aufgrund fehlender Straßen gern auch mal zu Fuß bereist wird, viele Wege aber gar nicht oder nur schlecht befestigt sind, bietet »CADIP« in den Sommermonaten ein Baucamp für tatkräftige Touristen an: Ihre Aufgabe besteht darin, neue Wanderpfade zu bauen und bereits vorhandene auf eventuelle Schäden zu prüfen. Das ist eine anstrengende Arbeit, bei der man viel draußen ist und kräftig zupacken können sollte. Und genau aus diesem Grund kommt die Freizeit natürlich nicht zu kurz: Das Einsatzgebiet rund um die kleine Fischerstadt Bíldudalur liegt am Arnarfjörður (zu Deutsch »Adlerfjord«): einer der größten und schönsten Fjorde Westislands. Bootstouren auf diesem Gewässer sind ein einmaliges Erlebnis. Außerdem kann man viele Spaziergänge unternehmen, sofern die Wege fertig sind.

Info > *»Ghost in Iceland«; Canadian Alliance for Development Initiatives and Projects, 907–950 Drake Street, Vancouver, British Columbia, V6Z 2B9, Kanada; Tel. 001/604/628 7400, www.cadip.org*

Griechische Nonnen brauchen eine Bleibe

>>> **GRIECHENLAND** Handwerklich geschickt sollten Urlauber sein, die ihre Ferien in einem Camp des Internationalen Bauordens verbringen möchten. Wer in das Kloster »Johannes der Täufer« nach Larisa in Mittelgriechenland reist, darf sich nicht vor der Arbeit mit Pinsel und Farbe scheuen: Hier legen Freiwillige bei Malerarbeiten Hand an. Um an diesem Projekt teilnehmen zu können, muss man mindestens 18 Jahre alt sein – und vor allem die Lebensweise in einem orthodoxen Kloster respektieren. Bereits in den 1980er-Jahren unterstützte der Bauorden die Schwesternschaft, deren Kloster einer Autobahn weichen musste. Die Nonnen mussten in eine neue Bleibe in Larisa umziehen. Im Camp arbeiten die Freiwilligen circa 40 Stunden pro Woche. Die Gruppe ist gemeinsam untergebracht und kümmert sich selbst um ihre Verpflegung. Beides ist kostenlos, da der Bauorden einen Zuschuss für Unterkunft und Essen zahlt und auch die Versicherungsbeiträge für die Teilnehmer übernimmt. Die An- und Abreisekosten nach Larisa tragen die Helfer selbst, außerdem zahlen sie eine Anmeldegebühr von 80 Euro. Die Idee eines Baucamps ist, dass Menschen zusammen in einer internationalen Gruppe bauen und renovieren und dadurch soziale Einrichtungen in ganz Europa unterstützen. Die Aufgaben reichen vom Zäunebauen in Sizilien bis hin zur Errichtung eines Wasserspielplatzes in Berlin-Neukölln. Bei diesen Projekten geht es nicht um Nationalität, Religion oder Sprache der Teilnehmer, sondern um das Zusammenleben in einer Gruppe. Auch und gerade dann, wenn man sich untereinander nur mit Händen und Füßen verständigen kann. Wer seinen Urlaub in einem Baucamp verbringt, kann sich also im doppelten Sinn für etwas engagieren: für die Gemeinschaft.

Info > *Internationaler Bauorden, Schützenstraße 1, 67061 Ludwigshafen; www.bauorden.de, info@bauorden.de*

Die stille Schönheit der Weißen Wüste

jedes Jahr einen Trip in die Weiße Wüste zum Saubermachen. Anschließend wird dieser Müll zum Recycling nach Kairo gebracht. Die Reise findet im Mai statt, nach Ende der Urlaubssaison. Dann beseitigen Ökotouristen die Hinterlassenschaften der Vorgänger und machen, so nebenbei, eine Rundreise im Jeep durch eine spektakuläre Wüstenlandschaft aus weißen Monolithen, Quarzkristallen und grünen Oasen. Übernachtet wird in einem zentralen Camp, in dem auch Frühstück und Abendessen serviert werden. Viele der Teilnehmer kommen aus Europa, doch es beteiligen sich auch immer mehr Einheimische aus den umliegenden Oasen an der freiwilligen Putzaktion. Damit das Müllsammeln vielleicht eines Tages überflüssig wird, organisiert der Veranstalter zudem Kurse, in denen Wüstentouristen und Reiseleiter lernen, wie der Abfall umweltfreundlich entsorgt werden kann. Bis sich das Umweltbewusstsein durchgesetzt hat, können engagierte Touristen aber weiterhin dafür sorgen,

>>> **ÄGYPTEN** Müllberge mitten in der Landschaft sind nicht nur ein echtes Ärgernis, sondern auch eine Gefahr für die Umwelt. Sicht- und spürbar wird das in der Weißen Wüste in Ägypten, die mit 300 Quadratkilometern etwa die Fläche der Stadt München hat. Dass die Wüste ein Nationalpark und somit Schutzgebiet ist, hält so manchen Touristen nicht davon ab, Flaschen, Dosen und Taschentücher im Sand zu vergraben oder einfach liegen zu lassen. Die Brüder Sa'ad, Hamdi und Atef Ali, die in Ägyptens kleinster Oase, Farafra, aufgewachsen sind, wollten dies nicht länger mitansehen und gründeten daher die Agentur »Badawiya Expedition Travel«. Die drei Beduinen organisieren seit einiger Zeit

   dass die Schönheit der Weißen Wüste auch in Zukunft erhalten bleibt.

Info > »*Save the Environment Trip«; Badawiya Expedition Travel, Gamal Abdel Nasser St., Farafra, New Valley, Ägypten; Tel. 00 20 / 92 / 751 11 63, www.badawiya.com*

Lernend helfen

>>> **ECUADOR** Eigentlich ist die Rechnung einfach: Wer in einem anderssprachigen Land helfen will, sollte die Landessprache beherrschen. Und wer die Landessprache lernen will, schmeißt sich am besten gleich mitten ins Geschehen. Warum also nicht beides miteinander verbinden? Man könnte bei den »Global Volunteers« anheuern, die weltweit Freiwilligendienste vermitteln, zum Beispiel in Ecuador. Man schlägt so zwei Fliegen mit einer Klappe: Zum einen lernt man Spanisch, zum anderen tut man etwas durchaus Sinnvolles. Die angebotene Reise beginnt mit einem zwei- bis achtwöchigen Spanischkurs in Ecuadors Hauptstadt Quito. Hier werden nicht nur Sprachkenntnisse vermittelt, man lernt auch Interessantes über Land und Leute. Und im Anschluss an den sehr praxisnahen Sprachkurs können die Freiwilligen gleich testen, ob sie im Unterricht gut aufgepasst haben: Sie werden im

Projekt »San José Obrero« eingesetzt, das in der Kommune Comité del Pueblo außerhalb Quitos liegt. Das einstige sozialistische Wohnprojekt entwickelte sich im Lauf der Jahre zu einem Slum, in dem heute 70 000 Menschen leben. Die Freiwilligen engagieren sich entweder in der Freizeitgestaltung der Bewohner oder im kommunalen Krankenhaus, wo Pflegetätigkeiten und kleinere Behandlungen – hier sind entsprechende Vorkenntnisse gefordert – zu den Aufgaben gehören. Während des Programms leben die Helfer in einer ecuadorianischen Gastfamilie.

Info > »*Freiwilligendienst und Sprachkurs«; Global Volunteers, Pützfelder Weg 23, 53177 Bonn; Tel. 02 28 / 534 79 66 67, info@global-volunteers.de, www.global-volunteers.de*

ENTDECKER SEIN

Etwas zu tun, was noch niemand zuvor getan hat. Etwas zu wagen, was noch niemals gewagt wurde. Dieser Wunsch, hinter dem sich oft ein übermächtiges Ego verbirgt, stand am Beginn vieler historischer Entdeckungsreisen. Heute, da die Erde bis in ihre letzten Winkel erforscht ist, muss der Wunsch für die meisten Menschen unerfüllt bleiben. Für sich selbst die Welt zu entdecken lohnt sich dennoch: Schließlich ist eine Erfahrung nicht alt, langweilig oder überflüssig, nur weil sie zuvor schon ein anderer gemacht hat

Sisyphos in
Eis und Schnee

Roald Amundsen war der Erste, der den Südpol
erreichte. Rune Gjeldnes der Erste, der die Antarktis
allein und aus eigener Kraft durchquerte

DAS WEISS der Antarktis wird
für Entdecker zu einem Spiegel des
Selbst – zu einem weiten, unentdeckten
Land, das kaum zu begreifen ist

84

Der Traum eines Lebens reduziert sich in der Kälte
auf den Wunsch, unbeschadet zurückkommen zu dürfen

Text: Axel Klemmer

W

as ist bloß aus unseren Abenteuern geworden?«, fragt der Schriftsteller Christoph Ransmayr im Vorwort zu seinem Roman »Die Schrecken des Eises und der Finsternis«. Dann erzählt er die Geschichte einer Implosion, die mit zwei einfachen Sätzen über ihren Helden beginnt: »Josef Mazzini reiste oft allein und viel zu Fuß. Im Gehen wurde ihm die Welt nicht kleiner, sondern immer größer, so groß, dass er schließlich in ihr verschwand.« Auch in der Wirklichkeit gibt es solche Geschichten. Roald Amundsen, 1872 geboren, Sohn wohlhabender und früh verstorbener Eltern, erreichte als erster Mensch den Südpol und verschwand später am Nordpol. Als Schuljunge, mit 15 Jahren, hatte er von den Abenteuern des englischen Seefahrers John Franklin gelesen, der auf der Suche nach der Nordwestpassage verschollen war. Amundsen mogelte sich durch das Abitur, brach sein Studium ab, erlernte die Seefahrt, versetzte sein Erbe und segelte, 33-jährig, als Erster durch die Nordwestpassage. Im Jahr 1911 »eroberte« er den Südpol. Und am 18. Juni 1928 startete er zu seinem letzten Flug Richtung Nordpol, wo er sich mitsamt seinem Flugzeug in Luft auflöste oder ins Eiswasser fiel, was auch egal ist: Der gefeierte Entdecker mit dem mürrischen Blick war endlich angekommen.

Die Fahne

Männer im Schnee, vor sich einen Mast mit einer Fahne. So sehen Helden aus. Oder Beamte im Außendienst? 94 Jahre liegen zwischen den Fotos, und doch scheint die Zeit in der Antarktis stehen geblieben zu sein. Das erste Bild dokumentiert die Zeremonie einer Landnahme. Der norwegische Entdecker Roald Amundsen erreicht am 14. Dezember 1911 zusammen mit seinen Begleitern als erster Mensch den Südpol und markiert ihn vor der Ankunft des Rivalen Robert F. Scott. Dass er seinen neuen Besitz der norwegischen Krone überschreibt und »König-Haakon-VII-Land« nennt, ist nicht weiter von Belang. Es ist allein die Tat, die adelt, und die trägt den Namen Roald Amundsen. Das zweite Foto, mit Selbstauslöser aufgenommen, zeigt

DER MARSCH zum Südpol war zwar das Hauptziel, aber doch nur ein kleiner Teil der vierjährigen Expedition Roald Amundsens. Das Ziel Rune Gjeldnes' dagegen stand fest: Er wollte die wildeste, spektakulärste Durchquerung der Antarktis machen

ROALD AMUNDSEN

Roald Engelbregt Gravning Amundsen wurde am 16. Juli 1872 in Norwegen geboren. Dem Willen seiner Eltern zuwiderhandelnd, wurde er zu einem der bedeutendsten Entdecker des 20. Jahrhunderts. Amundsen war nicht nur der Erste, der den Südpol erreichte – von seinem Schiff »Fram« aus schlug er sich bis zu jenem Punkt durch, der die Fantasie der Menschen schon lange beflügelt hatte. Zwischen 1903 und 1906 segelte er auch durch die Nordwestpassage; zwischen 1918 und 1920 erkundete er die Nordostpassage. 1926 wagte er mit dem Italiener Umberto Nobile die Überquerung der Arktis in einem Luftschiff. Amundsen starb am 18. Juni 1928 während einer Rettungsexpedition für den verunglückten Nobile

In der endlosen Weite wird ein Sturm zum Ereignis.
Weil er die Monotonie der Stille unterbricht

Die Abenteurer verlassen früh ihre Universitäten. Als Schule des Lebens betrachten sie die Wildnis

RUNE GJELDNES

Rune Gjeldnes wurde am 20. Mai 1971 in Norwegen geboren. Er vollendete eine Ausbildung als Elitekämpfer beim norwegischen Militär. Seine Erfahrungen setzte er in gewagten Expeditionen in arktischen Gefilden um. 1996 durchquerte er mit seinem Landsmann Torry Larsen Grönland von Norden nach Süden. Vier Jahre später gingen die Abenteurer von Sibirien über den Nordpol nach Kanada. Für die 2100 Kilometer benötigten sie 109 Tage

SO SEHEN Helden aus. Roald
Amundsen am Südpol, Rune Gjeldnes
inmitten der Antarktis. Fast scheint
es, als böte ihnen ihre Fahne Halt.
Oder zumindest eine Orientierung
in der sie umgebenden Leere

Rune Gjeldnes, einen anderen norwegischen Polreisenden,
auf seinem weiten, einsamen Weg quer über die südliche
Polkappe. Das Bild entstand am 24. November 2005, dem
hundertsten Jahrestag der Ankunft der norwegischen
Königsfamilie in Kristiania, dem heutigen Oslo. Gjeldnes
war lange Jahre Soldat, jetzt ist er Abenteurer und gehorcht,
obwohl es längst kein Land mehr zu erobern gibt, vor der
Kamera dem »Comme il faut«.

Der Traum

Amundsens Abenteurerkarriere beginnt mit dem Ende der
Familie. Der Vater stirbt 1886, und dem Sohn scheint es,
als komme ein seltener Gast nun gar nicht mehr ins Haus.
Sieben Jahre später stirbt auch die Mutter, und der 21-
jährige Roald ist endlich frei zu tun, was sie bestimmt nicht
gutgeheißen hätte: »Mit unsäglicher Erleichterung verließ
ich die Universität, um mich mit ganzer Seele in den Traum
meines Lebens zu stürzen.«
Die Nordwestpassage ist erst der Anfang, eine visionäre
Kleinexpedition auf dem umgebauten Heringsfänger »Gjøa«
mit nur sechs Mann Besatzung. Das »eigentliche Ziel«,
so nennt es auch der elf Jahre ältere Polarforscher Fridtjof
Nansen, liegt noch weiter im Norden. Doch am Nordpol
kommen ihm in den Jahren 1908 bzw. 1909 Frederick Cook
und Robert Peary zuvor. Beide Amerikaner bleiben zwar
Beweise für ihren Erfolg schuldig, doch die Aussicht, am
Ende nur Bronze zu kassieren, erträgt Amundsen nicht.
Sein Traum ist es, Erster zu sein, und das kann ihm jetzt nur
noch am Südpol gelingen – wenn er sich beeilt: Der Engländer Robert Falcon Scott ist bereits dorthin unterwegs.

So beginnt 1911 der historische Wettlauf zum Südpol, den
Rune Gjeldnes für das größte Abenteuer aller Zeiten hält.
Diese Geschichte ist so spannend, sie ließe sich gar nicht
erfinden, das weiß auch die Generation der Urenkel. So
war fast zwangsläufig, wovon der junge Rune träumte – dass
er mit 13 ein Navy Seal, ein Supersoldat, werden und mit
16 auch noch Grönland überqueren wollte. Weil er seine
Träume tatsächlich wahr machte, nennt man einen wie ihn:
außergewöhnlich.

Das Unbekannte

Sehen, was noch keiner gesehen hat ... Am 9. Januar 1909
hat sich der Engländer Ernest Shackleton dem südlichen
Endpunkt bis auf eineinhalb Breitengrade genähert, ehe ihn
mangelnde Vorräte und schwindende Kräfte zur Umkehr
zwingen. Durch das Fernglas erspäht er »nichts anderes« als
eine weiße Fläche – die Antilandschaft schlechthin:
»Auf der Hochebene, die sich bis zum Pol hin erstreckte,
war nirgends eine Unterbrechung wahrzunehmen.«
Die Vorstellung, dass da eine »Unterbrechung« sein müsse.
Die Erkenntnis, dass da keine ist. Als Amundsen fast drei
Jahre später das Ziel erreicht, kann er nicht im Mindesten
über das staunen, was er vorfindet: Schnee. Der Südpol ist
nicht länger ein großer weißer Fleck auf der Karte, er ist ein
großer weißer Fleck in der Wirklichkeit. Der Entdecker aber
wird schreiben: »Eines der größten Geheimnisse des Erdballs
hat aufgehört zu bestehen.« Damit irrt er sich, denn der
Mensch braucht das Geheimnis mehr als seine Lösung. Und
wo nichts ist, kann schließlich alles sein.
Reinhold Messner, der zusammen mit Arved Fuchs von
November 1989 bis Februar 1990 die Antarktis überquert,
entdeckt in der Eiswüste unerforschte Länder: »Mir ging
es nicht um die Welt draußen, sondern um die Welt in mir
drinnen. Ich war der Eroberer meiner eigenen Seele.« Im
leeren Raum, wo ihn nichts mehr ablenkt von der eigenen
Existenz, wird der Mensch Messner zu Gott: »Ich war da,

Man kann sich auf dieses Abenteuer nicht vorbereiten.
Einmal begonnen, muss man es einfach erdulden

> **Der Abenteurer ist ein Scheinriese:**
> aus der Ferne unerklärlich groß,
> aus der Nähe fertig und abgebrannt

DAS TÄGLICHE MENÜ eines Antarktisforschers
bietet ebenso wenig Abwechslung wie der Kontinent selbst:
Meist gibt es Gefriergetrocknetes mit Tee. Bevor Rune Gjeldnes
den Schutz des Zeltes aufsucht, muss er erst den Schlafsack
sorgfältig ausbürsten. Bei minus 45 Grad würde sonst jeder
Ausrüstungsgegenstand sofort gefrieren

sah, hörte, ging. Die Ebene war immer gleich. Ich war weder Wissenschaftler noch Theologe noch Romantiker, trotzdem wissend.« – »Das Schlimmste ist die Stille«, sagt Rune Gjeldnes, der sich ihr 93 Tage lang und 4804 Kilometer weit aussetzte. »Und dann die visuelle Monotonie: nichts als weißer Horizont und blauer Himmel. Das ist am Anfang noch wunderbar, aber auf die Dauer macht es dich wahnsinnig.« Die Route konnte er auf guten Karten präzise vermessen. Aber die Empfindung der absoluten Einsamkeit? Die Windverhältnisse bei der Fortbewegung mit dem Lenkdrachen, der ihn über das Eis ziehen sollte? Und die Spalten in den gigantischen Küstengletschern? Längst nicht alle Schikanen kann der moderne Abenteurer voraussehen, und die größte Unbekannte entdeckt er immer erst unterwegs – sich selbst.

Das Alibi

Und wofür die ganze Mühe? Um ein Motiv für ihre Reisen waren Abenteurer selten verlegen: Sprachen sie von Forschung und Wissenschaft, spendete die bürgerliche Basis nicht nur Applaus, sondern auch Geld. Große Expeditionen sind teuer, und dem Entdecker mangelt es, klar, an der Zeit für eine geregelte Erwerbstätigkeit. Allerdings, was kann er an konkreten Ergebnissen präsentieren? Ob er am Südpol 43 oder 57 Grad unter null gemessen hat, interessiert im nächsten Moment keinen Menschen mehr. Aber wie sich die Kälte anfühlt, wie man sie monatelang überlebt, das will der Couch-Potato auch nach hundert Jahren noch wissen.

Roald Amundsen war ein uninteressierter Forscher. Die wissenschaftlichen Erkenntnisse seiner Polreise sind dürftig. Sehr viel Zeit und Mühe verwendete er dafür auf präzise Messungen der erreichten Position und auf stundenlanges Schneetreten im weiteren Umkreis. Sollte später keiner behaupten können, er hätte den Pol nicht wirklich erreicht! Überhaupt, schreibt der Publizist Tor Bomann-Larsen in seiner Amundsen-Biografie, ging es dem Norweger nicht darum, die Welt zu entdecken – er wollte, dass die Welt ihn entdecke. Der forschende Künstler in der Tradition Alexander von Humboldts war endgültig Geschichte, die Welt gehörte dem extrovertierten Ego-Shooter. Es dauerte

aber noch einige Jahrzehnte, ehe Reinhold Messner das Credo dieser neuen Abenteurer-Generation selbstbewusst formulierte:

»So wie ich Bergsteiger nicht mochte, die ihr Tun mit wissenschaftlichen Zielen rechtfertigten, fand ich Expeditionen suspekt, die eine ökologische Rechtfertigung brauchten. Natürlich unternahm ich diese Expedition, weil ich neugierig war und wieder ein Abenteuer suchte. Ich war dabei ein Mensch mit Hunger nach Anerkennung, mit Ehrgeiz und dem Bedürfnis nach Steigerung – so wie andere Menschen auch.«

Die Entbehrung

Zähne zusammenzubeißen lernt man auch im Sportinternat. Die Sonderschule für die ganz harten Jungs aber ist das Militär. Beim Spezialkommando der norwegischen Marine erfuhr Rune Gjeldnes alles, was ein Mann braucht, um sich in feindlicher Umgebung durchzuschlagen. Über den Pol zu laufen sei ein bisschen so, wie einen modernen Krieg zu führen, sagt er in seinen Vorträgen: Nur wer physisch und mental fit sei und außerdem »gut eingestellt«, komme am Ende durch. Aber wie will man sich auf das vorbereiten, was Roald Amundsen im Winterlager 1911 an der antarktischen Küste erlebte?

»Die Sonne verließ uns am 22. April, und wir sahen sie erst nach vier Monaten wieder.« Wer diese Ungeheuerlichkeit annähernd begreifen will, müsste sich wahrscheinlich beim Lesen dieses einen Satzes vier Monate lang Zeit nehmen. Schon auf seiner ersten Expedition 1897, damals noch als Zweiter Offizier an Bord der »Belgica«, die festgefroren im Eis lag, überstand Amundsen die dunklen Wintermonate; und dann noch dreimal während der Nordwestpassage. Leben von Nacht und Nordlichtern, das also war der Traum seines Lebens! Schon als Junge habe er »für eine erhabene Sache leiden« wollen; »entdecken«, das bilanzierte Amundsen viele Jahre später, bedeute oftmals nur den Versuch, dabei nicht zu verhungern.

Sein Widersacher Robert F. Scott, kein Zivilist wie der Norweger, sondern Offizier der britischen Krone, verhungerte. Ohne Aussicht auf sichere Rückkehr hatte er sich und seine Mannschaft zum Südpol getrieben und das Rennen gegen Amundsen dennoch verloren. »Die Schinderei hat Scott im kitschigen Licht krankhafter Selbstaufopferung dargestellt«, urteilt Reinhold Messner. »Opfersüchtige Abenteurer waren mir suspekt. Dass Schinderei dem Menschen wohltue oder ihn sogar adle, ist ein dummes Vorurteil.«

Der Erfolg

Erfolg tut gut, definitiv. »Erfolg ist süß«, schreibt Rune Gjeldnes auf seiner Website. Auch Ruhm sei nicht zu verachten. »Ehrlich«, sagt er lächelnd, es gebe ihm ein gutes Gefühl, dass die Menschheit wisse, was er geschafft habe. Grönland 1996: 2895 Kilometer in 86 Tagen; Arktis 2000:

2100 Kilometer in 109 Tagen; Antarktis 2005/06: 4804 Kilometer in 93 Tagen, solo, die längste Ski-Expedition aller Zeiten. Keiner vor ihm hat sowohl den Nordpol als auch den Südpol »by fair means«, im abenteuerlichsten Stil, ohne Lebensmitteldepots oder Hilfe aus der Luft, überquert. Erster sein, Schnellster sein. Zuverlässig erregt der Rekord das größte Aufsehen, und immer wieder sind es nackte Zahlen, die den Erfolg anzeigen: »8848 m« am Mount Everest oder eben »90° 00' s. Br.« am Südpol. Mission accomplished. »Unser letzter Marsch südwärts ist zu Ende. Wir haben getan, was wir konnten. Das Ergebnis ist 88° 23' s. Br.« Diese knappen Sätze notiert Ernest Shackleton am 9. Januar 1909, als er mit seinen drei Begleitern nur etwa 155 Kilometer vom Südpol entfernt umkehrt. Ihre vier Ponys sind längst tot, die Männer ziehen ihre Schlitten selbst. Nun können sie nicht mehr weiter – nur noch um den Preis, auf dem Rückweg umzukommen. Das ist ihnen der Schnittpunkt unsichtbarer Meridiane nicht wert. Darum kehren sie um und feiern später, weit weniger beachtet als zwei Jahre später die Norweger um Amundsen, den größten Erfolg: das Überleben.

Das Scheitern

»Erfolg und Scheitern sind nach außen hin gleich lächerlich«, schreibt Reinhold Messner. Noch am Pol empfand Roald Amundsen, ironisch verhüllt, im Sieg die Niederlage. Nie zuvor habe wohl ein Mensch »in so völligem Gegensatz« zum Ziel seines Lebens gestanden: »Der Nordpol selbst hatte es mir von Kindesbeinen an angetan, und nun befand ich mich am Südpol!« Das ist eitles Understatement. Sein wirkliches Scheitern erlebte der Experte für Kälte als Mensch. Zeit seines Lebens war er unfähig, in Beziehung zu anderen Menschen zu treten. Kinder hatte er nicht, eine – verheiratete – Geliebte schon. Zu ihr schlich er mit dunkler Brille und angeklebtem Bart. Amundsens Tagebuch ist ein Konvolut hochtrabender und hohler Liebesbriefe, die ihre Adressatin nie zu lesen bekam. Als sein Sonnenschein endlich geschieden war und die Liaison öffentlich machen wollte, schenkte Amundsen ihr nicht das Tagebuch, sondern gab ihr einen Korb – per Telegramm. In der Chronik der Abenteuer mag das lediglich eine Fußnote sein. Adventuresoap sozusagen, mehr nicht. Denn was ist das menschliche Versagen Amundsens schon gegen das Schicksal seines großen Rivalen Scott? Acht Monate nach dem Ende des »Rennens« fand man seine gefrorene Leiche und mit ihr ein Tagebuch, in dem der Verlierer ein erschütterndes Zeugnis seiner Niederlage ablegte. Scott hatte die »Unterbrechung« in der Leere gesehen, er hatte das kleine Zelt der norwegischen Sieger am Südpol gefunden und seine Mannschaft dennoch Aufstellung nehmen lassen. Das Bild der geschlagenen, erschöpften Engländer, die zehn Wochen später tot sein

Die Antarktis ist ein schöner Schein. Erst im Rückblick wird sie erträglich

werden, ist eine Ikone des 20. Jahrhunderts. Wer kann sich dagegen an die Aufnahme der feiernden Norweger erinnern?

Das Abenteuer

Das letzte Abenteuer ist der Tod. In der Polarnacht des Winters 2000 überquerten Rune Gjeldnes und sein Partner Torry Larsen als Erste die Arktis zu Fuß, von Sibirien über den Nordpol nach Kanada. Sie legten die Strecke von 2100 Kilometern in 109 Tagen zurück. Sie verloren unterwegs ihre Schlitten und auch den größten Teil ihrer Ausrüstung. Sie hatten nicht mehr als 48 Stunden Leben in sich, als Ärzte sie gleich nach ihrer Ankunft untersuchten. So erschöpft waren sie. Sein Buch über diese Expedition nannte Rune Gjeldnes »Dead Men Walking«.

EXPEDITIONEN IN DIE ANTARKTIS sind eine logistische Herausforderung. Diese allein zu stemmen ist – vor allem angesichts der damit verbundenen Kosten – fast unmöglich. Dafür gibt es Spezialanbieter, die auch Reisen zum Südkontinent im Programm haben. So bietet etwa Amical Alpin eine Expedition zum Vinson-Massiv an – ein Hochplateau etwa 1000 Kilometer vom Südpol Richtung Feuerland entfernt, das im 4897 Meter hohen Mount Vinson kulminiert. Der Anstieg auf diesen Berg ist technisch einfach, erfordert aber wegen der Höhe, der Kälte und der Isoliertheit ein großes Maß an Erfahrung und Selbstüberwindung. Man muss für dieses Abenteuer nicht nur konditionell fit, sondern auch ein guter Bergsteiger sein.

Information: »Mount Vinson Expedition«; Amical Alpin, Brombachweg 24a, 77815 Bühl; Tel. 072 23/91 17 86, info@amical.de, www.amical.de

Roald Amundsen machte der Öffentlichkeit vor, dass Abenteuer »nur eine unwillkommene Unterbrechung ernster Arbeit« seien: Jeder Entdecker erlebe Abenteuer; sie regten ihn an, und er denke gern an sie zurück, aber er suche sie niemals auf.

Als bekennender Abenteurer steht Rune Gjeldnes heute nicht nur für den kulturellen, sondern auch für den technischen Wandel: Während die Welt von Roald Amundsens Fahrten meistens erst mit monatelanger Verzögerungen per Telegraf erfuhr, berichtete Gjeldnes täglich, nahezu in »real time« und immer mit aktuellen Fotos, aus seinem Zelt in der Antarktis. Auch an den abgelegensten Plätzen der Welt geht eine moderne Expedition online. Das Satellitentelefon auf dem Mount Everest ist längst sprichwörtlich – aber was übermittelt es neben unterdrücktem Rauschen

eigentlich? Dass einer nach vielen Mühen und unter großen Gefahren dort hingekommen ist, wo keiner bleiben kann. Am Ende ist der Entdecker ein Scheinriese: von Weitem unerklärlich groß, aus der Nähe abgerissen und abgebrannt. Er ist seltsam. Er riecht. Er sagt, sein Leben habe Sinn. Im »Mythos von Sisyphos« schrieb Albert Camus: »Der absurde Mensch sagt Ja, und seine Mühsal hat kein Ende mehr. Wenn es ein persönliches Geschick gibt, dann gibt es kein übergeordnetes Schicksal oder zumindest nur eines, das er unheilvoll und verächtlich empfindet. Darüber hinaus weiß er sich als Herr seiner Zeit.«

So kehren wir zurück zu den Männern im Schnee. Die keinen Stein auf einen Berg rollen, sondern eine Fahne in den Schnee stecken. Die, weil es sonst nichts gibt, Besitz ergreifen von sich selbst: einem weiten, unentdeckten Land. ■

Im Kühlschrank des Südens

85

NUR SELTEN sind die Gewässer vor South Georgia für Touristenschiffe so sorglos zu befahren. Auf der Insel angekommen, fragt man sich, wer hier wen bestaunt. Dann geht es durch die Eisberge des Weddellmeers weiter zum antarktischen Kontinent

>>> **ANTARKTIS** In der St. Andrews Bay auf der Insel South Georgia quietscht es in allen Tonlagen. 250 000 Königspinguine leben hier auf engstem Raum. Die Älteren füttern ihre Jungen, baden, jagen Fische oder spazieren über den Strand. Andere betrachten neugierig die fotografierenden Besucher. Zehntausende erledigen ganz andere Geschäfte – gleichzeitig. Und alle zusammen erzeugen eine lautstarke Kakophonie: Die flugunfähigen Vögel stoßen schrille Töne in verschiedenen Lagen aus, um ihre Partner in der Menge wiederzufinden. Für die meisten Antarktisbesucher ist der Anblick der putzigen Pinguine der Höhepunkt ihrer Reise. Insgesamt leben vor der grandiosen Berg- und Gletscherkulisse South Georgias mehrere Millionen Pinguine, Hunderttausende Pelzrobben und die mit bis zu dreieinhalb Meter Spannweite größten Meeresvögel, die Albatrosse.

Mindestens ebenso interessant wie die Fauna der Insel ist der Part, den South Georgia in der Historie der großen Entdeckungsreisen spielte. Auf der zur Süd-Shetland-Gruppe gehörenden Insel setzte der legendäre Abenteurer Sir Ernest Shackleton zum ersten Mal wieder Fuß auf Land, nachdem er 497 Tage auf See verbracht hatte. Beim Versuch, den antarktischen Kontinent durch das Weddellmeer zu erreichen, war sein Schiff, die »Endurance«, vom Packeis eingeschlossen worden. Eineinhalb Jahre dauerte es, bis Shackleton nach einer gefährlichen Fahrt mit einem Beiboot South Georgia erreichte. Und anschließend seine auf einer kleinen Felseninsel zurückgebliebenen Matrosen retten konnte.

Für die heutigen Touristen fällt der Besuch des antarktischen Festlandes dagegen meist kurz aus: Er dauert nicht länger als drei, vier Tage, denn die Antarktis ist von schwierig zu befahrenden Gewässern umgeben. Hat man das Festland durch die stürmische Drake Passage aber erst einmal erreicht, wird man von stiller antarktischer Schönheit betört. Fantastische Berge ragen aus dem ewigen Eis auf. Glitzernde Gletscher schlängeln sich wie überdimensionale Autobahnen über den Kontinent. Wo sie ins Meer kalben, brechen regelmäßig riesige Brocken ab. Die Geburt der Eisberge wird von einem ohrenbetäubenden Donnern begleitet. Trotz milder minus drei Grad Celsius verschlägt einem der Wind den Atem. Gefühlt herrschen minus 20 Grad. Menschenfeindlicher kann eine Umgebung kaum sein.

Auf South Georgia, inmitten der Pinguinkolonien, hat dagegen auch der Mensch seine Spuren hinterlassen: An der Küste liegt Grytviken, einst die größte Walfangstation der Antarktis. Heute ist sie ein Museum, in dem die Geschichte des Walfangs dokumentiert wird. Verwalter Tim Carr lebt seit 15 Jahren hier. Und er will nie mehr weg:

  »Der Tierreichtum ist fantastisch. Und im Winter ist die Insel perfekt zum Skifahren.« *Daniel Peterlunger*

Info > *»Antarktis: Traumreise ins ewige Eis«; Background Tours, Neuengasse 30, PF 7722, CH-3001 Bern;*
Tel. 0041 /31 /313 00 22; info@background.ch, www.background.ch

Zum Nordpol wandern

>>> **ARKTIS** Der April ist der einzige Monat, um zum Nordpol zu wandern: Die Sonne geht dann nicht mehr unter, die Eisdecke ist stabil, die Temperatur für die Breitengrade relativ hoch – um minus 20 Grad Celsius. Ausreißer nach oben und unten sind natürlich möglich … Die Kälte ist jedoch nicht die einzige Widrigkeit, auf die man sich bei diesem Abenteuer einstellen sollte. Dazu kommen der Wind, die Gefahrenstellen des offenen Eises, die Nächte im Zelt und natürlich die körperliche Anstrengung. Schließlich gilt es auch, einen Schlitten mit der kompletten Ausrüstung durch zum Teil aufgeworfenes Eis hinter sich her zu ziehen. Der Schweizer Thomas Ulrich ist einer jener erfahrenen Polarabenteurer, die den Trip zum Nordpol als geführte Tour anbieten. Dieser beginnt mit einem Flug von Oslo nach Spitzbergen. Von dort erreicht man mit einer Antonow 74, einem Kurzpistenjet für 30 Passagiere, in drei Stunden Flug die Eisstation »Barneo«, die von einem russischen Unternehmen jedes Jahr auf das Treibeis gesetzt wird. Nach vier bis fünf Wochen versinkt sie wieder im Ozean. Forschern und geführten Expeditionen dient sie als Basisstation für den Aufenthalt in der Arktis. Von Barneo transportiert ein Helikopter die Nordpolwanderer weiter zum 89. Breitengrad. Hier beginnt die eigentliche Reise: 111 Kilometer liegen zwischen den Abenteurern und dem nördlichsten Punkt der Erde, den sie in sieben bis zehn Tagen zu erreichen versuchen. Dort werden sie von einem russischen Helikopter wieder abgeholt. Man muss laut Angaben des Veranstalters kein Extremsportler sein, um diese Herausforderung bewältigen zu können. Eine gute körperliche

   und seelische Konstitution kann aber bestimmt nicht schaden.

Info > »Abenteuer Nordpol«; Thomas Ulrich, Visual Impact, Kammistrasse 11, Postfach 143, CH–3800 Interlaken; Tel. 0041/33/8234708, mail@thomasulrich.com, www.thepole.ch

Die Anden erkunden

>>> **PERU** 1957 organisierte der Pforzheimer Ingenieur Günter Hauser mit ein paar Freunden eine »Anden-Kundfahrt«, während der sie unbekannte Gipfel in den peruanischen Anden besteigen wollten. Höhepunkt der Reise war die erste Besteigung des 5947 Meter hohen Alpamayo, der vielen ob der pyramidenartigen Form als schönster Berg der Erde gilt. Zuvor waren die Pioniere auch in den Kordilleren Carabaya und Vilcanota unterwegs; diese Gebirgszüge zählen bis heute zu den am wenigsten besuchten Gegenden der Anden. Übrigens: Nachdem Hauser in den Folgejahren auch den Himalaja besucht und als Entwicklungshelfer in Afrika gearbeitet hatte, bündelte er 1973 seine organisatorischen und bergsteigerischen Fähigkeiten in der Gründung von »Hauser Exkursionen«. Heute zählt dieser Trekkingveranstalter zu den größten seiner Art. Eine Reise in den Süden Perus ist also nicht nur eine Reise »Auf den Spuren der Inka durch die Anden« – sie ist auch eine Reise auf den Spuren Günter Hausers.

Auf dem Programm stehen zunächst der Besuch der »weißen Stadt« Arequipa sowie des Titicacasees. An dessen Ufern wurde vor circa 8000 Jahren die erste Kartoffelpflanze kultiviert. Eine Entwicklung, die im Laufe der Jahrhunderte verschiedenen Kulturen – unter anderem auch den Inka – zur Blüte verhalf. Am sechsten Reisetag beginnt das Trekking, das die Wanderer durch die Cordillera Vilcanota führt. Neun Tage dauert es; mehrere über 5000 Meter hohe Pässe werden überquert. Die Tagesetappen betragen sechs bis acht Stunden. Höhepunkt ist die Besteigung eines der beiden Fünftausender Campa I oder Nevado Comercocha. Nach Ende des Trekkings stehen die Besichtigung der einstigen Inka-Hauptstadt Cuzco und des legendären Machu Picchu auf dem Programm.

Info > »Auf den Spuren der Inka durch die Anden«; Hauser Exkursionen, Spiegelstraße 9, 81241 München; Tel. 089/2350060, info@hauser-exkursionen.de, www.hauser-exkursionen.de

Von Vancouver nach Bella Coola

>>> **KANADA** »Alex MacKenzie from Canada by land, 22nd July 1793«, so lautet die Inschrift in Zinnober und geschmolzenem Fett auf einem von den Gezeiten glatt geschliffenen Stein im Queen Charlotte Sound. Hier, an der Westküste Kanadas, an der Mündung des Bella Coola River, hatte der Schotte Alexander Mac-Kenzie nach einer 2250 Kilometer langen Reise voller Torturen endlich sein Ziel erreicht. Im Auftrag der North West Company hatte er einen Landweg von der Hudson Bay zum Pazifik gefunden. Eine Leistung, die den Handel zwischen Kanada und Asien in den Folgejahren dramatisch verändern sollte.

Man muss heute nicht wie der berühmte Entdecker gegen Indianer und Bären kämpfen, um einen Eindruck davon zu bekommen, was Alexander MacKenzie während seiner knapp ein Jahr dauernden Reise erlebt hat. Es geht zum Glück auch wesentlich einfacher. So wirkt etwa eine knapp zweiwöchige Reise von Vancouver entlang der Coast Mountains nach Bella Coola wie eine Reise in die Vergangenheit Kanadas. Sieben Tage ist man in der Wildnis der Rainbow Mountains unterwegs. Durch diese Berge kämpften sich einst auch MacKenzie und seine Begleiter. Von der langen Reise entlang an wilden Flüssen geschwächt, mussten sie pro Mann noch 45 Kilogramm Gepäck über die Berge tragen. Die Ausrüstung

und die Vorräte der heutigen Wanderer werden dagegen von Packpferden transportiert. Da lässt sich die große Wildnis des   kanadischen Küstengebirges natürlich um einiges entspannter erleben.

Info > »Auf den Spuren von Alexander MacKenzie«; The Great Canadian Adventures Company, 6714 101 Avenue, Edmonton, Alberta, Canada T6A 0H7; Tel. 001/780/414 16 76, info@kanadisch.com, www.kanadisch.com

---

Spirit of the Murray

>>> **AUSTRALIEN** Der Murray River ist ein langer Fluss. 2589 Kilometer lang ist seine Reise von den Snowy Mountains westwärts durch die australischen Bundesstaaten New South Wales, Victoria und South Australia, wo er in die Südaustralische See mündet. Für diese vielen Kilometer ist er allerdings auch ganz schön flach. Weshalb Kapitän Jock Veenstra mit seinem 20 Meter langen Katamaran »The Spirit of the Murray« auch schon mal auf Grund läuft. Für den erfahrenen Flussschiffer ist das allerdings kein Problem. Zur Not springt er selbst ins Wasser, um sein Schiff

von einer Sandbank zu befreien oder von einem quer liegenden Baumstamm wegzuschieben. Lohnen tut sich diese Mühe seiner Ansicht nach allemal, denn der Murray River fließt durch eine der schönsten und spektakulärsten Gegenden Australiens. Und außerdem: Als Passagier kann man es sich ja getrost auf dem Sonnendeck bequem machen, während der Kapitän schuftet. Die längste Fahrt auf dem Oberlauf des Murray führt von Echuca nach Mindura. Sie dauert acht Tage und sieben Nächte, die man in Orten an den Ufern des Flusses verbringt. Die quirligen Hafenstädte erinnern an die Zeiten, als der Murray Haupttransportweg für den Handel zwischen der Küstenregion und dem australischen Outback war. Damals wurden vor allem Baumaterial und Handwerkszeug flussaufwärts, Schafwolle, Getreide und Erze flussabwärts gebracht. Den Geist dieser Pionierzeit lässt eine Fahrt mit »The Spirit of the Murray« wiederaufleben. Dafür sorgt auch Kapitän Veenstra selbst: Sein Vater, ein aus Holland eingewanderter Bootsingenieur, baute einst die dreistöckigen Rad-   dampfer, mit denen er an der Mündung des Murray umherschipperte.

Info > »The Murray River Run«; Spirit Australia Cruises, Main Wharf, River Port of Goolwa, South Australia 5214, Australien; Tel. 0061/8/85 55 22 03, bookings@coorongcruises.com.au, www.coorongcruises.com.au

Auf den Spuren Marco Polos

90

Bresche springt Perestroika Tours und übernimmt für die Reise auf den Spuren des Venezianers sowohl die Planung als auch die konkrete Vorbereitung – also Buchungen von Fähren, Campingplätzen und Hotels, Visabeschaffung, Reiseversicherung, Reiseleitung, deutschsprachige Dolmetscher, Stadtbesichtigungen, kulturelle Programme, Eintrittsgelder, Bustransfer, Verköstigung und Bewachung der Fahrzeuge.

Im Prinzip braucht man sich also nur noch hinter das Steuer zu setzen, und die 147 Tage dauernde Expedition kann losgehen. Sie beginnt stilecht in Venedig und führt über Kleinasien nach Teheran. Von dort geht es auf der alten Seidenstraße bis Peking. Über Ulan-Bator – die Hauptstadt der Mongolei – führt der Weg ins russische Burjatien und nach einem Aufenthalt am Baikalsee über Irkutsk, Nowosibirsk, Moskau und Minsk bis Warschau. Gefahren wird meistens im Konvoi. Dies ist mit allen handesüblichen Campingbussen und Wohnmobilen möglich. Eine er-

>>> **ASIEN** Wie weit Marco Polo auf seiner legendären Asienreise, die er 1271 als 17-Jähriger in Venedig begann, wirklich gekommen ist, weiß man nicht. Heute streiten sich die Gelehrten sogar darüber, ob er je selbst in China war – oder ob er seine Reiseerzählungen auf die mündlichen Berichte anderer Reisender stützte. Wie dem auch sei: Sicher ist, dass es die Werke Marco Polos waren, die die europäischen Handelsinteressen im Orient und in China erst weckten und schließlich auch beförderten. Der in den folgenden Jahrhunderten mal mehr, mal weniger sprudelnde Handel wurde über die Seidenstraße abgewickelt. Mit dem Reiseveranstalter Perestroika Tours, der seit 1990 geführte Fahrten mit dem Campingmobil nach Osteuropa anbietet, kann man sich »Auf die Spuren Marco Polos« begeben. Die Philosophie des Anbieters ist einleuchtend: Viele Reisende würden Osteuropa, den Nahen und Mittleren Osten sowie Asien gern mit dem eigenen Fahrzeug erkunden. Die meisten Abenteuerlustigen haben aber zu wenig Zeit für die Vorbereitung – schließlich muss man vor dem Reisen erst mal das Geld dafür verdienen –, wollen sich nicht mit der Bürokratie der bereisten Staaten auseinandersetzen oder trauen es sich schlicht nicht zu, auf eigene Faust loszufahren. In diese

fahrene deutsche Reiseleitung begleitet die Gruppe auf der ganzen Route. Ab der Einreise in den Iran werden die Abenteurer auch von einheimischen Dolmetschern betreut. Dabei werden sie sicher viel über Marco Polos Geschichte erfahren – die laut »Enzyklopädie der Entdecker und Erforscher der Erde« ein »blankes Fabelstück, um es deutlicher zu sagen: der kolossalste Schwindel der globalen Entdeckungsgeschichte« ist. Das mag durchaus so sein. Doch ob nun wahr oder erfunden – eine gute Geschichte ist sie jedenfalls.

Info > *»Auf den Spuren Marco Polos«; Perestroika Tours, C.C. Schinderhannes, 56291 Hausbay/Pfalzfeld; Tel. 06746/80280, info@mir-tours.de, www.mir-tours.de*

DIE REISE INS INNERE

Manchmal drängen sich diese Fragen auf.
Wer bin ich, was will ich, was soll ich tun?
Lähmend können diese Fragen sein: weil es
unendlich viele mögliche und zugleich
doch so wenige realisierbare Antworten
auf sie gibt. Meist ist es daher das Beste,
sich möglichst schnell für eine Option zu
entscheiden. Etwas auszuprobieren, etwas
zu tun, etwas zu verändern – um dadurch
Freiheit zu gewinnen. Und irgendwann
vielleicht eine passende Antwort zu finden

Vom Werden eines Schmetterlings

Fiona Graham ist Sayuki. Oder ist Sayuki
Fiona Graham? Manchmal weiß das die australische
Geisha selbst nicht mehr so genau

DAS SHIROI,
das weiße Make-up der
Geishas, ziert auch Sayukis
Nacken. Dessen Ansicht
gilt in Japan als erotisch

91

IHRE INITIATION zur Geisha führte Sayuki eine Nacht lang durch den Tokioter Stadtteil Asakusa. Zum Glück blieb der Fahrer ihrer Jinrikisha hellwach

DIE GESCHICHTE der Geishas ist eine Geschichte der Emanzipation – auch wenn die 1920 versammelten Frauen dem Tokioter Polizeichef eher eingeschüchtert zuzuhören scheinen. Immerhin gelang es den Geishas schon damals, sich in einer Art Gewerkschaft zu organisieren, die sich um die soziale Absicherung der Unterhaltungskünstlerinnen kümmerte. Bis heute leben die Geishas in einer verschworenen Gemeinschaft, die ihnen nicht nur strenge Rituale auferlegt, sondern auch in Zeiten der Not zur Seite steht

Text: Birgit Ackermann

V or dem Spiegel sitzt Fiona Graham. Leicht nach vorn gebeugt, mit weit geöffneten Augen trägt sie das Shiroi auf. Die Stirn, um die Augen herum, Wangen, Mundpartie, das Kinn. Auch Hals, Dekolleté und Nacken – überall legt sie das weiße Make-up auf und bestäubt es anschließend mit feinem Puder. Dann zieht sie Augenbrauen, Lider und Wimpern nach, schwarz. Zuletzt färbt sie ihre Lippen tiefrot. Als sie wieder aufsteht, ist Fiona Graham zu »Sayuki« geworden. Zu einer Geisha.

Fiona Graham verwandelt sich jeden Nachmittag, stets zur gleichen Stunde. Die tägliche Schminkprozedur ist dabei nur der äußere Ausdruck einer Veränderung, die das Leben der gebürtigen Australierin vollkommen umgekrempelt hat. Mit 15 Jahren ist die Frau aus Melbourne zum ersten Mal in Japan gewesen, als Austauschschülerin. Später studierte sie an der Keio-Universität in Tokio, bereiste das Land viele Male, schrieb Bücher, in denen sie ihre Studien als Anthropologin vorstellte. Bis sie beschloss, komplett in eine japanische Lebenswelt einzutauchen und zur Geisha zu werden. Als erste und bisher einzige Frau, die nicht in Japan geboren wurde. Dazu musste Fiona Graham eine lange und harte Schule durchlaufen. Mindestens fünf Jahre dauert die Ausbildung zur Geisha. Um sie anzutreten, sagt die zierliche Australierin, »kann man nicht einfach so hereinspazieren und sich bewerben«. Gute Kontakte zu japanischen Geschäftsleuten, zu Geisha-Kunden, verhalfen Fiona Graham zum Eintritt in eine Kultur, deren Rituale und Gesetze niemals eine Fremde kennengelernt hat. Zunächst wurde sie einer Okasan empfohlen: einer Geisha-Mutter, die ein Okiya, ein Geisha-Haus, leitet. Unter den Augen ihrer Lehrerin absolvierte Fiona Graham alle Stadien der Ausbildung. Sie lernte, richtig zu grüßen, sich angemessen zu verbeugen, ihren dienstälteren Geisha-Schwestern Ehrerbietung zu erweisen. Sie wurde in den traditionellen Künsten unterwiesen: in der Teezeremonie, in Tanz, Theater und Gesang, im Flötenspiel, im Spiel des Shamisen, des dreisaitigen Lauteninstruments. Und sie perfektionierte die Gabe, sich stets gepflegt auszudrücken, wortgewandt und schlagfertig zu antworten, im Gespräch

Einst war der Beruf der Geisha ein Männerberuf

immer präsent zu sein. Denn Geishas sind vor allem eines: Meisterinnen der guten Unterhaltung.

«Schmetterlinge» werden sie in Japan genannt, weil sie sich Abend für Abend in ihrer Schönheit entpuppen. Nachdem Sayuki ihr weißes Make-up aufgetragen hat, braucht sie gut zwei Stunden, um sich anzukleiden. Vorsichtig streift sie die schwarze Echthaarperücke, die Katsura, über ihre brünetten Locken. Sie schlüpft in drei Untergewänder, dann in ihren bunten Kimono, den Ohikizuri mit der langen Schleppe und den weiten, offenen Ärmeln. Schließlich wickelt sie einen breiten, bestickten Gürtel, den Obi, von der Brust bis zur Hüfte. Dann wird er samt einem Kissen auf dem Rücken verknotet. Das ist ein wichtiges Detail: Anders als die Geishas verknoteten die Tayu, die Kurtisanen in den Vergnügungsvierteln von Tokio und Kyoto, ihre Obis auf dem Bauch. Dort also, wo sie leicht zu öffnen waren.

Kaum jemand außerhalb Japans weiß, dass der Beruf der Geisha, des Kunst-Menschen, in seinen Anfängen ein Männerberuf war. Seit dem 17. Jahrhundert unterhielten die Herren ihre Geschlechtsgenossen, die auf die Dienste einer Prostituierten warteten, mit Tänzen und Gesängen. Erst 1756 ließ sich die erste Frau als Onna Geisha, als weibliche Geisha, registrieren: Das war quasi ein früher Akt des Feminismus, denn von Anfang an legten die Damen Wert darauf, finanziell unabhängig zu sein. »Mit Prostitution«, sagt Sayuki, »hatte unser Beruf nie etwas zu tun.« Schon immer verstanden sich ihre Kolleginnen als Pflegerinnen der Künste.

Heute sind die knapp 2000 aktiven Geishas vor allem Pflegerinnen der Tradition, und sie machen ihr Leben dadurch selbst zur Kunstform. »Wenn du Geisha werden willst«, sagt Sayuki, »musst du alles neu lernen: wie man geht, steht, sitzt, spricht, tanzt und lacht.« Nicht umsonst sind sie vom japanischen Staat auch offiziell zum »lebenden Kulturgut« erklärt worden. Als solches verstehen es Geishas auch, ihren Dienst an der Vergangenheit zu einem lukrativen Geschäft zu machen. Hinter den weißen Masken verbergen sich findige Unternehmerinnen: Wer Sayuki für einen Abend buchen möchte, muss etwa 1200 Euro Handai, »Blumengeld«, dafür bezahlen. »Es wäre vollkommen falsch, Geishas als unterwürfige Dienerinnen zu betrachten«, erklärt Fiona Graham. »Sie sind starke Frauen, die ihr Leben selbst kontrollieren.«

Damit sind sie freier als die meisten Japanerinnen, selbst wenn sie sich zu Beginn ihrer Ausbildung einer strengen Hierarchie und einem ritualisierten Alltag unterwerfen müssen. Sayuki zog nach ihrer Initiation als Geisha – dabei wurde sie von ihrer Okasan etwa hundert Teehäusern und Restaurants, ihren künftigen Kunden, vorgestellt – in eine

GUT ZWEI STUNDEN benötigt eine Geisha, um sich zu schminken, um ihre Perücke und ihre Gewänder anzulegen. Ein Okiya – ein Geisha-Haus, in dem meist sechs bis acht Lehrerinnen und Schülerinnen zusammenleben – darf nur von Frauen betreten werden. Ausnahmen gelten für Ankleider und Friseure. Sie sind die einzigen Männer, die eine Geisha anfassen dürfen. Für alle anderen ist das tabu

DER OBI, ein bunt bestickter Gürtel, wird samt einem Kissen auf dem Rücken verknotet

Geishas sind keine Diener, sondern starke Frauen, die ihr Leben selbst kontrollieren

GUT EIN KILOGRAMM wogen die Perücken, die die Geishas früher trugen. Heute sind sie erheblich leichter, werden aber immer noch aus Echthaar hergestellt. Zur traditionellen Bekleidung gehören zudem hölzerne Sandalen – Okobos – und Fächer in allen möglichen Farben und Formen

Die Kunst der Geishas ist eine Kunst der Andeutungen, die viel mit Erotik, aber nichts mit Sex zu tun hat

eigene Wohnung. Dennoch verbringt sie jeden Tag viel Zeit in ihrem Hanamachi, dem Geisha-Viertel, zu dem Männer keinen Zugang haben. Den Frauenbund betrachtet sie als eine Gemeinschaft, die von Werten wie Liebe, Mitgefühl, Treue, Solidarität und Vertrauen geprägt sei. Und in der das Leben grundsätzlich erst gegen Mittag beginne: sobald die Geishas sich nach ihren nächtlichen Einsätzen ausgeschlafen haben.

Fiona Graham alias Sayuki geht dann erst mal im »Starbucks«, einer amerikanischen Kaffeekette, frühstücken. Das sei ganz normal, sagt sie: »Geishas sind zwar rund um die Uhr Geishas, aber wir haben viele Freiheiten. Wir dürfen außer Dienst zum Beispiel auch rauchen. Und die dümmste Frage, die mir je gestellt wurde, war die, ob ich noch Jungfrau sei.« Beziehungen zu Männern sind für Geishas nicht tabu, eine Hochzeit dagegen schon. Verheiratete Frauen, so will es das Rollenbild, können den Beruf der geistvollen Unterhalterin nicht mehr ausüben: Die Hingabe an einen Mann widerspreche der bewussten Selbstständigkeit, die eine Geisha verkörpert. Manche tun dies bis ins hohe Alter: Die älteste praktizierende Geisha ist 98 Jahre alt.

Ihren Ausdruck findet diese Haltung im Iki – in der Eleganz und Anmut, mit der Geishas ihre Künste darbieten, mit der sie ein Abendessen zu einem ästhetischen Genuss machen, mit der sie ihren Nacken und ihre Unterarme zeigen und dadurch sublime Erotik verbreiten. Die Kunst der Geishas ist eine Kunst der Andeutungen. Eine Kunst der dezenten Verweise, die vollkommen anders funktioniert als die rüde Fleischbeschau westlicher Zivilisation. Fiona Graham hat dies langsam lernen müssen, und sie wird nicht aufhören zu lernen. Denn um Sayuki – wörtlich übersetzt »transparente Glückseligkeit« – zu sein, muss sie sich selbst nicht nur verstehen, sondern auch hinter sich lassen können.

Das ist eine alles andere als leichte Aufgabe. Vielleicht ist der bedingungslose Wechsel zwischen den Kulturen, die Aufgabe der einen zugunsten einer anderen Persönlichkeit, auch der Grund dafür, dass Fiona Graham so unnahbar wirkt. Sie spricht sehr langsam, wählt ihre Worte akribisch genau, gestikuliert kaum. Als ob sie sich ständig beherrschen müsste. Als ob die neue Existenz als Geisha ihr nicht erlaube, die alte Fiona Graham zu sein. Vielleicht ist das ja wirklich der Preis ihres Experiments mit sich selbst: Lachen sieht man die japanische Australierin so gut wie nie. Als Sayuki dagegen kann sie ein wundervolles, nur angedeutetes Lächeln in ihr Gesicht zaubern. Dann scheint sie ganz bei sich zu sein. Und es verwundert nicht, dass die australische Geisha beliebt und auch begehrt ist. Auf den Straßen Asakusas, einem Tokioter Geisha-Distrikt, wird sie von Passanten höflich gegrüßt. Ihre Abende und

DAS IKI ist eine Haltung, die den Geishas Eleganz und Anmut auch in ihrem zivilen Leben abverlangt – zum Beispiel beim Süßigkeitenkauf in einer Ladengasse in Asakusa

Das Leben einer Geisha gleicht einem
Fenster in die japanische Vergangenheit

SAYUKI begegnet einer Okasan – einer Geisha-Mutter – mit Demut. So eine Geste wäre für ihr Alter Ego Fiona Graham früher undenkbar gewesen

Nächte sind monatelang im Voraus ausgebucht. Anfragen werden nicht direkt von ihr, sondern von einem »Geisha Office« bearbeitet. In diesen Zentralen organisieren sich die selbstständigen Geishas wie in einer Gewerkschaft. Für die Vermittlung von Kunden zahlen sie Abgaben an die Agentur. Die Gastgeber, die Sayuki einladen, sind zumeist Geschäftsleute oder Politiker, die sich einen Abend in einem Ochaya, einem Teehaus, versüßen lassen wollen.

In der Linken trägt Sayuki die Schleppe ihres hellblauen Kimonos mit den weißen Nähten, als sie in das Teehaus tritt. Der goldene Saum ihres Gewandes zwingt sie zu kleinen Schritten. Leise hört man das Klappern ihrer Holzsandalen. Der Eingang ist unauffällig gestaltet, ohne Namensschild oder Reklame, für Nicht-Eingeweihte kaum zu erkennen. Durch den Vorgarten fließt ein künstlich angelegter Bach, in dem Koi-Fische schwimmen. Ein kunstvolles Ikebana-Blumengesteck ziert die Rezeption; es wird stets passend zu den Jahreszeiten gefertigt, ein Spiegel der Natur und ihrer Gesetze. Ein Lift führt in den ersten Stock und zu dem Gemach, in dem Sayuki heute auftreten wird. Der Raum ist kahl, durch drei papierne Schiebetüren unterteilt, auf dem Boden liegen Tatami-Matten aus Stroh. Das Ambiente ist asketisch, einer Mönchszelle gleich – also wird Sayukis Darbietung umso erhabener wirken. In diesem Zimmer wird sie den Gastgebern das Essen servieren. Sie wird ihnen nach jahrhundertealten Riten Tee zubereiten. Unauffällig, stets aufmerksam wird sie in weißen Tabi-Socken von Platz zu Platz gehen, um leere Gläser nachzufüllen. Sie wird das Gespräch suchen, ihre Shamisen spielen und tanzen, so wie es der Schriftsteller Rudyard Kipling 1889 in einem Brief beschrieb: »Die Geishas verformten ihre Gewänder zu zierlichen Gebilden; sie bewegten Hände und Fächer und Füße in vollkommenem, aber langsamem Gleichtakt; sie stampften mit einem Fuß auf, während die Chormädchen mit ihren Gitarren klimperten und schmerzlich bewegt durch die hübschen kleinen Nasen maunzten. Es hätte monoton sein sollen, aber es war anziehend und zumindest für eine Stunde sogar bezaubernd. Die

Gruppen und die Posituren umgab eine zierliche Würde.« Worüber in den Teehäusern Japans gesprochen wird, was genau dort passiert, das wird man von einer Geisha niemals erfahren. Ihre Zeremonie unterliegt einem strengen Geheimhaltungskodex, dessen Verletzung eine Dame der gehobenen Unterhaltung sich niemals leisten würde. So erfährt man auch von Sayuki, die standesgemäß ihr Alter verschweigt, kein Wörtchen über ihre Gastgeber, über deren Wünsche und nichts über ihre eigene Performance. Nur was die Tabus sind, gibt sie preis: »Vor den Gästen darf eine Geisha weder essen noch trinken. Und dass sie selbst berührt oder gar geküsst wird, das ist vollkommen undenkbar.«

Wie lange Fiona Graham noch Sayuki sein möchte, weiß sie nicht. Sie lässt diese Entscheidung auf sich zukommen. Wann Sayuki wieder in ihr bürgerliches Dasein zurückkehren will, ist im Augenblick ebenso ungewiss. Noch, sagt sie, »führe ich ein erfülltes Leben«. Noch bereitet es ihr große Freude und Befriedigung, den Gastgebern und deren Gästen in den Teehäusern alte Traditionen vorzuführen – und sie damit für eine kurze Zeit in ihre eigene Vergangenheit blicken zu lassen. Dass sie dabei selbst immer mehr dazulernt – über das Land, über andere Menschen und auch über sich –, das ist mehr als ein Nebeneffekt: Es ist das Abenteuer ihres Lebens. ∎

EINE ANNÄHERUNG: Lesern ist dies ja sowieso unmöglich: Aber auch nicht jede Leserin wird sich dazu entschließen können, ihr weiteres Dasein als Geisha zu verbringen. Wer zumindest einen Einblick in das Alltagsleben der japanischen »Schmetterlinge« bekommen möchte, dem empfiehlt Fiona Graham alias Sayuki (www.sayuki.net) eine Tour mit einer Jinrikisha – einer japanischen Rikscha – durch den Tokioter Stadtteil Asakusa. Asakusa ist mit verschiedenen Linien der Tokioter U-Bahn zu erreichen; es gibt eine gleichnamige U-Bahnstation. In dem historischen Stadtviertel bestimmen Jinrikishas das Straßenbild. Am besten spricht man einfach einen Fahrer an. Eine 45-minütige Fahrt kostet 15 000 Yen, das sind etwa 120 Euro. Auf ausdrücklichen Wunsch hin führt einen der Jinrikisha-Fahrer zu Geschäften, in denen die Geishas ihre Ausstattung kaufen: kostbare Seide, Perücken, Haarschmuck, das weiße Make-up, Schuhe und Fächer.

Information: Wer mehr über die Geschichte und das Leben der Geishas lernen will, dem sei ein Blick in folgende Website empfohlen: www.hanamachi.de

Das Schneejuwel

92

LEUCHTEND WEISS ragt der Kailash aus der tibetischen Hochebene. Touristen umrunden den heiligen Berg mithilfe von Yaks, die das Gepäck tragen. Tibetische Pilger sind auf sich allein gestellt – und dennoch nicht weniger glücklich

>>> **TIBET** Der eiskalte Wind pfeift mir in den Nacken. Rechts über mir glänzt der ewige Schnee auf der Kuppe des Kailash. In meinem Rücken, am Eingang des sanft ansteigenden Tales, liegt Darchen, die staubige Siedlung. Der 4700 Meter hoch gelegene Ort ist Ausgangspunkt aller Pilger, die den Kailash – für vier Religionen ein heiliger Berg – umrunden wollen. Den 6714 Meter hohen Gipfel zu besteigen ist verboten. Hindus, Jains und Buddhisten unternehmen die Kora, die Kailash-Umrundung. Böns auch. Sie sind leicht zu erkennen, weil sie gegen den Uhrzeigersinn gehen. Die meisten Pilger sind Tibeter. Buddhisten, die sich von der Mühsal der dreitägigen Wanderung die Vergebung ihrer Sünden versprechen. »In den Steinwüsten der Gebirge gibt es einen seltsamen Pfad; auf ihm kann man den Wirbel des Lebens eintauschen gegen Glückseligkeit ohne Grenzen«, sagte der buddhistische Mystiker Milarepa vor rund tausend Jahren. Der Weg ist 53 Kilometer lang, mittendrin der 5700 Meter hohe Dolma-Pass.

Eine tibetische Familie überholt mich. Zwei Männer mit Rucksäcken, drei Frauen, eine mit Baby auf dem Rücken, drei Teenager. Fröhlich rufen sie »Tashi Delek«. Ich erwidere die Grußformel – doch leiser, weniger kräftig. Die Luft ist dünn auf 5100 Metern und der Aufstieg zum Dolma-Pass steil. Schritt für Schritt, einatmen, ausatmen, Gehmeditation. Vorbei an der Stelle, wo Pilger ein Kleidungsstück wegwerfen, um das Loslassen zu symbolisieren.

Beim Abstieg von der schneefreien Passhöhe überholt mich der Inder, den ich vorgestern in Darchen getroffen habe. Er ist allein. Geht ohne Gepäck. 84 Mal umrundete der 29-jährige Brahmajari Rajendra in den letzten Monaten den Kailash. 108 Koras sollen es werden, eine heilige Zahl. »Weshalb?«, frage ich. »Ich suche die Vereinigung mit Shiva. Gelingt dies, so wird alles, was ich tue, im Einklang mit Shivas Geist sein«, erklärt er freundlich. Nur elf Stunden benötigt er für die Kora. Die meisten Touristen sind drei Tage unterwegs. Rajendra legt die Hände zum Gruß aneinander, neigt sich gegen den Wind und marschiert weiter. Er hat kein Geld mehr, sein Visum ist abgelaufen. Bevor er zum Kailash kam, lebte er fünf Jahre lang in einer Höhle. Die Tibeter in Darchen verehren ihn, schenken ihm Essen und Yakdung zum Kochen. Sogar die alles kontrollierenden Chinesen lassen ihn gewähren.

Meine letzte Etappe ist eine Übung in Geduld. Kurve um Kurve führt der Weg nach Darchen, das nicht näher kommen will. Die meisten Kailash-Touristen sind einfach zufrieden, die Kora geschafft zu haben. Einige berichten später vom Glücksgefühl, das wie aus einer warmen Quelle fließe. Ist der Kailash mehr als ein Berg? Der Inder hatte die Frage so

 beantwortet: »Verschiedene Menschen haben unterschiedliche Konzepte, um dieselbe Wirklichkeit zu beschreiben. Kein Grund für Streit. Im Gegenteil, es verbindet.« *Daniel Peterlunger*

Info > »Kailash umfassend mit Changtang und Guge«; Globotrek, Neuengasse 30, PF 7722, CH-3001 Bern; Tel. 00 41/31/313 00 10, info@globotrek.ch, www.globotrek.ch

Die Cowboy-Schule

>>> **USA** Selbst so mancher Nichtraucher erlag bereits der Ästhetik des Cowboy-Werbespots einer großen amerikanischen Zigarettenfirma. Wie lässig sich kühne Männer da im Sattel bewegen, wie sie ihre wilden Hengste bändigen oder unerschrocken durch die Furten der Flüsse preschen, das weckt bei vielen Betrachtern die Sehnsucht nach Abenteuer und Freiheit. Tatsächlich ist der Weg aus dem bequemen Kinosessel zur Realität des Wildwest-Alltags gar nicht so weit: Man muss nur eine »Cowboy School« besuchen.

So erfüllt etwa die »Colorado Cattle Company« den Traum eines Westernabenteuers. Ihr Versprechen lautet: »Sie werden als Gast kommen und uns als echter Cowboy verlassen.« Mit Schulbankdrücken hat die Cowboy School freilich nichts zu tun – und mit gekünstelter Cowboyatmosphäre auch nicht. Vielmehr wird der anstrengende, mitunter raue Alltag auf einer mehr als 6000 Hektar großen Ranch nicht bloß nachgestellt, sondern richtig gelebt. Auf dem Stundenplan stehen als »Unterrichtsfächer« exakt jene Tätigkeiten, die auch der Farmer vor Ort tagein, tagaus erledigt: Rinder treiben (und zwar 750!), verirrte Rinder einsammeln, kranke Rinder verarzten, Brandzeichen setzen, Wasser holen und Zäune reparieren; und natürlich reiten, reiten, reiten. Von Teilzeit-Cowboytum kann man da kaum sprechen, schließlich kommen ja noch das Lasso-Training sowie Reitstunden auf den amerikanischen Quarterhorses und Paints hinzu. Doch auch für Entspannung ist gesorgt. Nach getaner Arbeit warten – je nach Witterung – eine wärmende Sauna oder der erfrischende Pool. Und noch etwas: Auch wenn es bislang keine Frauen in die Zigaretten-Spots geschafft ha-ben, in der Cowboy School können sich auch Cowgirls in spe einschreiben.

Info > »Cowboy School«, Colorado Cattle Company, 70008 WCR 132, New Raymer, CO 80742, USA; Tel. 001/970/437 53 45, info@coloradocattlecompany.com, www.coloradocattlecompany.com

Vom Leiden und vom Glück eines Zen-Buddhisten

>>> **JAPAN** Wer in den großen Weltreligionen weder Trost noch Halt findet – weil sie zu viel vorschreiben, zu stark in die Lebensgestaltung eingreifen oder ein zu geschlossenes Weltbild vertreten –, dem sei der Zen-Buddhismus ans Herz gelegt. Dieser bietet keine Lehre, er stellt keine Fragen und hat keine Antworten. Und ermutigt seine Anhänger gerade dadurch, das Leben in seiner ganzen Fülle zu leben. Diese Geisteshaltung ist natürlich nicht einfach so zu erringen. Wer die Haltung eines Zen-Mönchs nachempfinden will, muss sich anstrengen können. Das wichtigste und unverzichtbare Element im Zen-Buddhismus ist Zazen – eine Sitzmeditation, in der die Atmung und der Geist geordnet sowie der Meditierende zu vollkommener Achtsamkeit gebracht werden sollen. Am besten lässt sich Zazen in Japan praktizieren und üben. In der Nähe von Kyoto nimmt ein Kloster gerne lernwillige Besucher auf – für Wochen und Monate. Gäste dürfen allerdings nicht nur die Sitzmeditation ausüben; sie müssen auch früh aufstehen, Sutren singen, die traditionelle Teezeremonie studieren sowie bei der Tempelarbeit und in den Zen-Gärten Hand anlegen. Wer sich dies zutraut, bucht kein All-inclusive-Paket mit Rundumbetreuung. Er muss bereit sein, auch selbst zu geben. Und wird in der Regel reich belohnt: Die Wirkung des Aufenthalts hält meistens sehr lange an. Manchmal sogar das ganze Leben.

Info > »Zeit im Kloster: Zazen-Meditation«; Neue Wege Seminare und Reisen, Niels-Bohr-Straße 22, 53881 Euskirchen; Tel. 022 55/959 10, info@neuewege.com, www.neuewege.com

Der etwas andere Bergurlaub

>>> **SCHWEIZ** Heu einfahren, melken, Käse machen, Zäune flicken, den Stall ausmisten, buttern, Früchte ernten, Pfade herrichten, neue Stallungen bauen, Wiesen von Steinen befreien – nein, langweilig und monoton ist die Arbeit eines Bergbauern wahrlich nicht. Ständig ist man in Bewegung und an der frischen Luft. Und das vor einer wahrlich aufregenden Kulisse. Da wird der Kopf richtig frei. Getreu dem Motto »Weniger ist mehr« lockt die Rückkehr zu Einfachheit und Bescheidenheit immer mehr Menschen in die Bergwelt. Zumindest die Rückkehr auf Zeit: um Bergbauern zu unterstützen, bei ihnen zu wohnen und an ihrem Leben teilzuhaben.

Warum Städter in ihrer Freizeit nicht faul am Hotelpool herumliegen, sondern frühmorgens den Holzofen einschüren, die Heugabel schwingen oder das neue Stalldach abdecken wollen? Zum einen schätzen sie die Arbeit mit den eigenen Händen. Zum anderen erfüllt sie der Gedanke daran, etwas Sinnvolles zu tun. Denn nur dank ihrer externen Helfer können Bergbauern überleben. Wem der Einzeleinsatz in einer Bergbauernfamilie zu radikal ist, dem bieten sich Lager-

   oder Gruppeneinsätze als Alternative. Auch in diesem Fall dauert ein »Urlaub« mindestens fünf Tage. Kost und Logis werden von der Bergbauernfamilie übernommen.

Info > *»Bergeinsatz«; Caritas Schweiz, Löwenstrasse 3, CH-6002 Luzern; Tel. 00 41 / 41 / 419 22 77, bergeinsatz@caritas.ch, www.bergeinsatz.ch*

Berauschende Insel

>>> **NEUSEELAND** Rund 20 Helikopterminuten von der neuseeländischen Hauptstadt Wellington entfernt, liegt Forsyth Island. Die einheimischen Maori nennen die rund 700 Hektar große Insel in den Marlborough Sounds »Te-Paruparu«, was so viel bedeutet wie »Die Gute«. Das Gute jedenfalls oder, besser, das Geniale an dem herrlichen Eiland: Jeder kann es mieten. Von ein paar Schafen, Kaschmirziegen und Lamas abgesehen, hat man sie dann ganz für sich allein – und darf sieben handverlesene Gäste mitbringen. Zugegeben, ganz billig ist dieser Spaß nicht. Mit etwas über 1000 Euro pro Tag sollte man rechnen, dafür ist aber auch die Übernachtung in der exklusiven Lodge im Preis inbegriffen. Die hat so viele Fenster und ist aus so schönem Holz gebaut, dass trotz Hightech an allen Ecken und Enden ein natürliches und gemütliches Ambiente im Haus herrscht. Und das Verwalterehepaar bringt täglich frische Meeresfrüchte, Obst und landestypische Gerichte auf den Tisch. Den Absacker danach gönnen sich die De-luxe-Robinsons am besten

 auf der Terrasse, wo bereits der Blick auf das offene Meer eine berauschende Wirkung hat.

Info > *»Forsyth Island«; Vladi Private Islands, Ballindamm 7, 20095 Hamburg; Tel. 040 / 33 00 00, info@vladi.de, www.vladi-private-islands.de*

einen die gastfreundlichen Kirgisen vermutlich auch dann willkommen heißen; besser besucht man jedoch eines der Jurtencamps, die in der Region eigens für abenteuerlustige Gäste errichtet wurden. Dort wird man schnell feststellen, dass nicht nur die ungewöhnliche Unterbringung für die rund zweiwöchige Kirgistan-Reise von »Auf und Davon Reisen« spricht: Die Freundlichkeit der Menschen einerseits, die Erhabenheit der Landschaft, der Wüsten, Steppen, Wälder, Gletscher und Gipfel des Tienshan andrerseits – die Kombination von kleinem Menschen und großer Natur also sorgt für eine dauerhaft entspannte Stimmungslage. Höhepunkt der Reise ist die Übernachtung am Issyk-Köl-See, dem zweitgrößten Hochgebirgssee der Welt, den man nach Anreise zu Pferd, Kleinbus, Jeep und per Fußmarsch erreicht. Natürlich werden auch an dessen Ufer die Jurten aufgestellt – man kann sich also selbst den schönsten Platz aussuchen …

Ein Leben in der Jurte

>>> **KIRGISTAN** Jurten sind architektonisch ausgeklügelte Gebilde: Sie lassen sich rasch aufbauen, bieten viel Platz, und in ihrer Mitte kann man sogar ein offenes Feuer machen – durch das Abzugsloch zieht der Rauch ohne Umwege ab. Die nomadischen Völker West- und Zentralasiens, vor allem in der Mongolei, in Kasachstan und Kirgistan, bewohnen die praktischen Rundzelte von jeher. Sommer für Sommer ziehen etwa die Kirgisen in die Berge, um auf saftigen Weiden das Vieh grasen zu lassen. Nun will man als westlicher Besucher natürlich nicht so einfach in das beschauliche Nomadenleben hineinplatzen. Zwar würden

Info > »Wie die Nomaden im Jurtencamp«, Auf und Davon Reisen, *Berketstraße 9, 51647 Gummersbach; Tel. 02261/919628, reisen@auf-und-davon-reisen.de, www.auf-und-davon-reisen.de*

Die magische Insel

>>> **ZYPERN** Zypern, die »Insel der Aphrodite«, lässt sich vor dem Hintergrund verschiedenster Sichtweisen besuchen. Man kann sich die Weltsicht der türkischen oder die der griechischen Einwohner zu eigen machen. Man kann die geschichtlichen und politischen Verwicklungen zu entwirren versuchen, die Zypern seit 1974 in zwei Hälften teilen. Man kann sich als Pauschaltourist in den Hotelburgen von Larnaca und Limassol einquartieren. Oder man kann sich auf eine aufregende Spurensuche begeben – und nach Zeugnissen der kulturellen Vergangenheit forschen. Daraus wird dann eine Reise entstehen, die entsprechend sensible Menschen nicht nur in die Natur, sondern auch in eine geistige Landschaft voller Energie führt.
Letztere Option wählt »Creative Spirit Quality«, ein Spezialanbieter für kulturelle und spirituelle Reisen nach Zypern. Auf dem einwöchigen Programm der Konstanzer stehen die Besuche verschiedener Kult-, Kraft- und Heilorte: So lernen Gäste etwa das

Sonnenheilzentrum Akamiron, die Avagas-Schlucht, den Kultberg bei Simou und die Höhle bei Drymou kennen. Letztere wurde noch bis in die 1960er-Jahre oft von Einheimischen aufgesucht, die sich Heilung ihrer Krankheiten erhofften. Reinigungsrituale mit eigens gesammelten Duftkräutern und ein Heilschlaf sollen die magische Kraft dieser Stätte für die Teilnehmer spürbar machen. Und gleichzeitig auch die mannigfaltigen Energiepotenziale der unterschiedlichen Kraftplätze aufzeigen. Noch ein Beispiel gefällig? In den Landschaftsformationen bei Lasa kann man Zeuge eines Fruchtbarkeitsrituals werden, welches das Wissen um ein zyklisch wiederkehrendes Leben erfahrbar machen soll.

Info > »Zypern erleben – Rituale an Kraftplätzen der Natur«; *Creative Spirit Quality, Mainaustraße 196a, 78464 Konstanz; Tel. 07531/34254, info@c-s-q.de, www.creative-spirit-quality.de*

Über allen Wipfeln herrscht Schweigen

>>> **ROSEBURG** »Stille bedeutet, dass alles so im Gewahrsein erscheinen kann, wie es ist. Ob es Fantasien oder Zukunftsplanungen sind, ob es schmerzhaft oder angenehm ist oder ein unerwartetes Klarwerden des Geistes.« So klingen die Worte von Toni Packer, die ihr Wissen um Stille und Meditation bereits in einige Bücher packte. Um das Wunder der Stille zu erleben, kann man nun ihre Werke lesen oder wie ein Eremit leben. Allerdings wird man sehr schnell feststellen: Richtig zu schweigen ist gar nicht so einfach. Es will regelrecht gelernt sein. Möglich ist das zum Beispiel im Roseburger »Haus der Stille«. Das rund 50 Kilometer östlich von Hamburg gelegene Meditationszentrum ist eines der ältesten seiner Art in Deutschland. Seit 1960 werden hier Seminare angeboten, die zwischen zwei Tagen und zwei Wochen dauern. Von Yoga über Atemübungen und Tai-Chi bis Zen befassen sie sich mit verschiedenen Praktiken. Vor allem aber dienen die speziellen Schweigeseminare den Ruhe Suchenden dazu, ihren Blick nach innen zu richten. Dabei helfen auch die umfangreiche Bibliothek, die Meditationshalle und die vielen Spazierwege in den Wäldern rund ums Haus – auf denen trifft man so schnell niemanden, mit dem man sprechen könnte.

365

Info > »Vipassana-Meditation Schweigeseminar«, Haus der Stille, Mühlenweg 20, 21514 Roseburg; Tel. 041 58 / 214, www.hausderstille.org

Hüter der Stiere

100

>>> **FRANKREICH** Sonnenblumen und Lavendelfelder, sanfte Hügel und steile Felsbuchten – das ist das Bild der Provence. Doch wo sich südlich der Stadt Arles die Rhône in zwei Flussarme teilt, eröffnet sich eine ganz andere Landschaft – die Camargue. Eine flache, sumpfige, von Entwässerungskanälen durchzogene Landschaft, die ihre Bewohner seit Jahrhunderten prägt. In der Camargue wohnt ein rauer, kühner, aber auch gelassener Menschenschlag, vor allem aber bringt die Gegend außerordentliche Reiter hervor – die »Gardiens«. Mit den weißen, kleinen, aber wendigen und robusten Camarguepferden hüten sie die Stiere, die auf »Manades« – Farmen – für den unblutigen französischen Stierkampf gezüchtet werden.
Die Manade Blatière-Bessac gehört in dritter Generation der Familie Blatière. Sie hat in ihrer mehr als 85-jährigen Geschichte viele berühmte Stiere hervorgebracht und hält auch heute 300 Exemplare der Rasse »Raço di Biou« im Zaum. Die ideale Voraussetzung also für Bernard Roche, der auf der Manade spezielle Rindertreibkurse veranstaltet. Unter Anleitung erfahrener Gardiens lernt man sämtliche Tricks und Kniffe, die für einen sicheren und respektvollen Umgang mit den Stieren nötig sind. Für Urlauber, die nicht zum ersten Mal im Sattel sitzen. Für Menschen, die das Leben der Viehhirten teilen wollen. Für alle, die sich für die Reitweise der Camargue interessieren. Für Abenteurer, die an ein freies, ungebundenes Leben mitten in Europa glauben.

Info > »Le Tri du Bétail«, Rindertreibkurs mit Camarguehirten, Les Mas des Iscles, F-30600 Vauvert, Tel. 00 33 / 4 / 66 73 51 22, contact@masdesiscles.com, www.masdesiscles.com

ENTDECKUNGEN:
Reisen mit dem Schweizer Reiseveranstalter Globotrek & Background Tours verändern manche Perspektive

ZIELLOS GLÜCKLICH!

Abenteuer per Katalog anzubieten ist eine *Dienstleistung mit ungewissem Ausgang.* Und die Arbeit hinter den Kulissen mindestens so spannend wie das Reisen selbst

INITIATIONSREISE:
1975 verließ Ruedi Bless die
Schweiz, um Indien zu sehen

Text: Axel Klemmer

RUEDI BLESS
CEO der Globotrek &
Background Tours AG

*Unangepasste, ungekämmte
und unvermögende Kultur-
flüchter zog es massenweise
in den Fernen Osten*

Phileas Fogg reiste »In 80 Tagen um die Welt«, um zu beweisen, dass dies möglich ist. Aus dieser Idee einer verrückten Wette schuf Jules Verne im Jahr 1873 einen Klassiker des Abenteuerromans.

»In 80 Tagen um die Welt?«, heißt auch ein Angebot der Schweizer Reiseunternehmer André Lüthi und Ruedi Bless von der Globotrek & Background Tours AG. Gereist wird wie zu Vernes Zeiten mit der Bahn und auf Frachtschiffen. Das Abenteuer verbirgt sich hinter dem Fragezeichen: »Die Weltumrundung innerhalb von 80 Tagen kann nicht garantiert werden«, steht im Kleingedruckten. Als das Programm im Herbst 2008 startete, hatte es zuvor noch niemand ausprobiert.

Das Abenteuer als Dienstleistung mit ungewissem Ausgang. Eine große Sehnsucht trieb den 19-jährigen André Lüthi 1980 zu den Indianern nach Amerika, ins Reich seiner Kindheitsträume. Er löste seine Berner Wohnung auf, kündigte den Job in der Bäckerei, kaufte das billigste Zelt und das billigste Flugticket und zog mit einem Freund hinaus in den Wilden Westen. Lustvoll führten sie das Leben von Outlaws. Aber auch das kostete Geld. Zum Glück weckten die Schweizer Burschen die fürsorglichen Instinkte neugieriger Kalifornierinnen. Und deshalb konnten sie sich das Leben in der Wildnis ein bisschen länger leisten. Ruedi Bless, Lüthis heutiger Geschäftspartner, erlebte sein Initiationsabenteuer noch früher. 1974 schloss er eine Reisebürolehre ab, 1975 machte er sich mit einem Freund von Luzern per Anhalter auf den Weg nach Indien. Den Eltern sagte er, er werde vielleicht nicht wiederkommen. Über die Originalität seines Ausbruchs aus der engen Schweiz machte er sich allerdings bald nichts mehr vor. Unangepasste, ungekämmte und unvermögende Kulturflüchter zog es massenweise in den Fernen Osten, und alle hatten sie den Kultratgeber von Robert Treichler im Rucksack: »Der billigste Trip nach Indien«.

Als Bless 1976 in die Schweiz zurückkehrte, war er desillusioniert über den Selbstbetrug in der alternativen Reiseszene, die sich an vielen Orten anschickte, ehemals unwegsame und wilde Gegenden für Pauschalurlauber zu ebnen. Bloß keinen Tourismus mehr, schwor er sich. So führte ihn seine nächste Reise nicht in die Ferne, aber gewissermaßen aus der Welt – in ein Schweizer Kloster. »Nicht wegen des Glaubens, sondern aus Bequemlichkeit« verbrachte er ein paar stille Wochen. Bis er auch davon genug hatte. Und doch wieder im erlernten Beruf anheuerte, beim Wander- und Radreiseveranstalter Baumeler. In der Transsibirischen Eisenbahn traf Bless 1984 den ehemaligen Bäcker Lüthi. Der wurde als Reiseleiter rekrutiert und wechselte später zu Globetrotter Travel Service, die der Serienreisende Walter Kamm 1976 in einem Zürcher Fahrradkeller gegründet hatte, um Fernwehinfizierte zu beraten und sich schließlich von ihnen dafür bezahlen zu lassen. Damals kamen billige Graumarkt-Flugtickets auf den Markt, und bei Globetrotter konnte man sie kaufen.

Heute ist Lüthi die Nummer eins bei Globetrotter und das Unternehmen die Nummer vier im Schweizer Reisebürogeschäft – mit 20 Filialen und 138 Millionen Franken Jahresumsatz. Fremde Länder und Kulturen auf eigene Faust entdecken, das wollen viele. Allein trauen sie sich aber nicht. Neue Kundschaft! 1989 gründete Lüthi Globotrek, einen Veranstalter von Trekkingreisen für kleine Gruppen. Das

Reisegebiet: überall, wo man allein nicht gut weiterkommt. Zum Beispiel von der Türkei auf dem Landweg nach Russland und nebenbei noch auf den 5642 Meter hohen Elbrus im Kaukasus. Das war die erste Globotrek-Reise, und neun Kunden buchten. Neun Krankenschwestern.

Bless und Lüthi riefen weitere Reiseveranstalter ins Leben. Seit 2006 besteht ihr wild gewachsener Verbund aus fünf »Tour Operators«: Globotrek, Background Tours (Studienreisen), die Schiffs- und Bahnreiseveranstalter Globoship und Globotrain sowie Shangrila Tours, den Spezialisten für den indischen Subkontinent. Alle zusammen setzten 2008 insgesamt 16 Millionen Schweizer Franken um – 11 Prozent mehr als 2007 und etwa 60 Prozent mehr als 2006. Inzwischen haben Bless und Lüthi auch den deutschen Markt im Blick. Die Voraussetzungen sind gut. »Experience Adventure« hieß eines der Trendthemen, die auf der Internationalen Tourismusbörse in Berlin im März 2009 präsentiert wurden. Auch das Zukunftsinstitut Kelkheim zählt in seiner Studie »Tourismus 2020« die »exklusiv zugeschnittene Abenteuerreise« zu den fünf zentralen Trends der Reiseszene.

Vor allem mit ihren Marken Background Tours und Globotrain sehen die Schweizer Chancen auf dem deutschen Markt. »Wir gehen dabei nicht sehr systematisch vor«, sagt Bless fröhlich. »Kein Mensch weiß, was nächstes Jahr läuft und was nicht.« Abenteuerlich ist nicht nur das Leben, abenteuerlich ist auch das Geschäft. Auf den Aufbruch kommt es an. Ziele sieht man, wenn man nah genug dran ist. Strategische Unternehmenspläne abzulehnen gründet in empirischer Erfahrung, ist also ein Ausdruck schlichter Vernunft. Bless hat erlebt, wie vermeintlich todsichere Angebote zu Flops und vollkommen verrückte Programme zu Rennern wurden. Wer zur richtigen Zeit mit dem richtigen Angebot am richtigen Ort sein will, so lernte er, braucht vor allem eines: Glück. 2007 schrieb Background Tours in der Kundenzeitschrift des Einzelhandelsriesen Coop eine aberwitzige Leserreise aus: an Bord der »Hanseatic« in die Antarktis – 23 Tage für wenigstens 20 000 Franken pro Person. Vier Tage lag das Magazin aus, da hatten bereits 160 Personen gebucht. Das Schiff war voll.

Gleich neben dem Berner Hauptbahnhof, in der Neuengasse 30, betritt man durch eine unauffällige Tür die große weite Welt. Vier Stockwerke nehmen die Globotrek & Background Tours AG sowie Globetrotter Travel Service ein. In den hellen, modernen und rauchfreien Büros ist die Atmosphäre entspannt, vor Bless' Fenster hängen Gebetsfahnen. Will man den Chef treffen, darf man nicht zu spät kommen. »Wer Überstunden macht, beherrscht seinen Job nicht«, sagt er. Klingt gut, kann aber nicht ganz stimmen. 1996 gründete er zusammen mit Erich Gysling, dem langjährigen Chefredakteur des Schweizer Fernsehens und einem der angesehensten Journalisten des Landes, den Veranstalter Background Tours. Sie hatten die Idee, Reisen mit »Mehrwert« anzubieten. Gysling und andere Experten aus Wissenschaft und Medien würden die kleinen Reisegruppen begleiten. Die ersten beiden Geschäftsjahre: Viele klopften Bless auf die Schulter, aber keiner buchte. Er hätte gerne Überstunden gemacht. Doch schließlich platzte der Knoten, irgendwie, glücklich. Welch ein Abenteuer für den Anbieter!

ANDRÉ LÜTHI
Präsident der Globotrek
& Background Tours AG

Das war die erste Globotrek-Reise, und neun Kunden buchten. Neun Krankenschwestern

VOLLZEITABENTEURER:
Im ewigen Eis und auf hohen Bergen
ist André Lüthi bis heute zu Hause

BEGEGNUNGEN:
Mit einheimischen Pilgern
umrunden die Globotrek-
Gäste den Kailash in Tibet

WALTER KAMM
Gründer von Globe-
trotter Travel Service

*Wer bestimmte Reisen bucht,
bestimmte Flugtickets kauft,
subventioniert damit gewisse
Hilfsprojekte*

Was die touristische Nachfrage verlangt, ist die »Weichform des Abenteuers«, wie Lüthi es ausdrückt. Denn: »Das richtige Abenteuer kann man nicht verkaufen.« Und daher ist das Wort in der Kommunikation mit dem Kunden tabu. Kein »Abenteuer« im Programm! Nur einmal wird das Prinzip gebrochen, bei der Reise zu Fuß zum nördlichsten Punkt der Erde. »Abenteuer Nordpol« – hier scheint der Begriff gerechtfertigt. Ansonsten überlassen die Schweizer extreme Unternehmungen den fest etablierten Szene-Anbietern. Sie selbst bedienen keine Expeditionsbergsteiger, keine Extremtaucher und Wüstenwanderer – sondern eine anspruchsvolle, kritische Klientel, die ihre Reiseerfahrung gesammelt hat. Und die nun ruhigen Gewissens ihre Leidenschaft pflegen möchte.

Reisen ohne Einfluss auf Natur und Sozialstruktur gibt es aber nicht, erklärt ihnen Lüthi. Auch in vermeintlich sanft erschlossenen Trekkinggebieten ändern sich die Arbeits- und Sozialstruktur. Traditionelle Formen der Landnutzung erweisen sich möglicherweise als weniger rentabel und werden aufgegeben. Der Tourismus weckt Begehrlichkeiten und übt sich zugleich in Schadensbegrenzung. Darüber hinaus hat er teil am weitverbreiteten Ablasshandel: Wer bestimmte Reisen bucht, bestimmte Flugtickets kauft, der subventioniert damit gewisse Hilfsprojekte. Globotrek bietet vier Reisen in Kooperation mit der Stiftung Helvetas für Entwicklungszusammenarbeit an. Eine andere Initiative läuft mit den Klimaschützern von »myclimate«, nach Eigenauskunft ein »führender Anbieter von Kompensationsmaßnahmen«: Wer ein »myclimate-ticket« kaufe, reise »klimaneutral«, da mit dem Erlös Klimaschutzprojekte finanziert würden.

Lüthi hat noch mehr Balsam für die gequälte Touristenseele: In vielen Regionen habe der Reiseverkehr Arbeitseinkommen gesichert und Abwanderung gestoppt. Und in den reichen Quellgebieten leiste er oft einen unschätzbaren Beitrag zu Offenheit und Toleranz, zur Respektierung anderer Kulturen in der Nachbarschaft.

Das alles waren 1975 noch keine Themen. Bei seinem ersten Asien-Trip war Bless 15 Monate lang unterwegs. Heute bietet er bei Background Tours Reisen an, die meist nur 16 bis 17 Tage dauern und durchschnittlich 7000 Franken kosten. »Wir machen heute Reisen für Leute, die früher so gereist sind wie wir.« Es gebe sie zwar immer noch, die Globetrotter vom alten Schlag, aber ihre große Zeit sei vorbei. Rund 500 Kunden verzeichnet die Background-Jahresstatistik: 50 bis 80 Jahre alt, überwiegend Akademiker, oft Unternehmer oder pensionierte Geschäftsinhaber. Die etwa 1000 Globotrek-Bucher sind im Durchschnitt gut zehn Jahre jünger und vier Tage länger unterwegs, geben aber nur 4000 Franken aus. Bless beobachtet, dass die Nachfrage sich ändert: Man wünscht die Reise auf eigene Faust, aber mit punktgenauer Logistik aus dem Katalog. Also liefert das Angebot flexible Elemente, die im Baukastensystem zusammengestellt werden.

Die hohen Einkommen, die es ihnen erlauben, bei Globotrek oder Background Tours zu buchen, bescheren vielen Kunden heute die Angst der Besserverdienenden: die Angst, zu lange Urlaub zu machen. Dass Sabbaticals oder ausgiebige, tatsächlich abenteuerliche Reisen eine Erwerbsbiografie schmücken, hält Chef-Globetrotter Lüthi für einen Mythos. In Wahrheit werden »Abenteurer« am Arbeitsplatz oft schief angesehen: Wer über ferne Horizonte geschaut hat, gilt schnell als unlenkbar. Bei Globetrotter Travel Service herrscht dagegen Reisezwang.

ERFAHRUNGEN:
Mit der Hedjaz-Bahn reisen
Globotrain-Gäste durch
Syrien und Jordanien

Wer mitarbeiten will, muss zuvor mindestens drei Kontinente selbstständig bereist haben. Dann gibt Lüthi auch zwölf Wochen Urlaub im Jahr, allerdings sind »nur fünf davon bezahlt«. Hier gilt als schräg, wer nicht wegfährt. Je weiter, desto besser.

Trotzdem betonen Lüthi und Bless, es komme nicht auf die zurückgelegten Kilometer an, sondern allein auf die Bereitschaft, Neues entdecken zu wollen – egal wo. »Reisen statt Ferien« steht über dem Programm von Globetrotter Travel Services. »Badeferien« hat der Reisebürolehrling Bless verkauft, bevor er 1975 zum Abenteurer wurde. Wie er das Wort ausspricht – »Badeferien« –, klingt darin keine Häme an. Eher Bedauern. Und ein bisschen Erleichterung.
Dass Abenteuer auch »vor der Haustür« erlebt werden können, ist ein Gemeinplatz. Aber es ist wahr. Die abgerissenen Gestalten, die vor dem Berner Hauptbahnhof herumlungern, sind ja auch einmal ins Leben aufgebrochen. Heute buchen sie andere Trips als die, welche die Reisedealer in den Büros gleich nebenan verkaufen. Die Cannabisschwaden, die langen Haare und den Dreck: Das alles kennen die Alt-Globetrotter aus ihren frühen Lehr- und Wanderjahren. Nicht zu wissen, wo man die nächste Nacht verbringt – das kann Fluch und Segen sein. Keine Ahnung zu haben, wo man das Geld für den nächsten Schuss bekommt oder ob die nächste Leserreise wieder ein Erfolg wird. Oft entscheidet nur der sprichwörtliche Windhauch, auf welcher Seite des Zaunes man schließlich landet. Oder anders ausgedrückt: Abenteuer ist Glückssache. André Lüthi und Ruedi Bless haben Glück gehabt. Nichts von alledem, was sie heute machen, war geplant. Alles ist passiert. War eine Reise zu Ende, ging das Abenteuer weiter. Vielleicht gründen sie bald einen weiteren »Tour Operator«. Dann könnten sie zusehen, wie der sich so macht.

ERICH GYSLING
Vizepräsident der Globotrek & Background
Tours AG und Journalist

Wer mitarbeiten will, muss zuvor mindestens drei Kontinente selbstständig bereist haben

Bildnachweis

Anordnung im Layout: o = oben, u = unten, r = rechts, l = links, m = Mitte

Titel: Scott Spiker/ Getty Images

S. 2/3 Christian Semmel; S. 4 (v.l.n.r) Klaus Fengler, Pierre Adenis/GAFF/laif, Digital-Vision, Robert Bösch, Moritz Attenberger, Juliette Jedryszek/Gamma/Eyedea Presse/laif, Ulf Puder, Philipp Ziser, Bergans, Kerry Raftis; S. 8 l Breitling/Eyedea Presse/laif, r Philipp Zinniker; S. 13-23 Klaus Fengler; S. 24 l Felix Wey, r Alexander Sass; S. 25 o Helen Kämpf, u Elephant Special Tours; S. 26 o Go ahead Travel, u schulz aktiv reisen; S. 27 (3) Peter Fabel; S. 28 Matthieu Paley/Corbis; S. 29 l Ankhzaya M./Kia Ora Reisen, r R. Fasseur/C. Domens/Hoa-Qui/laif; S. 33 Pierre Adenis/GAFF/laif; S. 34 l Tobias Gerber/laif; S. 34/35 Gregor Hohenberg/laif; S. 35 o Markus Kirchgessner/laif, m Christopher Wollin, u Martin Roemers/laif; S. 36 l Dagmar Schwelle/laif, r Andreas Herzau/laif, u Christopher Wollin; S. 37 l Max Galli/laif, r Anita Back/laif; S. 38 l James Hill/laif, r Christopher Wollin, u Gil Giuglio/hemis.fr/laif; S. 39 l, m Christopher Wollin, r Bernd Jonkmanns/laif; S. 40 l TCS/laif, m (2) Christopher Wollin, u Alejandro Balaguer/Redux/laif; S. 40/41 John Frumm/hemis.fr/laif; S. 41 l Christopher Wollin, r Franck Guiziou/hemis.fr/laif; S. 42 (3) Archiv Globotrek; S. 43 Hauser Exkursionen; S. 44 Archiv Globotrek; S. 54 l Rovos Rail, r Steve Strike/Tourism NT; S. 46 Wheel of India; S. 47 Rotel; S. 48 (3) Ralf Griesbaum; S. 49 o Clemens Emmler/laif, u Marc Dozier/hemis.fr/laif; S. 53 DigitalVision; S. 54 ol Virgin Galactic, r Jim Sugar/Corbis; S. 54/55 Frederic Neema/laif; S. 55 Virgin Galactic; S. 56/57 Virgin Galactic; S. 57 o DigitalVision; S. 58 l A162/Jim Campbell/POOL/laif, r James Leynse/REA/laif; S. 59 (2) Virgin Galactic; S. 60 o EH1 Pictures/Roba Press, u Virgin Galactic; S. 61 o Virgin Galactic, u EH1 Pictures/Roba Press; S. 62 o Maxim Marmur/AFP/Getty Images, u Newsmakers/Getty Images; S. 63 o Dima Korotayev/AFP/Getty Images, m Laura Rauch/POOL/Getty Images, u Epsilon/Getty Images; S. 64 o Virgin Galactic, m Karsten Schoene/laif; S. 65 Virgin Galactic; S. 66 (3) Biosphere Expeditions; S.67 o NABU Hamburg; S. 68 l ARCHELON, r Stephen Insley; S. 69 o Catherine Burns, u Dr. Nikolaus Koch; S. 70 o Biosphere Expeditions; S. 71 l www.Hiddenchina.net/Chengdu Research Base of Giant Panda Breeding, r www.gvi.co.uk; S. 75-78 Robert Bösch; S. 79-81 Ueli Steck; S. 82 Robert Bösch; S. 83 Ueli Steck; S. 84 Klaus Fengler; S. 85 l Canyoning Team Vorarlberg, r www.proalpin.com; S. 86 (2) www.bhutanreisen.ch; S. 87 o Ulf Wagner, m Thomas O'Keefe; S. 88 o Extreme Sports Photo/Alamy, u Photononstop/mauritius images; S. 89 (3) BaikalTours; S. 90 l Christoph Kirsch/www.speedflyingverband.com, r TICKETS & MORE; S. 95-105 Moritz Attenberger; S. 106 l, r Nureldine Fayez/AFP/Getty Images, u Louisa Gouliamaki/AFP/Getty Images; S. 107 o Hans Kammerlander, u www.outdoortrophy.com; S. 108 Cat Gwynn/Corbis; S. 109 l Peter McBride/Aurora Photos/Bilderberg, r David Hogsholt/Getty Images; S. 110 l J. Wyneken, r Fjällräven; S. 111 o Andreas Kiefer, m Klaus Händel, u Tom Janas/www.sportograf.de; S. 115 Juliette Jedryszek/Gamma/Eyedea Presse/laif; S. 116/117 Juliette Jedryszek/Gamma/Eyedea Presse/laif; S. 118 Sylvain Grandadam/eyedea/laif; S. 119 akg-images; S. 120 Kristian Ditlev Jensen; S. 120/121 Clemens Emmler/laif; S. 122 Ralf Kreuels/laif; S. 123 l, r Kristian Ditlev Jensen; S. 124-125 (4) Archiv Globotrek; S. 126 OzBus; S. 127 Hauser Exkursionen; S. 128 o Jürg Sollberger, u Ranger Travel; S. 129 l Josef Martin, r Thomas Meyer-Ensass; S. 130-133 Hasselblad; S. 134-137 Hans Strand; S. 138-139 Christian Popkes; S. 140-141 Morfi Alberth Jiménez Mercado; S. 142-145 Steve McCurry; S. 151-156 Ulf Puder; S. 158 l Franck Prignet/Le Figaro Magazine/laif, r NaTour & GAST e.V.; S. 159 o Reg Charity/Corbis, m Jean-Baptiste Rabouan/hemis.fr/laif, u Ragnar Schmuck/zefa/Corbis; S. 163-174 o Philipp Ziser; S. 174 u Werner Herkert; S. 175 Philipp Ziser; S. 176 Kai Jacobsen; S. 177 i-To-i UK; S. 178 Chris Linder/Getty Images; S. 179 Michel Voge/Le Figaro Magazine/laif; S. 183-185 Bergans; S. 186 ml Popperfoto/GettyImages, mr Underwood & Underwood/Corbis, u Bergans; S. 186/187 Gordon Wiltsie/National Geographic/GettyImages; S. 188 Bergans; S. 188/189 Rune Gjeldnes; S. 189 r Interfoto/Sammlung Rauch; S. 190 Sven Lidstrøm; S. 190-193 Bergans; S. 192 l Rune Gjeldnes, r Bergans; S. 194/195 Daniel Peterlunger; S. 196-197 (4) Daniel Peterlunger; S. 198 l Visual Impact/Jost von Allmen, r Hauser Exkursionen; S. 199 o www.kanadisch.com, u Spirit Australia Cruises; S. 200 l James Hill/laif, r Eric Chretien/eyedea/laif, m Gilles Rigoulet/hemis.fr/laif; S. 205 Kerry Raftis/www.keyshots.com; S. 206/207 Kerry Raftis/www.keyshots.com; S. 207 Underwood & Underwood collection/Corbis; S. 208 o Horace Bristol/Corbis, u Justin Guariglia/Getty Images; S. 209-210 Benjamin Robbins; S. 211 o Horace Bristol/Corbis, ul Hulton Archive/Getty Images, ur Benjamin Robbins; S. 212-213 Benjamin Robbins; S. 214 Kerry Raftis/www.keyshots.com; S. 215 Benjamin Robbins; S. 216-217 (3) Daniel Peterlunger; S. 218 l Colorado Cattle Company, r Neue Wege Seminare & Reisen GmbH; S. 219 o Caritas Schweiz, u Vladi Private Islands/www.vladi-private-islands.de; S. 220 Michael Obert/mauritius images; S. 221 l Andreas Strauss/LOOK/Getty Images, r Les Mas des Iscles; S. 222/223 Daniel Peterlunger; S. 224-227 Archiv Globotrek; S. 228 Daniel Peterlunger; S. 229-230 Archiv Globotrek; S. 238 (3. v. l) Moritz Attenberger, (4. v. l) Lisbeth Thorlacius

Umschlag hinten: (v.l.n.r) Klaus Fengler, Pierre Adenis/GAFF/laif, Virgin Galactic, Robert Bösch, Moritz Attenberger, Juliette Jedryszek/Gamma/Eyedea Presse/laif, Ulf Puder, Philipp Ziser, Bergans, Kerry Raftis

Kartografie: S. 6/7 Reto Stockli, NASA Earth Observatory; S. 16, 77, 97 und 186 iPUBLISH GmbH, Abt. Cartography

Die Autoren

BIRGIT ACKERMANN
Studierte am Goldsmiths College in London. Acht Jahre lang arbeitete sie als Redakteurin für das jetzt-Magazin und für den Bayerischen Rundfunk. Seit 2002 ist sie Kolumnistin der Süddeutschen Zeitung, schreibt für Vanity Fair, Glamour und das Musikmagazin Spex. Im Jahr 2007 war sie für MERIAN als Co-Autorin eines Reiseführers über München tätig. Das Reisen liegt ihr im Blut: Ihr Vater war Seefahrer und ging später zur Lufthansa. Ihre Lieblingsziele sind Asien und Australien.
(Seite 202 ff)

THOMAS BUCHER
Geboren 1968. Der Soziologe und Journalist ist in den Bergen unterwegs, seit er gehen kann. Er arbeitete als Redakteur für die Fachmagazine Bergsteiger und Climb. Inzwischen ist er Pressesprecher des Deutschen Alpenverens. In seiner 25-jährigen Karriere als Extremkletterer hat er einige Abenteuer erlebt, die er kein zweites Mal erleben will – aber als Erfahrung auch nicht missen möchte.
(Seite 72 ff)

TOM DAUER
Geboren 1969, aufgewachsen in Afghanistan, Mexiko und Bayern. Studium der Literatur- und Politikwissenschaft, Besuch der Deutschen Journalistenschule. Seit 1998 Autor für GEO, GEO Special, Stern, FAZ, SZ. Außerdem schreibt er Bücher (zuletzt »Cerro Torre – Mythos Patagonien«) und macht Filmbeiträge für das Bayerische Fernsehen. Reist als leidenschaftlicher Kletterer und Bergsteiger seit 25 Jahren durch die Berge der Welt, wobei ihm Erstbegehungen in den Alpen, in Patagonien und im Himalaja gelangen.
(Seiten 10 ff und 92 ff)

KRISTIAN DITLEV JENSEN
Geboren 1971 bei Kopenhagen. Nach seinem Literaturstudium begann er, als Journalist zu arbeiten. Er veröffentlichte Kurzprosa, Essays sowie ein Drama, bevor 2004 sein hochgelobtes Romandebüt »Leibspeise« erschien. Neben seiner journalistischen und schriftstellerischen Tätigkeit ist er auch als Übersetzer und Lektor tätig. 2008 erschien der Bestseller »Von japanischen Brotbüchsen, indischen Göttern, komischen Alpendialekten, süßen Südstaaten, afrikanischen Kriechtieren und der Köstlichkeit des langsamen Reisens« (Hoffmann und Campe). Er lebt in Kopenhagen.
(Seite 112 ff)

AXEL KLEMMER
Geboren 1963 in Berlin, zog 1968 nach München um und erlebte frühe Abenteuer beim Besuch der Großeltern in der alten Heimat. Den Transit durch die DDR und das Kalter-Kriegs-Szenario der Grenzkontrollen fand er ungeheuer aufregend. In Bayern entwickelte er eine starke Affinität zu Gebirgen und weiten, leeren Landschaften. Nach dem Studium der Geografie machte er sein Hobby zum Beruf und arbeitete viele Jahre als Redakteur der Zeitschriften Bergsteiger und BERGE. Heute lebt er die abenteuerliche Lebensform eines freien Journalisten für Print und TV.
(Seiten 180 ff und 222 ff)

AXEL NOWAK

Geboren 1962, heuerte nach einem Tageszeitungsvolontariat in leitenden Positionen bei verschiedenen Magazinen an. Als freier Journalist arbeitete er zunächst für Fernsehproduktionen sowie diverse Tageszeitungen. Er hat sich mittlerweile in München auf Lifestyle- und Reisethemen spezialisiert.
(Seite 50 ff)

JAKOB STROBEL

Geboren 1966, fuhr während seiner Schulzeit per Anhalter durch halb Europa, reiste nach dem Abitur mit dem Rucksack durch Lateinamerika und studierte dann doch noch in Berlin. Während des Studiums schrieb er für Tageszeitungen, war für das Madrider ZDF-Studio und das katalanische Fernsehen in Barcelona tätig. Dem Examen schloss sich ein mehrmonatiger Aufenthalt in Mexiko an. Er wurde Redakteur bei der Frankfurter Allgemeinen Sonntagszeitung und wechselte später in das Reiseblatt der FAZ, wo er sich mit Vorliebe um abenteuerliche Themen kümmert. Er lebt mit Frau und zwei Töchtern in Frankfurt.
(Seite 148 ff)

CHRISTOPHER WOLLIN

Geboren 1981, arbeitet zurzeit am Institut für Theoretische Physik der TU-Berlin an seiner Diplomarbeit. Im Rahmen eines Austauschprogramms mit dem Physikinstitut der Universität Nairobi lebte er zwischen 2004 und 2005 ein Jahr lang in Kenia. Seine Reiselust verdankt er zum einen seiner Jugend im Verband Christlicher Pfadfinder, zum anderen der Lektüre von Jules Vernes Abenteuerromanen, die ihm seine peruanische Mutter schon als Kind zusteckte. In seiner Freizeit spielt er Lagerfeuergitarre und tanzt leidenschaftlich gerne Swing.
(Seite 30 ff)

PHILIPP ZISER

Geboren 1982. Nach dem Geschichts- und Journalismusstudium an der Universität Karlsruhe ging der freie Journalist für ein Jahr nach Burundi, Ostafrika, wo er für die Hilfsorganisationen burundikids e.V. und Fondation Stamm arbeitete. 2008 verpflichtete er sich für weitere zwei Jahre für den Dienst in Burundi. Was als Freiwilligendienst in Burundi begann, entwickelte sich zu einem Vollzeitabenteuer im krisenerschütterten Ostafrika. Ziser, zum zweiten Mal entsandt von der Kölner Hilfsorganisation burundikids e.V., erhält vor Ort in den Projekten der Fondation Stamm Einblicke in Mentalität, Kultur, Alltag, Eigenheiten und Traditionen eines der kleinsten Länder Afrikas.
(Seite 160 ff)

Weitere Textbeiträge:
Birgit Chlupacek,
Christian Haas,
Daniel Peterlunger,
Bertrand Piccard,
Anne-Katrin Scheiter,
Klaus Tiedge

Impressum

Liebe Leserinnen und Leser,
wir freuen uns, Ihre persönliche Meinung zu diesem Buch zu erfahren. Bitte schreiben Sie uns, wenn Sie Berichtigungen und Ergänzungen haben – und natürlich auch, wenn Ihnen etwas ganz besonders gefällt.

TRAVEL HOUSE MEDIA
Redaktion MERIAN Bücher
Grillparzerstraße 12
D-81675 München
birgit.chlupacek@travel-house-media.de

Bei Interesse an Karten aus MERIAN Büchern
schreiben Sie bitte an:
iPUBLISH GmbH, Abt. Cartography
merianmapbase@ipublish.de
www.merianmapbase.de

Bei Interesse an Anzeigenschaltung:
KV Kommunalverlag GmbH&Co KG
Mediacenter München, Tel. 0 89 / 92 80 96-44

Wir danken allen, die an diesem Buch mitgewirkt und die Produktion unterstützt haben. Insbesondere sind das die Firmen Bergans of Norway sowie Globotrek & Background Tours. Die Grundidee für das Buch stammt von Christian Haas, Axel Nowak und Verónica Reisenegger.

Ein Unternehmen der
GANSKE VERLAGSGRUPPE

PROGRAMMGESCHÄFTSLEITUNG
Dr. Stefan Rieß

REDAKTIONSLEITUNG
Birgit Chlupacek

ART DIREKTION UND LAYOUT
Michael Darling / Andreas Meiler
design apartment, München

REDAKTION
Tom Dauer (verantwortlich), Tibor Ridegh (Textchef),
Anne-Katrin Scheiter

SCHLUSSREDAKTION
Isolde Durchholz, Ulla Thomsen

BILDREDAKTION
Anna Logermann, Kathrin Schäfer

AUTOREN
Seite 238 / 239

BILDNACHWEIS
Seite 237

UMSCHLAGGESTALTUNG
Michael Darling / Andreas Meiler
design apartment, München

KARTEN
MERIAN-Kartographie, München

PRODUKTION
bookwise, München

DRUCKVORSTUFE
Repro Ludwig, Zell am See

DRUCK UND BINDUNG
Polygraf Print, Prešov

GEDRUCKT AUF
LuxoArt Silk

1. Auflage 2009 ISBN 978-3-8342-0522-3